Harry Sidebottom

# El regreso del centurión

Traducción de Víctor Ruiz Aldana

ESPASA

Avda. Diagonal, 662-664, 08034 Barcelona (España)

Por esta edición:
Espasa Libros, S. L. U., 2021
Avda. Diagonal, 662-664, 08034 Barcelona (España)
www.planetadelibros.com



Citas del interior
Pág. 7 © *Las Euménides*, Esquilo. Traducción de Bernardo Perea Morales, Editorial Gredos, 2010.

Primera edición: mayo de 2021
ISBN: 978-84-670-6260-1
Depósito legal: B. 5.199-2021
Composición: Realización Planeta
Impresión y encuadernación: Liberdúplex, S. L.
*Printed in Spain* - Impreso en España

El papel utilizado para la impresión de este libro está calificado como **papel ecológico** y procede de bosques gestionados de manera **sostenible**.

*A Jack Ringer y Sandra Haines*

Contra el que nos presenta las manos limpias, nunca nuestra cólera se precipita, y pasa sin daño toda su vida. Pero, cuando alguno, como este varón, tras haber cometido un delito, oculta sus manos manchadas de sangre, como firmes testigos de los que a sus manos murieron, aparecemos ante su vista y nos ponemos a su lado para hacerle pagar hasta el fin la sangre vertida.

ESQUILO,
*Las Euménides*, 314-320

Sécuanos
GALIA
Galia Narbonense
Numancia
HISPANIA
Bética
MAURITANIA
NUMIDIA
N
ne
E
se
S
so
O
no
0
500km
0
400mi

146 a. C.
1. Temesa
2. Roma
3. Corinto
4. Cartago
5. Bríndisi
6. Dirraquio
Nórico
DALMACIA
RDEÑA
LIGA AQUEA
MAR
MEDITERRÁNEO
CIRENAICA

# 1

# PATRIA

609 *AB URBE CONDITA*, DESDE
LA FUNDACIÓN DE ROMA (145 A. C.)

Tan solo un necio o un hombre que no deseara vivir más habría atravesado solo los bosques de La Sila.

Paulo ordenó a las mulas que se detuvieran. El terreno seguía siendo un llano. El trigo casi estaba listo para la cosecha, con unas pocas notas verdes salpicando el dorado. Los amplios senderos se perdían en la distancia. La única amenaza posible sería la que se pudiera encontrar de frente.

Las dos mulas estaban atadas con una cuerda, una detrás de la otra. Paulo soltó las riendas del primer animal y las dejó caer en la calzada. Las mulas estaban bien entrenadas y no echarían a correr salvo que algo las asustase. Paulo miró con atención a su alrededor. La brisa mecía suavemente las espigas. Era lo único que se movía. Ni siquiera vio pájaros atravesando el cielo. Aquel apacible paisaje dormitaba bajo el tórrido sol italiano del mediodía.

Paulo comprobó la carga de la primera mula. Allí era donde guardaba la mayor parte de su botín, discretamente empaquetado y atado. Al poco tiempo, ya satisfecho, se acercó a la otra mula. Además del puñado de posesiones valiosas que llevaba bien escondidas, aquel animal cargaba con el equipaje más mundano: vituallas y bebida, mudas limpias, el escudo envuelto en la funda de cuero para viajes en el costado más próximo a él y sus jabalinas —un pilum ligero y otro pesado—, juntas y amarradas en una tela de cáñamo. El cargamento de aquella mula se había desplazado ligeramente hacia delante.

Después de escrutar el entorno por segunda vez y quitarse el sombrero, Paulo se dispuso a descinchar las múltiples correas que aseguraban la carga; pesaba una barbaridad. Era un hombre menudo, pero joven y vigoroso. Tenía el físico de un campesino, de la persona habituada a deslomarse bajo las inclemencias del tiempo desde una edad temprana. El ejército no había hecho sino proporcionarle más músculo. Tras dejar el cargamento en el suelo, echó un vistazo al lomo de la mula y estiró y alisó la manta. Se tambaleó por el esfuerzo, pero consiguió levantar el fardo y recolocarlo en su sitio. La mula soportó el trajín con la paciencia resignada e infinita que caracterizaba a su especie.

Normalmente, aparejar una mula era trabajo de dos. Cada uno se ponía a un lado, pasaban las cinchas de un lado a otro y exclamaban esas palabras inmemoriales: agarra, encincha, ata. A pesar de estar impaciente por reemprender la marcha, Paulo se tomó su tiempo, sin precipitarse, teniendo cuidado con los cascos de la bestia cuando le rodeó la cola.

Al terminar sudaba a mares. Tomó un pellejo del equipaje y dio un sorbo. A pesar de que al recipiente no le había dado el sol, el líquido estaba tibio. Seis partes de agua y una de vino, lo suficiente para eliminar impurezas y darle algo de sabor sin llegar a embriagar. Había evitado emborracharse desde los incidentes en las tabernas de Apolonia y Bríndisi durante la vuelta a casa. Fue necesaria la intervención del mismísimo general, Lucio Mumio, para ahorrarle a Paulo las consecuencias del más reciente. Era absolutamente inadecuado castigar a un héroe de guerra, sobre todo si se le había otorgado la corona cívica por salvar la vida de un compañero de batalla.

Paulo recogió el sombrero, lo desempolvó dándole golpecitos en la pierna y se lo caló. Por debajo del ala ancha del sombrero observó el camino que lo esperaba. Las laderas eran de un verde oscuro y estaban repletas de árboles; más allá, en la distancia, se extendían altos riscos envueltos en una bruma añil. Era el momento más caluroso del día y no había un alma a la vista: ni hortelanos en los campos ni viajeros en los caminos. Paulo se recogió la túnica, acarició el amuleto de cobre con la forma de la letra griega zeta que llevaba prendido del cinturón y se tocó la espada, resguardada en la vaina que le colgaba de la cadera. Satisfecho, agarró las riendas y se adentró en La Sila.

Las primeras colinas estaban dispuestas en terrazas y cubiertas de olivos bien separados y hortalizas que medraban entre los troncos. Había un puñado de cabañas y refugios dispersos. A medida que aumentaba la pendiente, la mano del hombre desaparecía y la naturaleza recuperaba lo que le pertenecía. Les llegaba el turno a los árboles, robles y fresnos, castaños y arces que delimitaban los senderos. Las ramas se entrelazaban en las alturas y ofrecían un ambiente fresco. Apenas unos pocos rayos de sol conseguían atravesar las copas. Paulo oyó la familiar música de los bosques: el canto de los pájaros —el trino de los gorriones, el arrullo de las tórtolas, el repicar de los carpinteros—, el murmullo de las ardillas y otras criaturas tímidas, el suave crujido y el rumor de las ramas cuando el viento hacía que se rozaran. En el sotobosque, el ambiente estaba cargado con el olor a moho de siglos de turba. Siempre alerta, se percató de la presencia de un corzo que lo observaba aterrado a una distancia prudencial.

Paulo conocía La Sila. Aquellas lomas lo habían visto nacer. Sin embargo, solo se había aventurado tan al norte una vez, y de eso hacía casi tres años, cuando marchó a la guerra acompañado de Alcimo y los demás. Ahora volvía solo, una diferencia a la que prefería no darle más vueltas.

Acababa de cruzar un claro, un pequeño prado natural, y había vuelto a adentrarse en la espesura cuando oyó una respiración grave y entrecortada. La detectó a su derecha, en un punto indeterminado. El corazón le dio un vuelco, pero se detuvo. «Compórtate como un hombre.» Se enderezó y dio media vuelta.

La anciana estaba entre los árboles, medio oculta por una rama baja. Llevaba el mismo vestido negro y harapiento de siempre, y los cabellos sueltos y desaliñados le serpenteaban hasta caerle sobre los hombros. Esta vez no la acompañaban sus dos hermanas. Estaba sola.

No mediaron palabra. Tenía los ojos inflamados por el reúma. Escrutó a Paulo con una mirada de desprecio y odio.

Paulo seguía con los ojos clavados en la anciana cuando esta se escabulló entre los árboles.

Se quedó paralizado, con la sangre martilleándole en los oídos, sin apartar la vista del lugar en el que la había visto, ciego a todo lo que lo rodeaba.

El chillido repentino de un arrendajo lo sacó de su ensimismamiento. Todo volvió a su estado anterior, antes de que la anciana apareciera. La luz del sol moteaba el camino. Los sonidos habituales del bosque a su alrededor parecían mofarse de él. Hizo ademán de levantar el puño derecho. «No fue culpa mía. No era mi intención. No merezco estar maldito.» Extendió un dedo y fue eliminando todos los pensamientos. Aquel ritual, demasiado repetido, lo calmaba un poco. Tomó aire y se miró la mano. No le temblaba. «Bien. Compórtate como un hombre.»

Al caer la tarde, los árboles caducifolios dejaron paso a pinos y abetos. Trochas estrechas se unían al camino principal. Olfateó un ligero aroma a brea y a madera quemada. Cuando llegaba el invierno, los únicos que permanecían en las zonas altas de La Sila eran parias y salteadores. Sin embargo, con las temperaturas cálidas del verano eran otros los que se ocultaban en la enormidad de sus paisajes. Pastores resueltos, armados hasta los dientes, trashumaban con sus rebaños en las cañadas más remotas. En lo más profundo de los bosques podían encontrarse cuadrillas de carboneros y leñadores, así como esclavos y trabajadores sin tierras encargados de extraer resinas medicinales de los árboles para que los ricos de la lejana Roma pudieran dar sabor a sus vinos.

El sol ya se había ocultado por los riscos occidentales y la luz estaba a punto de desaparecer. El viento se había serenado y la música de la espesura había dado paso a la quietud de la noche. Tordos y otros pájaros cantores seguían trinando, emitiendo unas notas claras y puras. Los cazadores furtivos nocturnos habían comenzado a deslizarse entre las hojas caídas y el sotobosque. Paulo se echó una capa ligera por los hombros. Poco más adelante divisó una zorra brincando entre los árboles, preparada ya para su feroz misión.

Se estaba haciendo tarde, pero pronto llegaría a una bifurcación. Uno de los ramales atravesaba las zonas más agrestes de las montañas hasta dar con el nacimiento del Neto y seguir discurriendo valle abajo hasta la costa del mar Jónico, justo al norte de la colonia romana de Crotona. El otro continuaba hacia el sur, hasta su hogar. Acamparía en el punto en que los caminos divergían, ya que le resultaba un terreno familiar.

Aminoró el paso. Algo se movía por el bosque, camino arriba, en algún punto indeterminado hacia la derecha. No se trataba de los pasos amortiguados de un lobo o un gato salvaje, sino de un animal que hacía más ruido que un tejón, pero menos que un jabalí. Solo había un tipo de criatura que acechara por los senderos de La Sila.

Por debajo del ala de su sombrero, Paulo trató de localizar al hombre que lo vigilaba —estaba bastante seguro de que solamente había uno—, pero no giró la cabeza ni echó a correr. Entonces fue cuando oyó un sonido similar a sus espaldas.

Malas noticias. Malísimas si los bandidos contaban con arcos. Paulo llevaba la armadura cargada en la segunda mula y el escudo atado a un costado. Si los bandidos tenían arcos, ya podía despedirse de todo. La anciana y sus hermanas verían sus deseos cumplidos.

Paulo detuvo a las mulas, se acercó a la primera y le levantó la pata delantera izquierda. Se colocó entre el animal y los hombres que se aproximaban. Fingió que estaba inspeccionando el casco de la bestia.

Aquel subterfugio era fútil. Los fuertes crujidos del sotobosque y los movimientos bruscos de las ramas indicaban que aquellos tipos no tenían ningún interés en ocultar su llegada. O bien no tenían intenciones maliciosas o estaban absolutamente seguros de sí mismos.

Paulo le bajó la cabeza a la mula principal y le ató el hocico cerca del espolón. Incluso las mulas mejor entrenadas serían incapaces de mantener la calma ante lo que probablemente estaba a punto de suceder.

Si el hombre que emergió a unos treinta pasos camino arriba era inocente, su aspecto le hacía un flaco favor. Unos cabellos largos y una barba descuidada encuadraban un rostro marcado por la brutalidad y una astucia salvaje. Llevaba una espada en la mano.

Paulo se alejó de las mulas y se acercó a uno de los extremos de la vereda para disponer de espacio suficiente. De espaldas a los animales, vio con el rabillo del ojo al otro tipo salir del límite del bosque, poco más allá. Era más joven, con los cabellos rubios y un aire de incertidumbre. También disponía de espada, pero ninguno de los dos llevaba arco.

El salteador mayor se aproximó con lentitud hasta detenerse a unos seis pasos de Paulo. El más joven vacilaba algo más alejado.

—Salud y gran alegría, buen hombre.

El mayor hablaba en latín, pero el acento lo delataba como brucio de nacimiento.

—Esto no tiene por qué acabar en un baño de sangre —respondió Paulo.

—Por supuesto que no. —El hombre sonrió y dejó a

la vista dos filas de dientes deformados y descoloridos, el resultado de toda una vida de abandono y dificultades—. Las posesiones no son más que una carga, y solo lo que das a los demás acaba siendo tuyo de por vida.

—Agradezco el ofrecimiento —dijo Paulo—, pero no codicio nada de lo que lleváis.

El más joven soltó una risita nerviosa.

—Vaya, un comediante ambulante. —El mayor rio sin un ápice de humor—. Llévate las mulas —le ordenó al muchacho.

—Que no se mueva nadie.

Paulo se apartó la capa y dejó al descubierto su espada.

—Un soldado. Y romano, nada menos. —El hombre escupió—. ¿De qué colonia?

—Temesa.

Paulo se quitó la capa y se la enrolló en el antebrazo izquierdo.

—Mi abuelo tenía una granja en Temesa. Se la confiscaron para darles tierras a los de tu calaña.

Paulo se quitó el sombrero y se encogió de hombros.

—Mala idea lo de seguir a Aníbal.

—Eres escoria. Pensaba dejarte vivir.

—Si os vais te prometo hacer lo mismo.

Con un grito sordo, el hombre se abalanzó sobre él. Paulo desenvainó la espada con un único movimiento fluido y arremetió. Aquel contraataque instantáneo desconcertó al bandido, que bloqueó el golpe torpemente y dio un traspié en dirección a las mulas.

Paulo se movió dos o tres pasos a un lado para darle

la vuelta al combate y situarse entre su asaltante y el muchacho.

—¡Rodéalo! —gritó el bandido por encima del hombro.

El chico titubeó.

—¿¡A qué esperas!?

El chico, reacio, empezó a caminar y dio la vuelta sin acercarse a los animales.

A Paulo apenas le quedaba tiempo. Superó la distancia que los separaba, hizo el amago de dar un golpe alto y, en su lugar, le profirió un tajo bajo. El bandido situó su arma en la trayectoria del golpe justo a tiempo. Paulo aprovechó la ventaja, analizando la situación y estoqueando, modificando el ángulo de las embestidas. El salteador apenas estaba entrenado, pero era fornido y rápido, y estaba curtido. Apenas dio un par de pasos y recobró el equilibrio. Una estocada repentina estuvo a punto de atravesar la guardia de Paulo.

Ambos combatientes resollaban. No oían más que el tintineo y el chirriar del acero contra el acero, los golpes secos de las botas y sus propias respiraciones entrecortadas.

A Paulo no le hizo falta mirar para saber que el muchacho se plantaría en sus espaldas indefensas de un momento a otro. No podía esperar más. Si no puedes permitirte una herida, aléjate del acero.

Paulo alzó la espada con la intención aparente de darle un tajo en el hombro. Aquel movimiento lo dejó desprotegido, y el salteador no quiso desaprovechar la oportunidad. Veloz como una víbora, el acero de la hoja salió disparado hacia el estómago expuesto. Paulo desvió la estocada con el antebrazo izquierdo. La hoja le atravesó la capa acolchada, y una punzada de dolor le recorrió el brazo hasta concentrársele en el hombro y dejarlo sin aliento. Centrado en ignorar la agonía, hizo caer la hoja y notó que el filo atravesaba tendón y hueso de su rival.

No era momento de flaquezas ni de analizar los daños. Paulo apartó al bandido con el brazo herido —otra insoportable punzada de dolor— y se volvió hacia el otro oponente.

El joven lo observaba boquiabierto, paralizado.

—No huyas —masculló Paulo.

El muchacho no se movió.

—Suelta la espada.

El chico miró el arma como si le sorprendiera encontrársela en la mano.

—¡Que la sueltes!

El metal repiqueteó contra la calzada.

—¡Por favor, no me mates!

—Eso depende enteramente de ti.

Paulo alejó la espada de una patada. El muchacho se arrodilló y abrió los brazos como el que suplica en un santuario.

—No te muevas.

Paulo miró de reojo al salteador mayor; seguía vivo. Se había desplomado y, en sus últimos estertores, se agarraba con la mano derecha la terrible herida que tenía en el hombro izquierdo. La sangre le brillaba entre los dedos y se acumulaba en un charco en mitad del camino. Paulo se acercó, lo sostuvo por los cabellos enmarañados, le echó atrás la cabeza y lo degolló.

Sin perder de vista al muchacho, limpió la hoja en una de las pocas partes limpias de la túnica del bandido. El dolor del brazo, que ya había remitido, volvió y lo obligó a apretar con fuerza los dientes. La sangre se filtraba a través de la capa.

—¡Por favor, no quiero morir!

—Haz lo que te digo y vivirás. Te doy mi palabra.

El chico dejó caer los brazos y agachó la cabeza como un animal a punto de que lo sacrifiquen.

Paulo, sin quitarle ojo a su prisionero, fue a recoger el pellejo de la carga. Se despegó la capa de la herida del brazo y rabió de dolor mientras se lavaba el corte. Era un tajo de los feos, pero se había visto en peores situaciones. Observó el cadáver del bandido. Las partes de sus ropajes que no estaban caladas de sangre mostraban una suciedad inaudita. Paulo rebuscó en su equipaje una túnica limpia y la cortó en dos partes desiguales. La más grande la aprovechó para secar el corte, y no tardó en empaparse de rojo. La pequeña se la enrolló a modo de vendaje improvisado. Desperdiciar de forma tan gratuita una buena prenda iba en contra de todo lo que le habían enseñado. Tardaría tiempo en acostumbrarse a la vida del hombre acomodado.

—¿Estabais solos? —preguntó Paulo.

—No. O sea, sí.

—¿Perdón?

El pavor parecía haberle arrebatado al muchacho el sentido común.

—¿Hay más bandidos por aquí?

—No, por aquí no.

—¿Dónde?

Mientras hablaba, Paulo recuperó las dos espadas que blandían los asaltantes. Estaban desafiladas y oxidadas. Asaltado por la frugalidad de sus orígenes campesinos, las guardó con el resto de sus bienes.

—El campamento está cerca de la calzada de Crotona.

El muchacho miró a Paulo y, acto seguido, agachó la cabeza. ¿Mentía o solo estaba aterrorizado?

—¿A cuánta distancia?

—En el paso que hay justo después de atravesar la Petra Haimatos.

Era un lugar factible en una de las zonas más remotas de La Sila. El nombre de la Roca de la Sangre, cubil habitual de ladrones desde tiempos inmemoriales, no era casual. Con todo, el campamento se encontraba a medio día a pie de la bifurcación de la calzada que llevaba a Temesa. Eso si el muchacho decía la verdad.

Paulo hurgó en sus bolsas hasta encontrar la *dolabra*. Examinó la muesca en la punta del pico, las mellas en la hoja del hacha. Era sencillo matar a un hombre con una herramienta así, pero al muchacho no parecía quedarle fuerza alguna.

—Cava una tumba.

Paulo le alargó el pico, pero el joven lo rechazó.

—Me has dicho que no me harías daño.

—Una tumba en la que quepa tu compañero.

—¿Por qué?

—Porque es lo correcto.

—¿Dónde?

—Aquí ya va bien, junto al camino.

Mientras el muchacho trabajaba, Paulo desató y alimentó a las mulas, antes de sentarse y disfrutar de un poco de cecina, queso, pan y una cebolla.

—Por tu acento diría que eres romano —dijo Paulo.

Los ojos del muchacho se giraron hacia él antes de volver a la faena. No respondió.

—¿Cómo has acabado con un salteador brucio?

—Mi padre no volvió de las guerras en Hispania. —Se le notaba una amargura en la voz que no correspondía a su edad—. Mi madre se endeudó. Perdimos nuestras tierras.

—Podrías haber encontrado un oficio decente.

—¿Como jornalero, siempre al servicio de otro?

—Hay veces en las que un hombre debe tragarse el orgullo.

El joven no contestó.

—Podrías haberte enrolado en el ejército.

—Los ciudadanos sin tierras no pueden servir en las legiones.

En ese momento fue Paulo quien no respondió.

Cuando el joven acabó de cavar la tumba, ya había caído la noche. Sin embargo, una luna casi llena iluminaba a franjas el camino. En la lejanía, un lobo aullaba.

Paulo se puso en pie, y entre los dos arrastraron el cuerpo hasta el agujero.

—Quédate con lo que quieras —le ofreció Paulo.

Mientras el muchacho rebuscaba entre las vestimentas raídas del bandido, Paulo observó los restos del hombre que acababa de matar. Arráncale los ojos a tu víctima para que su sombra no pueda verte; córtale los pies para que no pueda seguirte; desgájale la lengua para que no pueda acusarte; cercénale las manos para que el demonio no pueda dañarte. Esa era la tradición, heredada de los griegos y recogida en su literatura. No, no había lugar. No se trataba de un asesinato, sino de un caso de defensa propia. Paulo le había dado una oportunidad. El brucio había lanzado los dados y había perdido.

Paulo sacó una moneda de la bolsa y la depositó entre las mandíbulas del difunto. *Dis manibus*: hasta la región de las sombras. El bandido podría pagar la tarifa del barquero.

Lanzaron el cadáver a la tumba, y el muchacho empezó a cubrirlo con tierra.

—Te dejaré marchar cuando lleguemos a la calzada de Crotona. —Paulo extrajo del cinturón un puñado de monedas de gran valor—. Cógelas y aprovéchalas para empezar una nueva vida. Te recomiendo que vayas a Roma. Siempre hay trabajo en la construcción, o bien descargando barcos en el puerto.

El joven aceptó las monedas, pero no hubo agradecimiento.

—Y que quede claro —advirtió Paulo—: si vuelvo a verte en La Sila, te mataré.

# 2

## PATRIA

609 *AB URBE CONDITA* (145 A. C.)

Paulo coronó la última cresta y finalmente vio el mar. Se extendía como un escudo de plata destellando bajo el sol. A sus pies, en el fondo de aquel profundo valle, el río serpenteaba entre vastas extensiones de cieno gris pálido arrastrado desde las montañas. Las marismas estaban flanqueadas por campos escrupulosamente rectangulares, rodeados de colinas. Las pendientes del sur estaban dispuestas en terrazas, con hileras e hileras de árboles. A medida que se alejaban iban ganando en inclinación, con grandes porciones de terreno que no conocía la agricultura salpicado de rocas pardas desnudas. Resiguió con los ojos el río hasta encontrarse con el mar, hasta las murallas y el amasijo de edificios encalados de la humilde colonia de Temesa.

El resto de su viaje por La Sila había proseguido sin más sobresaltos. La noche anterior, al llegar al cruce de la calzada de Crotona, cumplió su promesa y liberó al prisionero. El muchacho se marchó en silencio, indescifrable. Paulo siguió caminando prácticamente una hora entera antes de buscar refugio bajo un grupo de arces bastante alejados del camino. Lo único que perturbó aquel breve reposo fue el ulular de un búho. Resguardado por la penumbra de la última guardia, había aparejado a las mulas y había retomado la marcha.

Paulo se detuvo y escudriñó las vistas. A las afueras de la ciudad, descansando a los pies de la vertiente sur del valle, se encontraba la granja de su familia; justo encima, las tierras de sus vecinos Severo y Junio. A esa distancia, la campiña parecía un lugar idílico y congelado en el tiempo. Pero las apariencias engañan. Del mismo modo que con uno de los poemas alejandrinos que había leído en la escuela, cuando observabas con atención, cuando analizabas cada línea y palabra, percibías lo que se ocultaba bajo la superficie. Paulo estaba a punto de llegar a casa. Y no, no todo seguía igual. El tejado de la granja del viejo Severo, en una de las colinas, parecía haberse venido abajo. La vivienda parecía abandonada, aunque alguien seguía cuidando de los campos.

Llevaba casi tres años fuera, no había ninguna prisa. Paulo dirigió la mirada hacia el otro lado del río, hasta el manantial de Lyka y el templo de Polites. El santuario era un lugar lúgubre y ancestral bajo la sombra de los olivos, y lo único que la mayor parte del mundo conocía de la aldea de Temesa. Tiempo ha, antes de que los romanos pusieran un pie allí, Odiseo llegó a aquellas costas durante las travesías que sucedieron al saqueo de Troya. Polites, uno de sus marineros, se emborrachó y violó a una virgen de la zona. Los oriundos lo lapidaron. Odiseo alzó velas y abandonó a su camarada sin enterrar y sin vengarlo. Polites no saboreó la dulce paz de la muerte. Su demonio siguió vagando por los valles, asesinando sin distinción a ancianos y jóvenes, mutilando a hombres, mujeres y niños. El oráculo de Delfos ordenó a los habitantes de la zona que construyeran un templo y que año tras año le ofrecieran al demonio la virgen más hermosa de Temesa. Una muchacha era encerrada en el templo vacío una noche entera. A la mañana siguiente, todos los años sin excepción, encontraban el cadáver descuartizado de la joven. Aquel dantesco ritual continuó hasta que Eutimo, tres veces vencedor en los pugilatos de Olimpia, visitó la colonia. La lástima por la víctima de aquel año se convirtió en amor. Se ocultó en el santuario y se enfrentó al demonio hasta expulsarlo a las profundidades del mar. Eutimo desposó a la muchacha, y Polites no volvió a atormentar a la población, a pesar de que algunas voces supersticiosas afirmaban haber visto su sombra acechando por los bosques cercanos.

Paulo buscó con la mirada un árbol en particular. Un olivo silvestre, descomunal y vetusto, crecía junto al templo. Una de las ramas superiores sobrepasaba al resto y prácticamente alcanzaba el tejado del templo. Cierto día, de niño, se había subido a ese árbol. La idea no había sido suya, sino de Lolio, pero este se había echado atrás y había dejado solos a Paulo y a su amigo Alcimo. Llegaron al tejado y gatearon hasta una trampilla trasera, detrás de la fachada principal. Estaba cerrada. Se pasaron de la raya cuando decidieron forzarla. Colarse en el templo era un sacrilegio. No podían ni imaginarse el castigo que les esperaría si alguien se enteraba. Aun así, fue el miedo al demonio lo que hizo que se arrepintieran. Lo más complicado fue desandar el camino hasta la rama.

El héroe de Temesa, que era como se llamó a Polites,

fue el único reclamo por el que se conocía la aldea que vio nacer a Paulo. Era una historia sanguinaria y terrible, pero al menos tenía un final feliz, igual que la aventura de su niñez. Tenía reservas sobre si la vuelta a casa también le dejaría un buen sabor de boca, pero no tenía sentido posponerlo más. Recogió las riendas y partió de nuevo.

Optó por no tomar la ruta directa, la calzada que bordeaba el río, sino un sendero que circundaba la loma de la ladera sur. Lo último que quería era toparse con algún vecino y responder a preguntas banales o indiscretas.

Desde esa altura podía divisar por entero la finca familiar. No era excesivamente grande, tan solo veinte *iugera,* la asignación estándar para cualquier colono. Podías rodearla en menos de media hora, pero la tierra era fértil. Tras la derrota de Aníbal, los romanos confiscaron a sus aliados brucios la mitad de sus tierras y se quedaron con las más fecundas. Una amplia franja de hayas y robles adultos aislaba la granja de la calzada y el río, y la resguardaba de los vientos marítimos del suroeste que en invierno azotaban el valle. La casa, el granero, las prensas para el aceite y el vino, los almacenes y silos, las cuadras y los cobertizos estaban construidos contra aquella barrera forestal, orientados hacia el interior y conectados por un murete que formaba un pequeño recinto. El molino de piedra estaba justo fuera, delante de la puerta principal, para poder aprovechar las brisas. Aneja a la hacienda se hallaban las huertas —hortalizas plantadas entre manzanos y perales— y los corrales del ganado. El estercolero, a favor del viento en la cara este. Al oeste se extendía una dehesa en la que pacían las ovejas cuando bajaban de los altos de La Sila en otoño, y al este había dos pastos más; el más cercano a la finca era un llano en el que crecían olivos rodeados de trigo. El cercado sur estaba dispuesto en terrazas sobre una colina, y era donde las viñas medraban entre los troncos argénteos de más olivos.

La última parte del patrimonio de Paulo, un campo elevado de cinco *iugera* que constituía la dote que había aportado su madre al matrimonio, se encontraba al norte, al otro lado del río y de la cresta, a unas dos horas a pie. Allí crecía de lejos el mejor trigo, así como las olivas más carnosas y las uvas más dulces. Aquel campo ocupaba un lugar especial en su corazón. En la escarpada ladera que dominaba las tierras de labranza había una cueva cuya entrada ocultaban unas zarzas. Nadie más sabía de su existencia. Era allí donde Paulo solía esconderse de su padre cuando era niño. Ni siquiera les había hablado a sus amigos Alcimo y Lolio de su escondite secreto.

Paulo reflexionó brevemente sobre la disposición de la granja familiar. Tantas parcelas de labranza dispersas —con distintos cultivos creciendo juntos en pequeños campos de valles demasiado distantes— no producían excesivos beneficios. Las nuevas haciendas, las más grandes y pudientes, estaban comprando hectáreas de tierras contiguas y dedicando cada una de las parcelas a un único cultivo. Tenían los posibles para invertir en nuevas plantaciones, y las cuadrillas de esclavos y temporeros conformaban la mano de obra necesaria para unas cosechas extraordinarias. Sin embargo, los granjeros más humildes se contentaban con las formas tradicionales, puesto que también eran las más seguras. Si las tormentas barrían uno de los valles, quizá el otro se libraba. Si alguna plaga arrasaba con los cultivos de una parcela, era posible que no asolara la vecina.

A medida que se acercaba, Paulo se percató de que al tejado del granero le faltaban varias tejas, las vallas de los corrales del ganado tenían varios listones partidos y el estercolero estaba desbordado. La finca en general mostraba un aspecto dejado, aunque no le sorprendía. Si se contaban todos los días, a la manera romana, Paulo había estado fuera casi tres años. No había pasado ni un solo día sin pensar en aquel lugar. Sorprendido e inseguro de sus propias emociones, condujo a las mulas por el sendero que zigzagueaba entre las terrazas y descendía hasta su hogar.

La cancela de la granja se había salido del quicio y estaba entornada. Dio unos pocos pasos más y le llegó del interior un ladrido sañudo y agresivo. Paulo se frenó en seco al ver un perrazo negro con los pelos erizados y las garras al descubierto. Agarró con fuerza las riendas cuando notó que las mulas vacilaban, profundamente alarmadas por aquella presencia desenfrenada.

El sabueso se paró a poca distancia. El pelaje seguía erizado y le formaba una cresta por encima de los músculos abultados de los hombros, pero el ladrido se convirtió en un aullido agudo. La bestia cargaba el peso entre una pata y la otra. Los labios se le contrajeron hasta formar una sonrisa bobalicona y mostrar todos los dientes. Un instante después, se abalanzó sobre Paulo.

—Ay, *Niger*, abuelete perezoso.

El can se coló como pudo entre las piernas de Paulo. Una vez que lo consiguió, dio media vuelta y repitió el proceso.

—¿Estabas durmiendo? Nunca les ladras a los conocidos. —Paulo le acarició las suaves orejas y le dio un beso en la cabeza—. A menos que te despierten.

El perro daba vueltas sin descanso, hasta que en una de esas le dio un golpe a Paulo en la rodilla con el cráneo, duro y huesudo.

—Lo que tienes de grandote lo tienes de torpe.

Paulo alzó la vista y vio a un anciano de pie junto a la cancela. Llevaba una túnica raída y los cabellos, los pocos que le quedaban, despeinados. Agarraba con fiereza una guadaña y, en silencio, observaba con ojos miopes al recién llegado.

—Eutiquio.

Aquel rostro agrio y envejecido se iluminó al reconocer a la persona que tenía delante.

—Al final has vuelto.

—Sí —respondió Paulo.

Había olvidado lo malcarado que era el viejo esclavo de la familia. Unas cejas pobladas le conferían a Eutiquio un aspecto obstinado, aunque el labio inferior, protuberante y caído, indicaba una cierta estupidez.

—Tu nodriza ha muerto.

—¿Cuándo?

—El invierno pasado. Se la llevó un catarro.

Ródope había sido la nodriza del padre de Paulo. Siempre le había parecido una anciana.

—¿Ha encontrado mi madre a otra sirvienta?

Eutiquio resopló con sorna.

—¿Con qué dinero?

Paulo no contestó. Debían de haber pasado una mala época.

—No habrás vuelto con las mulas cargadas de oro, ¿no?

Paulo cambió completamente de tema:

—¿Qué le ha pasado a Severo, el del otro lado de la colina?

—Se ahorcó.

—Una muerte digna de una mujer —escupió Paulo.

—Perdió la cabeza. Afirmaba haber visto al héroe en los bosques.

—La gente habla demasiado. ¿Dónde está mi madre?

—En casa, ¿dónde va a estar?

—Hay que arreglar las vallas del corral.

Eutiquio hizo un gesto de desdén.

—Con el pastor en La Sila, aquí hay demasiado trabajo para un solo hombre.

—Pero he vuelto.

—Eso sí —contestó Eutiquio sin preocuparse por mostrar entusiasmo—. Tienes un corte en el brazo.

—No es nada.

Aquel reencuentro estaba durando demasiado, así que Paulo decidió entregarle las riendas. Mientras el esclavo aguantaba a las mulas, Paulo desató el escudo y las jabalinas, recuperó el casco y la armadura del equipaje, y extrajo también un paquete cuidadosamente envuelto.

—Alimenta a las mulas y dales agua. Luego te ayudo a desaparejarlas. No toques nada más.

Paulo entró en casa con *Niger* pisándole los talones. El edificio tenía dos pisos, pero era modesto y estaba construido con escombros y mortero. Después de visitar Roma y las ciudades del este, su hogar le resultaba primitivo y diminuto. Hacía una tarde calurosa, así que la puerta y los postigos de las ventanas sin cristal estaban abiertos de par en par. Del interior salían los chasquidos y silbidos del telar. Finalmente, se adentró en la penumbra.

Cuando los ojos se le acostumbraron a la oscuridad, vio a su madre, Annia. Dejó de girar la rueca y se puso en pie.

—Salud y gran alegría, hijo —exclamó.

Paulo repitió aquel saludo formal.

—Lolio recibió tu carta; vino a leérmela.

Su madre se le acercó y lo besó. Tenía las mejillas secas y ligeramente ásperas, como papiro viejo, y olía a la lanolina de la lana.

Paulo mantenía una distancia prudencial. La mujer tenía un rostro rudo y hombruno, un aspecto que acentuaban sus cabellos, recogidos en un moño.

—Ve a presentarles una ofrenda a los lares.

Dio un paso atrás para liberarse de los brazos del hijo. No le había preguntado por su salud ni mencionado las vendas del brazo. Si hubiera esperado una bienvenida calurosa, la decepción habría sido significativa.

—Luego.

Le bastó un largo silencio para mostrar su descontento.

Paulo retiró las fundas de cuero del escudo y el casco, y desprendió la tela lubricada de la armadura. Comprobó que no hubiera nada oxidado y lo colgó todo junto con las jabalinas en los ganchos apropiados de la pared. Soltó la vaina del cinturón y dejó la espada enfundada sobre un plinto bajo el resto de su equipo. Finalmente, sacó del paquete una corona de hojas de roble unidas por un lazo. Las hojas estaban secas y crujían bajo sus dedos. Una incluso cayó al suelo, así que se encorvó y la recogió antes de colocarla junto con la corona al lado de la espada.

La corona cívica se concedía a los hombres que salvaban la vida de otro ciudadano y, durante el resto de la batalla, mantenía la posición en la que había tenido lugar tal hazaña. A los condecorados se los honraba durante toda la vida. Estaban exentos de cualesquiera obligaciones públicas, tenían derecho a un asiento de honor en los juegos e incluso los senadores de Roma debían ponerse en pie cuando entraban en una estancia.

Paulo observó la corona cívica con sentimientos encontrados. Sí, había orgullo, pero también una profunda desazón. Le había salvado la vida al hombre equivocado.

Su madre lo trajo de vuelta al presente. Había encendido un pequeño fuego en el altar y le ofrecía un platillo con vino.

Un hombre manchado por un crimen de sangre no debía aproximarse a los altares de los dioses. Durante su servicio en el ejército había sido algo inevitable. Aquellos que se encontraban bajo disciplina militar están obligados a respetar los rituales del ejército. Sin embargo, volvía a ser un ciudadano más, y esta vez estaba ante los dioses de su propio hogar. Sería un acto voluntario, un sacrilegio mucho más personal.

Con la esperanza de que no se notara la vacilación, Paulo se situó enfrente del pequeño altar. El genio de la casa estaba representado como un hombre circunspecto ataviado con una toga. El guardián divino estaba flanqueado por dos espíritus auxiliares. Los lares danzaban alegremente, con las túnicas cortas ondeando al viento; ambos sostenían sendas jarras de vino y un recipiente. Una serpiente se arremolinaba a sus pies. La factura era tosca, de un artista de la zona, pero ello no disminuía el poder de las divinidades. Paulo inclinó la cabeza, se puso la mano derecha sobre el pecho y masculló las plegarias habituales.

En los hogares más pudientes se ofrecían a los lares los restos de comida que hubieran sobrado del comedor. En aquella casa jamás se había desperdiciado nada. Incluso el platillo contenía una ración ínfima de vino. Paulo se encargó de la libación, y el vino siseó al entrar en contacto con las llamas.

—Vas a tener que cuidar de la granja —le anunció su madre.

—Mañana me pongo.

—Tu padre lo revisaba todo cuando volvía —le espetó con crudeza.

—Mi padre nunca estuvo más allá de Crotona.

Paulo se arrepintió de esas palabras en cuanto las pronunció.

—Tu padre era un hombre valiente. Fue cosa de los hados que no lo llamaran al ejército. Era un hombre bueno, temeroso de los dioses, nunca bebió en exceso, y si murió joven fue por cuidar de nosotros.

—El viaje ha sido muy largo y estoy agotado. —Paulo trató de sonar conciliador—. Eutiquio te llevará hoy al pueblo a ver si podéis comprar una sirvienta.

Hurgó en la bolsita que llevaba en el cinturón y sacó un puñado de monedas. Su madre las aceptó sin mediar palabra.

—Llevaos una de las mulas, si os parece.

—Me he pasado la vida yendo a Temesa a pie. Ni estoy chocha ni inválida.

Paulo se volvió y salió de la casa.

—Me las he apañado la mar de bien estos últimos años —le gritó ella.

Paulo ayudó a descargar las mulas, y poco después vio a Eutiquio alejarse con su madre.

En cuanto se marcharon, se dispuso a esconder el botín. Ocultó la mayoría de las monedas en el henal, junto con las espadas que les había quitado a los salteadores, cuidadosamente envueltas en telas engrasadas con aceite. Sin perder un instante, volvió a amontonar el heno para cubrir la tierra que había removido. Emparedó un montoncito de las monedas más valiosas tras una losa suelta del muro que daba a la prensa de aceite. Era su escondite predilecto de niño. Por último, fue a buscar una escalera e introdujo el conjunto de utensilios de oro destinados a beber entre las vigas de la casa, justo debajo del tejado. No desenvolvió las copas, ni el cuenco de mezclas, ni, sobre todo, el balde grabado para enfriar vino. No tenía ninguna intención de volver a verlo.

Paulo estaba devolviendo la escalera al cobertizo cuando Lolio, su amigo de la infancia, entró en el jardín. No lo oyó acercarse. *Niger* daba vueltas alrededor de Lolio meneando la cola.

—¿Ya estás ocupado? —preguntó Lolio.

—Se han desprendido unas tejas de la casa.

Lolio señaló el granero con el dedo.

—Al granero también le faltan unas cuantas.

—Puede esperar.

Lolio dio un paso al frente y lo abrazó. Paulo se tensó. Solo con tocar a un hombre que hubiese cometido un crimen de sangre ya podías intoxicarte.

—¿Al ganador de la corona cívica se le han olvidado ya sus viejos compañeros?

—Lo siento, he perdido las maneras en el ejército.

Paulo le devolvió el abrazo a su amigo.

—Bien venido a casa, vecino.

—¿Vecino?

—Mi padre compró la finca de Severo después de que se ahorcara. —Lolio inclinó la cabeza y su rostro casi ascético a un lado, y observó a Paulo de arriba abajo—. Te veo distinto.

«Porque soy distinto», pensó Paulo.

—Acabo de volver.

—Ya lo sé, me lo ha dicho Kaido. Te vio cruzar el río en Ad Fluvium.

—No me di cuenta.

—Tal vez se había transformado en pájaro.

—No te creerás esas sandeces sobre los cambiaformas, ¿no?

—No, pero las gentes de por aquí están convencidas.

Paulo esbozó una sonrisa.

—¿Te has hecho amigo de esa vieja bruja brucia?

Lolio le devolvió una sonrisa que convirtió a aquel hombre austero en el muchacho impulsivo que Paulo recordaba.

—Me la crucé en la calzada. Uno de nuestros esclavos ha desaparecido de los pastos de arriba.

—¿Ha huido?

—Probablemente se tropezó con bandidos. Las tierras altas de La Sila están hasta los topes de salteadores. No sé qué espera mi padre que haga, sinceramente.

Paulo levantó el brazo vendado.

—Me encontré con un par de camino aquí.

—¿Qué les pasó?

—Uno está muerto; el otro escapó.

Lolio soltó una carcajada.

—Kaido estaba en lo cierto. No dejaba de mascullar

que tenías las manos manchadas de sangre, algo sobre un heraldo de muerte.

—No es necesario comunicarse con los dioses para afirmar algo así de un veterano de guerra. —Paulo mantuvo la calma para no delatar el vuelco que le acababa de dar el corazón—. Los barracones me han despojado de toda hospitalidad. Entra y tómate algo.

—Gracias, pero no puedo, ya va siendo hora de que me ponga en marcha y haga lo que me ha pedido mi padre. Por cierto, hablando del rey de Roma, tienes que venir un día a cenar. Tiene pensado organizar un festín pasado mañana, por las calendas de agosto.

—No sé qué decirte.

—Tiene ganas de verte.

—Está bien. Gracias.

Lolio se detuvo y midió sus palabras.

—Fidubio también está invitado.

Paulo se estremeció, como si le hubieran dado una bofetada.

—No vas a poder evitarlo siempre —dijo Lolio con una preocupación sincera—. Lo mejor es que lo superes cuanto antes. Todos leímos la carta del cónsul. Lo que le pasó a su hijo no es culpa tuya. De hecho, nadie lo va a llorar más que tú. Todo el mundo sabe que no eres responsable de su muerte.

# 3

# PATRIA

609 *AB URBE CONDITA* (145 A. C.)

El sol ya se hundía en el mar y las aves limícolas y otras aves acuáticas partían del estuario mientras Paulo avanzaba por la calzada que llevaba a Temesa. El aire estaba cargado con el clamor de los pájaros. Estaba agotado. Había sido el primer día de cosecha del trigo. A pesar de que no podías empezar hasta que el sol hubiera evaporado todo el rocío, las doce horas de luz diurna del verano se hacían muy largas. Sin embargo, no habían sido las labores físicas ni el balanceo continuo de la guadaña los culpables del agotamiento.

Paulo se había despertado en mitad de la noche consciente de su presencia incluso antes de verlas. Estaban recostadas en el suelo de su habitación: tres formas oscuras y encorvadas. Las tres ancianas respiraban a la vez, profundamente dormidas. En los momentos de vigilia había procurado no moverse por miedo a despertarlas y verse obligado a oír sus reproches. En algún momento debió de quedarse dormido. Cuando Eutiquio lo despertó, habían desaparecido.

La casa de Vibio, el padre de Lolio, ocupaba una manzana entera de la calle principal de Temesa. Se presentaba al mundo con una fachada blanca y un alto muro de piedra labrada. En la cancela, un mozo le pidió la capa y lo acompañó adentro. El atrio era un espacio amplio y porticado, con una columnata del mejor mármol. Paulo reconoció a una gran parte de los portadores de antorchas y ayudantes del resto de los invitados. Todos se pusieron en pie, le mostraron respeto acercándose los dedos a los labios e inclinaron la cabeza. Uno de los pocos a quienes no conocía tardó en levantarse e hizo una reverencia. Era un esclavo ancho de hombros, con una mandíbula prominente y un aire amenazador. Cuando Paulo pasó por delante, percibió aromas a nardo y canela. Era evidente que se trataba del trabajador favorito, consentido y bárbaro de algún dignatario local.

El comedor se abría hacia un jardín con una fuente y estatuas griegas bellamente iluminadas. Los invitados seguían de pie, dando sorbos a sus bebidas y charlando en voz baja. Fidubio fue la primera persona con la que se cruzó Paulo. Por lo menos, el padre de Alcimo había decidido no levantarse cuando lo vio entrar. Habría sido demasiado extraño.

—Salud y gran alegría, Cayo Furio Paulo.

Paulo le devolvió el saludo.

—Alcimo era un buen ciudadano, un soldado gallardo y un amigo leal. Que la tierra le sea leve.

Fidubio estaba pálido e inmóvil como una máscara mortuoria de cera.

—Siempre supe que mi hijo era mortal. Como bien dices, que la tierra extranjera le sea leve a sus huesos.

Como buen anfitrión, Vibio esperó a que aquella dolorosa conversación finalizara antes de acercarse a Paulo y darle un abrazo.

—Bien venido a casa, Paulo. Gracias a los dioses que has vuelto sano y salvo.

Sin esperar respuesta, Vibio agarró a Paulo del brazo y se lo llevó.

—Permíteme que te presente a los demás invitados.

Había tres divanes preparados para alojar a nueve hombres. Además de a su amigo Lolio, Paulo ya conocía a Urso, el sacerdote del templo de Polites, y a dos de los tres terratenientes de la zona. El último invitado era un filósofo griego cuyo nombre no llegó a entender.

Vibio sirvió una generosa libación y los acompañó hasta sus asientos.

Antes de que se reclinaran, los esclavos de la casa les quitaron el calzado, les lavaron manos y pies, los ungieron con bálsamos y les colocaron una corona de rosas. Los mismos esclavos lucían también coronas de mirto. Paulo se alegró de haber dejado la corona cívica en el pedestal. Las hojas de roble habrían atraído demasiado la atención y no habrían sido sino un amargo recordatorio para Fidubio y para él mismo.

A Paulo lo sentaron en el diván de la derecha, entre su amigo Lolio y Urso. Le alivió ver que el diván central estaba reservado para uno de los terratenientes. En aquel hogar, la edad y la *dignitas* debían de pesar más que el servicio militar o, dada la presencia del padre de Alcimo, quizá no era más que otra muestra del tacto del anfitrión.

Los sirvientes trajeron los aperitivos y los dejaron en pequeñas mesas auxiliares frente a cada diván. Huevos duros y pececillos fritos, acompañados de una ensalada de lechuga y rúcula. Nada del otro mundo, pero era sabroso, y el pan estaba recién salido del horno. Paulo estaba hambriento después de haberse pasado el día en los campos, pero procuró no comer más de lo que le correspondía ni mostrar demasiada ansia. Su padre no había escatimado en enseñarle buenos modales a su hijo, aunque fuera a golpes.

—¿De quién es el esclavo grandullón del atrio? —preguntó Paulo en voz baja a Lolio para que no los oyera el sacerdote—. El del mentón exagerado y mala educación.

—¿Crotón? Es de Fidubio.

—¿Crotón?

—Sí, lo compró en Crotona. —Lolio torció el gesto en una expresión de desprecio—. Un ser vulgar, criado en ciudad, pero ahora es el vigilante de la finca de Fidubio. A Crotón se le ha subido bastante a la cabeza desde que llegaron las nuevas sobre la muerte de Alcimo. Puede que incluso el viejo Fidubio, arisco como es, necesite los afectos profusos de otra persona. En cualquier caso, Crotón es una mala opción.

Las conversaciones de la sala se fueron tornando más y más anodinas. El tema principal eran las tierras: propiedades y precios, idas y venidas de esclavos y temporeros. Sin contar al filósofo, todos los invitados sabían de lo que hablaban. De los presentes, el anfitrión y los cinco granjeros más ancianos poseían la mayor parte de las tierras de Temesa y La Sila. En tiempos del abuelo de Paulo, Roma les había confiscado la mitad de las tierras a los brucios, un castigo por la lealtad que los nativos le profesaban a Aníbal. La mayoría fueron declaradas terrenos públicos, disponibles para cualquier ciudadano que quisiera alquilarlas para pasto, pero el resto de las tierras de cultivo se había reservado a los nuevos colonos. Habían enviado a trescientos veteranos con sus familias, y a cada uno se les habían asignado veinte *iugera*, salvo a treinta jinetes a los que les había tocado el doble. Como cabía esperar, aquella equidad no llegó ni a la segunda generación. El problema no era la diligencia de los granjeros, ni siquiera lo fértil que pudiera ser el suelo, sino los caprichos de los matrimonios y las herencias. Las costumbres romanas exigían que todas las propiedades se dividieran entre los hijos. Tener un solo hijo era garantía de que las posesiones de la familia permanecieran intactas, y un matrimonio sensato no hacía sino incrementarlas. Paulo era hijo único, igual que su padre, pero su madre tenía tres hermanos y apenas había sumado tierras. A otras familias les había ido infinitamente mejor, incluidas las de los presentes en aquella cena.

Además, había otras formas de conseguir dinero para aquellos que tuvieran el capital necesario para invertir. Los que no temieran arriesgarse podían comprar una parte de los buques mercantes del puerto, pero era algo reservado a los más insensatos. Un solo naufragio podía traerle la ruina a la familia. Las propiedades eran una alternativa mucho más segura. Podías adquirir una casa o una tienda en la ciudad, un olivar o bien prados, y siempre acabarías encontrando arrendatarios que te devolvieran paulatinamente la inversión. Si preferías generar mayores beneficios, siempre cabía la posibilidad de buscar socios y montar una compañía que licitara contratos madereros o de recogida de alquitrán en los altos de La Sila. La producción descendía por el Sabutus para exportarse desde Temesa. El padre de Paulo solía hablar de tales proyectos, pero siempre había carecido de medios.

Llegó el momento del plato principal: pollo con guisantes y lentejas, pero también un lechón por diván, un lujo al alcance de muy pocos y un plato absolutamente delicioso. Paulo tuvo que volver a controlarse. Evitó beber demasiado rápido y echó un vistazo a lo que lo rodeaba. Había cuadros en las paredes que no había visto hasta ese momento: los trabajos de Hércules, claramente de un artista griego. Su mente viajó a otro lugar un instante. El hedor del humo le llegaba a la nariz. Vio a los soldados, borrachos como cubas y riendo, jugando a los dados sobre el cuadro que habían arrancado del marco. Hércules agonizando mientras el veneno le consumía la piel. Paulo extendió tres dedos a escondidas, contando uno tras otro y exponiendo su defensa: «No fue culpa mía. No era mi intención. No merezco estar maldito».

Desvió la mirada de los cuadros y alcanzó su copa. No le temblaba el pulso. Dio un sorbo y examinó con detenimiento la exposición familiar de armas cartaginesas. Dos lanzas rotas, un escudo ajado, un casco mellado y una espada corta de filo ancho que habían estado allí desde que era pequeño. El abuelo de Lolio se las había arrebatado a los muertos en el campo de la batalla de Zama. Paulo temió que el pasado volviera a abrumarlo. Sintió de nuevo el olor a ceniza, pero esta vez también oyó los gritos lastimosos de mujeres y niños. Cerró los oídos ante tamaño terror, dio un largo sorbo al vino y se obligó a escuchar lo que explicaba el filósofo griego.

—La caza es sin lugar a duda el mejor entrenamiento para la guerra. Ya sea bajo un sol abrasador en verano o soportando el frío cortante del invierno, recorrer campos y eriales endurece el cuerpo. Sin embargo, los mayores beneficios los recibe el espíritu. El cazador vigila a su presa y luego pierde el rastro. Se entrena al alma para que pueda gestionar todas las vicisitudes de la fortuna.

Urso le tocó la mano a Paulo.

—Típica impertinencia griega.

El sacerdote era muy anciano y tenía las mejillas hundidas y el rostro atravesado por profundas arrugas.

—¿Cómo se atreve ese hirsuto griegucho a pretender que puede aleccionar a tal compañía? Y mucho menos a ti, un romano que ha ganado la corona cívica.

—¿No aprecias a los griegos?

Paulo no tenía ninguna intención de hablar sobre la corona cívica. Urso clavó su mirada en él.

—Le recomendé a tu padre que no gastara dinero en enviarte con aquel tutor griego. Todo lo puramente helénico, como los baños, sentarse en los teatros, la contemplación fútil del alma o el hecho de cuestionar la existencia de los antiguos dioses socava la hombría de los romanos. Arranca las raíces de la *mos maiorum*, y sin las costumbres de nuestros ancestros no somos nada.

El sacerdote hizo una pausa y volvió a hablar con la intención de que todos los oyeran:

—El único griego bueno es el esclavo o el muerto.

El silencio que se sucedió fue, como poco, tenso. El filósofo se rebotó:

—El hombre sabio no teme a la muerte.

Urso lo fulminó con la mirada.

—El hombre piadoso siempre teme el castigo de los dioses.

Vibio hizo un gesto a los esclavos para que trajeran frutos secos, fruta y más bebida.

—Paulo, cuéntanos algo sobre las campañas en el este

—preguntó Urso. Estaba claro que la matanza de griegos era uno de sus temas predilectos.

—Creo que sería demasiado doloroso para Fidubio.

De nuevo, Paulo volvió a notar el hedor a quemado.

—Es un honor morir por tu patria —afirmó el sacerdote—. Todos hemos crecido oyendo las gestas de las batallas de nuestros padres contra Aníbal.

Paulo miró de reojo a Fidubio. La máscara había desaparecido. El padre de Alcimo le devolvió una mirada de puro odio.

—Recorrimos grandes distancias, vencimos en dos batallas y quemamos hasta los cimientos la ciudad de Corinto.

A Paulo le palpitaba la cabeza con los gritos de cada mujer y niño resonándole en los oídos.

—Corinto —repitió uno de los terratenientes—, la ciudad más opulenta del este.

—Era la más opulenta, sí —contestó Paulo.

—¿Y el botín? —Una codicia desnuda brilló en los ojos de aquel ilustre hombre provinciano—. Debió de daros para cargar carros y carros.

—La mayoría de los bienes preciados acabaron destruidos o quemados. Tal como dicta la disciplina militar, el resto se recogió y se distribuyó entre los soldados.

—Pues habrás vuelto más rico que Vibio.

El terrateniente soltó una carcajada, embriagado por su propio ingenio.

Paulo sintió como si le comprimieran las sienes con una correa de acero. Apenas podía respirar.

—Los centuriones y altos mandos recibieron la mejor parte. Los legionarios corrientes nos conformamos con bastante menos.

—Venga ya —exclamó el tipo, guiñando un ojo.

Vibio intervino:

—Deja que el muchacho conserve su modestia. He contratado a un flautista para que nos entretenga.

Paulo debía marcharse. Se puso en pie casi tambaleándose.

—Vibio, gracias por todo. Señores, me disculparán, pero mañana tengo un largo día por delante. La cosecha no se recogerá sola.

Un ligero gesto de fastidio recorrió las facciones del anfitrión antes de recuperar su afabilidad habitual.

—Por supuesto, Paulo. A los viejitos que ya no nos deslomamos a veces se nos olvida. Que los dioses te sean propicios.

Los esclavos seguían esperando en el atrio. Paulo atravesó con los ojos a Crotón. El guardián le devolvió una mirada fría, con una ligera inclinación de cabeza y, quizá, un sutil rictus. Paulo se enfureció y sintió el impulso de arrancarle a golpes la sonrisa de la cara. Antes de que actuara por pura vehemencia, el mozo le trajo de vuelta la capa y lo acompañó hasta la cancela.

Incapaz de volver aún a casa, Paulo recorrió la ciudad en dirección al mar. Se planteó visitar la taberna de Roscio, un zoquete demasiado proclive a todo tipo de supersticiones. Cuando iba borracho, Roscio era un personaje cínico que tronaba contra los hados que le arrebataron la granja de su familia y lo dejaron a cargo de aquel antro. ¿Es que acaso no era un ciudadano romano que descendía de colonos de buena cepa? Sin embargo, cuando estaba sobrio, era un ser afable, con una buena selección de caldos, y las muchachas de su establecimiento estaban limpias y eran obedientes. Paulo se acordó de Apolonia y Bríndisi y rechazó la idea. La visita implicaría aún más vino, y teniendo en cuenta su estado solo conseguiría pelearse con otro parroquiano.

No había ni un alma en las oscuras calles que descendían hacia el puerto. Paulo caminaba sin ser apenas consciente de lo que lo rodeaba, abstraído. Los invitados de la cena no tenían la culpa. Por supuesto que Fidubio lo odiaba; lo contrario habría sido absurdo. Paulo había vuelto; Alcimo no había tenido la misma suerte. No existía mayor tragedia que un padre obligado a enterrar a sus hijos. El resto sencillamente no podían comprenderlo. Los primeros colonos quizá habrían sabido ponerse en su lugar. Habían luchado en Italia y África. Temesa había sido su recompensa. El objetivo de fundar la colonia era controlar a los brucios y suprimir los asaltos en La Sila y la piratería de sus costas. Los colonos y sus descendientes se ahorraron cualquier tipo de servicio militar. La siguiente generación, es decir, los terratenientes de la cena, jamás habían seguido los estandartes ni oído el choque del acero contra el acero.

Cuando llegaron los destacamentos de reclutamiento, Paulo y Alcimo se presentaron voluntarios. A los brucios no les quedaba otra opción. Tenían prohibido el acceso a las legiones aliadas de Italia, así que se los circunscribía a puestos de sirvientes en los campamentos. Sufrían la disciplina y las privaciones del ejército, compartían sus peligros, pero apenas disfrutaban de las recompensas. Treinta fueron los que partieron de Temesa, y seis los que regresaron. Ni los brucios que sobrevivieron ni los que fallecieron fueron tema de conversación en la cena. No merecían ni que los mencionaran. A pesar de eso, cuando Paulo pensaba de tiempo en tiempo en la muerte, le venían a la cabeza sus padres, viudas e hijos.

Los muelles estaban prácticamente desiertos. Un par de estibadores echaron un vistazo receloso a la corona de rosas que descansaba sobre la cabeza de Paulo y a su elegante vestimenta. Un grupo de jóvenes que volvía de una fiesta solía ser fuente de problemas. Al ver que iba solo, le desearon buenas noches.

Paulo avanzó hasta el extremo del muelle. Dirigió la vista más allá de los barcos mercantes amarrados y observó las sombras de las nubes danzando sobre el mar. Soplaba una brisa fresca aquella noche que arrastraba aromas a salitre y pescado, a brea y madera decolorada por el sol. Alcimo y él se alistaron por las mismas razones atávicas que siempre habían atraído a los jóvenes al ejército. Buscaban ponerse a prueba, ver mundo y hacer fortuna. Ambos vieron realizados los dos primeros objetivos; el tercero, solo Paulo. Habían sido uña y carne, al menos hasta que Tatio, un muchacho avispado de los bajos fondos de Roma, se había unido a la hermandad. El centurión se había burlado de ellos apodándolos las Tres Gracias. Juntos hasta la muerte, solía decir Alcimo, unas palabras que resultaron ser proféticas.

El viento dispersaba las nubes y dejaba al descubierto brillantes estrellas: las Pléyades, el Cinturón de Orión. Las mismas constelaciones que relucían en Corinto. Sin previo aviso, Paulo se vio transportado al exterior de la última casa.

La calle estaba cubierta por una nube de humo. El hollín, como nieve negra, se arremolinaba con cada deflagración que provocaban los incendios.

—Una casa más —exclamó Tatio.

—Ya es suficiente.

Alcimo tosió. Cada vez costaba más respirar.

—Alcimo tiene razón —coincidió Paulo—. Las llamas nos van a cortar el paso.

—No, una casa más —repitió Tatio, y los ojos le brillaron con un resplandor extraño y perturbado.

# 4
## *Militia*

Un año antes
608 *ab urbe condita* (146 a. C.)

El cónsul ascendió a la tribuna custodiado por sus oficiales de confianza. Lucio Mumio, sereno y circunspecto, se preparó para hablar a las tropas. Al otro lado de la tribuna se extendían las murallas de Corinto, y más allá, dominando la ciudad, se vislumbraba una ciudadela sobre dos colinas, el impregnable Acrocorinto, una de las fortalezas consideradas los grilletes de Grecia. Durante dos días y dos noches, el ejército estuvo acampando en un llano. A lo largo de todo ese tiempo las puertas de Corinto estuvieron abiertas de par en par, pero nadie salió. Ningún hombre armado se adelantó a plantar batalla o a intentar saquear el campamento romano. Ningún heraldo ni ninguna delegación de ciudadanos se acercó con la esperanza de negociar una rendición. Ni siquiera hubo refugiados que, huyendo del desastre inminente, atravesaran el portal. Pero la ciudad no estaba completamente abandonada. El ejército había visto el humo de fuegos domésticos por la noche, y durante el día se habían detectado movimientos furtivos por las almenas. Mumio aguardaba el momento preciso, sospechando una emboscada. La espera tocaba a su fin.

—Soldados de Roma, nuestra causa es justa. —Mumio sopesaba las frases, poderosas y sonoras, como es deber de todo buen general—. Los dioses están de nuestro lado.

Paulo, junto con Alcimo y Tatio en primera fila, tenían las mejores vistas y oían sin problema cada una de las palabras. Era apropiado que estuvieran al frente, puesto que su manípulo se había encargado de cortar y amontonar la turba para construir la tribuna.

—El pueblo romano no buscó esta guerra. Nuestro imperio se cimienta en la buena fe y la salvaguardia de la ciudad de Roma. Siempre honramos nuestra palabra y protegemos a nuestros aliados, así como a nosotros mismos. —Mumio hizo un gesto en dirección a la ciudad—. Los aqueos de Corinto tomaron otra vía. Rechazaron los términos que les ofrecimos, por razonables que fueran.

Mumio lucía una toga cuya blancura nívea estaba salpicada por lamparones marrones.

—Los aqueos insultaron a Lucio Orestes e incluso trataron de agredirlo, y cometieron el sacrilegio de desear la muerte de nuestro enviado. Fue la demencia de los aqueos lo que declaró la guerra. Esa panda insulsa de griegos tuvo la temeridad de enfrentarse a Roma en batalla. Perdieron, y ahora deben asumir las consecuencias.

Tatio esbozó una sonrisa maliciosa.

—Y a nosotros nos toca hacernos ricos.

El centurión exigió silencio entre las filas.

—El Senado ha decretado la destrucción total de Corinto. —Mumio hizo una pausa para que las tropas apreciaran la dimensión de la decisión—. Hace siglos que los aqueos saquearon Troya. Nosotros, como descendientes de aquellos troyanos, exigimos hoy nuestra venganza.

Alentado por la tarea que tenían entre manos, Mumio comenzó a pasearse por la tribuna.

—Es tanto la justicia como la necesidad lo que demanda una devastación tan terrible. La Corinto otrora próspera dejará de existir.

Tatio le dio un codazo a Paulo. El centurión no tuvo más que dirigirles una mirada para disuadirlos.

—La tierra es demasiado fértil, y el istmo, un lugar privilegiado para el comercio. Los hombres que habitan esta ciudad atesoran demasiadas riquezas. La riqueza conduce inexorablemente al lujo, y el lujo, al vicio. Los hombres viciosos son los enemigos de Roma. Para prevenir otra guerra, para preservar nuestra virtud y protegernos, ¡Corinto debe ser destruida!

—Y que sirva de advertencia para el resto de los griegos —mascullló Tatio.

—Una palabra más y la amonestación no te la quita nadie —siseó el centurión.

—Un grupo escogido de soldados han recibido órdenes de adelantarse y tomar el Acrocorinto. —Mumio dejó de moverse y adoptó un tono más enérgico—. Soldados de la Segunda Legión, entraréis a la ciudad por la puerta del Istmo y procederéis prestos para el combate hacia el templo de Apolo. Allí esperaréis órdenes. Ningún legionario romperá filas ni empezará los saqueos hasta que recibamos la señal de que la ciudadela ha caído.

Un murmullo entusiasta recorrió las tropas, una exhalación mezcla de codicia, ansia y ferocidad.

—Marchad en silencio y estad atentos a vuestros mandos. Disciplina ante todo. Cumplid con vuestro deber. Cuando suene la trompeta, matad a todos los varones en edad militar y perdonad la vida tan solo a los civiles por los que podamos sacar un buen pellizco. Corinto es nuestra según dicta la ley marcial. No queméis la ciudad hasta que se os ordene.

Mumio se volvió para abandonar la tribuna.

—¡Acaico! ¡Acaico!

Tatio fue quien arrancó el cántico, pero no tardaron en unirse otros. Mumio frenó en seco y levantó un brazo pidiendo silencio. El clamor perdió fuerza hasta morir por completo.

—El objetivo de esta campaña nunca ha sido mi gloria personal. Me satisfacen los nombres que recibí de mi padre.

Mumio bajó los escalones y se marchó.

—Vaya, te han servido de poco las lisonjas —dijo Alcimo.

—Por probar que no quede. —Tatio no conocía vergüenza alguna—. Si no lo intentas, seguro que no lo consigues.

Dos imponentes murallas conectaban la ciudad con el puerto occidental de Lequeo, en el golfo de Corinto. Eran visiblemente vetustas, conquistadas por la naturaleza y, en algunos lugares, agrietadas o directamente en ruinas. En varios puntos se acumulaban montones de rocas limpias y materiales de construcción, intentos recientes de repararla que no habían llegado a fructificar. Los líderes aqueos debían de haber pensado en preparar a Corinto para un asedio, pero acabaron por desistir.

La puerta del Istmo estaba abierta. La legión se aproximó a un cipresal que no les resultaba extraño al centurión Nevio ni a Paulo, Alcimo y Tatio. Su centuria estaba situada al frente de los *hastati*. Conocían el camino. El resto de la legión, formada por los príncipes —hombres adultos— y los veteranos triarios, iba a la zaga. Con un poco de suerte, pensó Paulo, aquella visita a Corinto acabaría mejor que la anterior.

Observaron a la infantería ligera avanzar. Los vélites eran los reclutas más jóvenes y pobres. Al contrario que los mayores y más pudientes, no llevaban armadura y algunos ni siquiera casco, e iban armados con rodelas y jabalinas ligeras.

No hubo ninguna respuesta en las murallas, ni ningún tipo de movimiento.

A unos cincuenta pasos —lejos del alcance de cualquier arma cuerpo a cuerpo—, los vélites se detuvieron. Las pieles de lobo que les cubrían las cabezas viraban aquí y allá, como si aún sintieran instintos depredadores y olieran el peligro.

Una trompeta indicó que reanudaran la marcha. Los vélites se enderezaron y siguieron avanzando.

Tras desvanecerse entre los arcos del portal, lo único que se oía era el viento silbando entre las ramas de los árboles. Todos aguardaban el clamor de una emboscada.

Las orejas y el hocico de un lobo asomaron por las almenas sobre el portal. El joven hizo un gesto para comunicar que estaba despejado.

—Nos toca, muchachos —anunció el centurión—. Sin prisa pero sin pausa. Aún no sabemos lo que nos aguarda en la ciudad.

Al otro lado del portal se sucedían numerosos talleres. Estaban en buen estado e incluso había un carro aparcado junto a una pila de cientos de baldosas. Los artesanos debían de haber soltado las herramientas poco antes.

La columna giró a la izquierda y se detuvo ante el siguiente obstáculo: las defensas reales de la ciudad. Esta muralla era más alta, construida a partir de impecables piedras pulidas, e imposible de superar sin ayuda. Con todo, seguía sin haber defensores a la vista, y la puerta estaba completamente abierta.

—Cerrad filas —exclamó el centurión—. Alineaos.

Existía un cierto consuelo al estar cerca de compañeros de tienda y del resto de los legionarios. Los veteranos contaban que no había nada peor para un soldado raso que batallar en una ciudad. Acababas desorientado y perdido por calles desconocidas, incapaz de mantener la formación, aturdido por el ruido, a merced del enemigo. Una teja lanzada por una mujer o un niño desde un tejado podía matarte con más facilidad que la embestida de una espada. Los únicos con ventaja eran los defensores.

—Esto podría acabar peor que la última vez —opinó Tatio—. Podríamos enfrentarnos a otra Cartago.

Todo el mundo había oído historias sobre las terribles escaramuzas casa por casa durante el asalto a la ciudad norteafricana a principios de año. Tras varios días de horrores sin paliativos, algunos de los atacantes habían perdido el juicio.

—Silencio, mostrenco —le espetó el centurión. Los músculos de la mandíbula se le tensaron mientras se obligaba a relajarse—. Los griegos que hayan huido estarán escondidos. —Se forzó a sonreír a Paulo y sus compañeros—.

Les ha llegado la noticia de que las Tres Gracias estaban de camino. ¿Quién no acabaría orinándose de miedo?

Los *hastati* rompieron a reír.

El centurión Nevio podía ser un canalla, pero era el hombre adecuado para estar en los infiernos.

De nuevo, los vélites se adelantaron. Y, de nuevo, nadie se les opuso.

—Vamos allá, muchachos —dijo Nevio—. Arriba esos escudos. Estad alerta y en silencio. Esperad mis órdenes.

Emergieron en una larga avenida con arcadas. Fieles a sus disfraces lupinos, los vélites se apresuraron. No había nada más que se moviera bajo la brillante luz del sol. La columna avanzaba a paso lento. Por los edificios resonaban los pasos firmes de las botas con clavos de los legionarios y el tintineo del metal de sus equipos, pero era lo único que se oía.

Paulo echó un vistazo a los tejados, pero volvió a centrar su atención en la calle cuando percibió un súbito movimiento.

Un griego solitario —joven, desarmado— salió de detrás de un pilar.

Por un momento, nadie reaccionó.

El muchacho se arrodilló en medio de la vía y extendió los brazos.

Uno de los vélites dio un par de rápidos pasos al frente y lanzó una de las jabalinas, que erró el blanco por pocos pasos. El griego se puso en pie como pudo y echó a correr. El siguiente proyectil le acertó de pleno entre los omóplatos. Mientras se revolvía en el suelo, dos jabalinas más se le clavaron en el cuerpo.

—Recuperad las armas —gritó el oficial de los vélites—. Dejadlo, hay que seguir.

Cuando los *hastati* alcanzaron el cadáver, la sangre ya se filtraba entre las grietas del pavimento. Tatio se adelantó para saquear el cuerpo.

—¡Vuelve a tu puesto! —bramó Nevio.

Tatio obedeció a regañadientes, pero el centurión lo cogió por banda.

—Que ni se te ocurra volver a pasarte de la raya. Abandonar las filas nos pone en peligro a todos. Y te aseguro que, por muy amigo que seas de Paulo, de la pena capital no te salva nadie.

—Lo siento, señor —se disculpó Tatio.

Aquella vez dio la impresión de que el chico de ciudad había escarmentado, pero duraría poco. Siempre duraba poco.

En el corazón de la ciudad, la columna torció a la derecha y subió por una pequeña calle empinada rodeada de altos edificios. Paulo la recordaba demasiado bien. Lo mejor era no aferrarse a las malas vivencias. Ese tipo de introspecciones no hacía sino arrebatarle a un hombre su coraje. Cuando llegaron a un promontorio soleado coronado por un templo, no echó la vista a la derecha, hacia el arsenal ni la casa.

El templo sería fácil de defender, puesto que contaba con un muro exterior que protegía el santuario. El templo en sí era un edificio gigantesco pero achaparrado, lleno de unas columnas igual de sólidas que antiguas. La infantería pesada paró en seco, y los vélites atravesaron atropelladamente la puerta.

—Esto sigue sin gustarme un pelo —confesó Alcimo—. Que hombres armados entren en lugares sagrados no es más que poner a prueba los hados.

—Escucha a los oficiales, mi cándido y rústico amigo

—contestó Tatio—. Recuerda lo que nos hicieron los corintios. Los dioses han abandonado a esos hijos de perra. Los tenemos de nuestro lado. Apolo hace tiempo que se fue, y quiere que nos quedemos con sus posesiones.

Alcimo no las tenía todas consigo.

—¿Tú qué opinas, Paulo?

—Paulo opina lo que los oficiales le digan que opine —intervino Tatio—. Es un hombre disciplinado de manual.

—No lo tengo claro.

Paulo no estaba dispuesto a que le afectaran las mofas. Al contrario que Tatio, la moralidad tradicional de sus antecesores no lo había abandonado. Los dioses eran muy recelosos, y burlarse de su poder no era baladí.

Los vélites salieron y declararon que el edificio era seguro. A pesar de la orden explícita de no saquear nada, las túnicas de algunos soldados se veían abultadas por objetos ocultos, y se oyó algún que otro sonido metálico cuando un par de ellos se movieron.

—Menuda suerte, el muy cerdo —masculló Tatio.

Llegó la orden de formar en la plaza que rodeaba el santuario.

—Estaríamos más seguros dentro de las murallas —opinó Tatio.

—¿De veras? —escupió el centurión—. ¿Me lo dices en serio? ¿Te parece si voy y se lo cuento al legado? Por favor, Lucio Aurelio Orestes, mi señor, uno de mis soldados cree tener mejores ideas que un excónsul como usted. —Nevio acercó el rostro a apenas un palmo del de Tatio. El centurión era un hombre menudo, no tan alto como Tatio, pero su presencia era intimidante—. Hemos venido a saquear la ciudad, llorón de mierda, no a acobardarnos ante un puñado de griegos afeminados.

—¿Y luego qué?

Paulo trató de desviar la atención de Nevio antes de que el centurión se pusiera hecho una furia. No había legionario que pudiera salvarse de la vara de vid que representaba su símbolo de mando.

—Esperar, no queda otra. —Nevio repasó las filas de soldados—. Podéis soltar los escudos, pero no rompáis filas. Y, Tatio, no quiero volverte a oír.

Paulo agradecía poder apoyarse el gran escudo ovalado en la cadera y las jabalinas en la cabeza. Se tumbó e intentó mitigar el dolor que sentía en hombros y cuello.

Hacía un precioso día de principios de otoño. La suave brisa que soplaba impulsaba grandes cúmulos de nubes en un cielo azul celeste. Las gaviotas aprovechaban las corrientes de aire, y el ambiente estaba cargado de un ligero aroma a incienso. En definitiva, un día tranquilo y magnífico.

A los pies de la colina se veía una calzada con una pista en uno de los extremos. Según Tatio, los corintios adoraban el atletismo porque los competidores iban desnudos y todos los griegos eran unos pederastas empedernidos. O eso o se inclinaban por hacer de mujer en las alcobas. Más allá del estadio se extendía una elegante pasarela cubierta. Al otro lado de la estoa, el terreno volvía a elevarse y a estar repleto de viviendas. El amasijo de tejados rojos acababa en la base del Acrocorinto, un promontorio de verdísimas colinas empinadas que morían en cimas de roca gris desnuda. Paulo podía divisar dos fortificaciones en la cumbre de los dos picos, pero desde su posición no era capaz de detectar los senderos que conducían a la cima.

¿Qué podía haber inducido a los líderes aqueos a abandonar una fortaleza natural de tales proporciones? Los accesos eran tan escarpados que era prácticamente imposible acercar arietes o torres de asedio. Nada pasaría desapercibido y acabaría expuesto a una mortal lluvia de proyectiles. El Acrocorinto estaba tan alto que ni siquiera las máquinas con mecanismos de torsión más potentes podrían alcanzarlo. Bien abastecida, la ciudadela podría soportar un asedio durante meses, si no años. Quizá habían llegado a algún tipo de acuerdo con Mumio. En Cartago, el general Asdrúbal entregó su fortaleza a cambio de su propia vida. Corrían rumores de que su mujer lo había maldecido por su cobardía, había matado a sus hijos con sus propias manos y se había arrojado a las llamas que ardían en la ciudadela.

Uno de los pocos sirvientes brucios que habían sobrevivido apareció con una jarra de vino, pan y queso. Era un muchacho huesudo llamado Oniro y respondía ante Paulo y sus compañeros de tienda, una tarea mucho más fácil desde que los ocho legionarios originales se habían convertido en solo tres. Las pérdidas durante aquella campaña desmentían la creencia romana de que los griegos no eran más que un hatajo de cobardes que no sabían luchar.

El vino era bueno. Oniro debía de haberlo sacado de alguna casa pudiente de las afueras. No estaba rebajado con agua. Paulo se bebió su parte; le iría bien calentarse los ánimos para lo que estaba a punto de pasar.

—¡Mirad! —Tatio tenía la vista de un halcón.

En lo alto de la cima del Acrocorinto se veía el destello repetido de una fuente de luz. Era justamente la señal que estaban esperando: los rayos del sol reflejados en algún escudo dorado. Una oleada de entusiasmo recorrió las filas de tropas.

—Esperad órdenes, muchachos —recordó Nevio—. Esperad órdenes.

Todo el mundo sabía lo que tenía que hacer. Estaba en el reglamento. Cuando sonara la trompeta, la mitad de los hombres debían permanecer preparados para el combate protegiendo el campamento y los puntos clave de la ciudad. Los demás, manípulo a manípulo, se dispersarían para saquear lo que pudieran. Debía hacerse por unidades, sin grandes fastos y de forma ordenada. Nadie podía pillar nada para sí mismo. Cuando cayera la noche, los tribunos volverían a convocarlos a todos en el mercado. Dormirían un merecido sueño sin dejar de vigilar el botín. Al día siguiente, los oficiales ordenarían a los mercaderes que seguían a los ejércitos que peritaran los bienes. El dinero que se consiguiera se repartiría entre las tropas en función del rango. Todo el mundo, incluso aquellos que habían estado vigilando mientras se producían los saqueos, recibirían la porción que les correspondía.

Se oyó el toque de la trompeta y, en un abrir y cerrar de ojos, reinó la anarquía. Las filas de soldados se disolvieron en una multitud informe. Los hombres soltaron escudos y todo aquello que pudiera frenarlos, y se abrieron paso a codazos y empujones para empezar con ventaja. Los centuriones, incluido Nevio, no hicieron ademán de intervenir. No se podían controlar los anhelos de botín, comida y violaciones. Los legionarios apenas habían descansado, habían luchado y sufrido, y habían visto a amigos morir. Las inminentes agonías de la ciudad eran la recompensa.

La mayoría se lanzó hacia el templo. Lo tenían cerca y era la elección más obvia. Los santuarios eran depósitos de todo tipo de lujosas ofrendas. De hecho, puede que incluso pudieran arrancarles metales preciosos a las mismas estatuas de culto.

—Oniro, quédate aquí. Vigila los escudos.

Tatio había tomado el mando.

—¿Adónde vamos?

Alcimo echó un vistazo alrededor, casi superado por lo enorme que era la ciudad.

—Al oeste no hay más que talleres de alfarería. Las casas acomodadas están al este.

—¿Y tú cómo sabes eso? —preguntó Alcimo.

Tatio torció el gesto en una sonrisa pícara.

—La última vez que estuvimos aquí me dio por hablar con una de las rameras, a diferencia de ti. Menos mal que uno de nosotros actuó con cierta previsión.

Oniro no parecía estar dispuesto a cumplir órdenes, así que Tatio se acercó al sirviente brucio.

—Como me entere de que te has ido, te cortaré las pelotas.

Oniro asintió.

—No te preocupes —le dijo Paulo al sirviente—. Pronto tendrás tu parte.

—Suficiente —zanjó Tatio—. No hay hombre a quien esperen el tiempo ni las mareas. En marcha, hermanos, hoy nos toca acumular más riquezas que a Creso.

Echaron a correr por una de las calzadas, aunque la armadura no se lo puso fácil. Sin embargo, no tardaron en alejarse del resto de los legionarios. Tatio giró hacia una amplia avenida de casas visiblemente pudientes.

—Que comience el espectáculo.

La puerta estaba cerrada, pero no bloqueada. Al pisar el atrio se dieron cuenta de que no habían sido los primeros en llegar, pero no se trataba de romanos, sino de aliados de los griegos provenientes de Pérgamo. Estaban borrachos como cubas. Habían arrancado un cuadro de la pared, y dos soldados se jugaban quién se lo quedaría. Los dados repiqueteaban sobre una representación de Hércules agonizando. Había tres cadáveres a la vista, y dos ya estaban mutilados: manos y pies cortados, ojos y lengua arrancados. Uno de los pergamenos daba hachazos a los pies del tercer cadáver.

—Ya está, la sombra de este malnacido no podrá seguirnos —exclamó el soldado.

Paulo observaba las heridas que habían acabado con sus vidas. Las espadas griegas producían cortes más largos y profundos que las *gladius* romanas: eran como anchas zanjas, como si un arado les hubiera atravesado la carne.

Les llegó un grito del piso superior, y una chica se asomó al balcón agarrándose un vestido hecho jirones poco antes de que otro soldado la agarrara por los cabellos. La inclinó sobre la balaustrada, le subió las faldas, hurgó en su propia túnica y la montó como un animal en celo.

—Llegamos tarde —concluyó Tatio—. Venga, hay que buscar una casa vacía.

Alcimo no dejaba de mirar a la chica. Tatio le dio un bofetón.

—Vámonos, paleto lujurioso. No tenemos tiempo.

Cuando seamos ricos podrás elegir a la mujer que quieras.

Al volver al exterior, Paulo creyó percibir olor a quemado.

La puerta de la casa siguiente estaba atrancada, y fue necesaria la fuerza de los tres para echarla abajo. Perdieron el factor sorpresa, pero tampoco era imprescindible.

Entraron a un patio con una fuente central y una columnata alrededor. Estaba todo intacto.

—Esto es otra cosa —afirmó Tatio.

Los dos hombres debían de estar escondidos tras los pilares. Uno llevaba una lanza de caza, y el otro, una espada. Tatio tan solo contaba con una coraza, pero no se había puesto cota. A pesar de que trató de esquivar el golpe en el último instante, la punta de la lanza le hirió el hombro izquierdo. El primer impulso fue retorcerse de dolor y apretarse la herida, una reacción que, durante unos segundos, lo dejó a merced del asaltante. El griego vaciló, algo típico de un civil, y eso le dio a Paulo el tiempo necesario para interponerse entre los dos.

Paulo oía a su derecha el roce metálico del acero; Alcimo luchaba contra el otro hombre. Hizo lo posible por no apartar la vista de la traicionera punta de la lanza. El griego hizo un amago de golpear a Paulo en la cara, pero finalmente bajó hasta el estómago. Paulo agarró la espada con las dos manos y desvió la lanzada. El ímpetu del ataque los acercó aún más. Paulo aprovechó para darle un pisotón con las botas de clavos al griego, quien solo llevaba sandalias y profirió un aullido de dolor. Acto seguido, Paulo le aplastó la nariz con la palma de la mano izquierda y oyó el delicado crujido de los huesos. El griego se tambaleó hacia atrás unos pocos pasos, y Paulo recogió la espada y embistió. El acero se atoró en las costillas del hombre, pero acabó por penetrarle en el pecho. Durante unos instantes se miraron fijamente con una intimidad siniestra. Poco después, Paulo le dio un empujón, y el tipo se desplomó.

El silencio del atrio era antinatural. Aparte de su propia respiración, Paulo solo oía el agua danzante de la fuente. Alcimo había matado al otro hombre.

—¡Joder! —Tatio empezó a repetir una y otra vez las mismas palabras malsonantes—. ¡Joder!

Alcimo se apresuró a atender a su compañero malherido. Por doloroso que fuera, el corte era superficial.

Paulo se acercó a la fuente, dejó la espada en el borde y empezó a limpiarse la sangre. Estaba agotado y, por extraño que pareciera, sentía como si le hubieran abandonado todas las fuerzas.

La anciana apareció como si de una visión se tratara. Alcimo, arrodillado junto a Tatio, le daba la espalda. La mujer se abalanzó sobre él con un largo cuchillo de cocina en la mano.

Paulo tenía la impresión de moverse muy lentamente, como si estuviera atrapado en un sueño. Agarró la empuñadura, ordenó a sus piernas que avanzaran y abrió la boca para proferir un grito.

Alcimo se incorporó y empezó a girarse.

De alguna forma, Paulo había llegado a tiempo. Golpeó el cuchillo con la hoja de la espada, la apartó y se la clavó a la anciana en la garganta. La sangre caliente le salpicó y lo cegó. Se arrodilló de inmediato, trató de protegerse con la espada y se limpió los ojos con el dorso de la mano izquierda.

Cuando recuperó la vista, la mujer estaba desmadejada en el suelo y se sacudía violentamente en sus últimos estertores. Sus largos cabellos estaban empapados de brillante sangre.

Los tres se pusieron en pie, como petrificados.

—¡Joder! —gritó Tatio, y sacó a todos del ensimismamiento.

En algún lugar de la casa se oía el llanto de un niño.

Paulo examinó todas las esquinas del patio, pero ya no se ocultaba ninguna otra amenaza. Se agachó y limpió su espada en el vestido de la anciana hasta dejarla impoluta, la envainó y volvió a la fuente para seguir lavándose.

Tatio desapareció, y Alcimo se unió a Paulo junto a la fuente, pero ninguno de los dos habló.

El niño dejó de llorar.

El agua de la base de la fuente había adquirido un tono rojizo. Tatio volvió a aparecer cargado con un ánfora de la que todos bebieron mientras él se vendaba la herida.

—Manos a la obra —anunció.

Solo tomaron aquello que tenía cierto valor y podía cargarse con facilidad: monedas, joyas y las estatuillas de metales preciosos que había en el altar de la casa. Aun así, y ya de vuelta en las calles, cada uno iba con un saco o una funda de almohada hasta los topes de botín. El olor a ceniza era cada vez más intenso. Ya fuera por accidente o por voluntad propia, alguien le había prendido fuego a la ciudad. Los gritos alcoholizados de otros saqueadores se oían cada vez más cerca.

—Más nos vale apresurarnos —dijo Tatio.

Rapiñaron dos hogares más, pero los habitantes habían huido. Ningún otro soldado los desafió. Cuando salieron de la segunda casa, iban cargados como mulas. La calle estaba cubierta por una nube de humo. El hollín, como nieve negra, se arremolinaba con cada deflagración que provocaban los incendios.

—Una casa más —exclamó Tatio.

—Ya es suficiente.

Alcimo tosió. Cada vez costaba más respirar.

—Alcimo tiene razón —coincidió Paulo—. Las llamas nos van a cortar el paso.

—No, una casa más —repitió Tatio, y los ojos le brillaron con un resplandor extraño y perturbado.

# 5

# PATRIA

609 *AB URBE CONDITA* (145 A. C.)

Grandes bandadas de gaviotas cruzaban un límpido cielo de verano en filas compactas. El cuervo que aleteaba en el tejado del granero había emitido dos agudos graznidos seguidos de un chillido largo y estridente. La presencia de ambas aves era una señal inequívoca de lluvia. Le había dado tiempo a cosechar el trigo, pero faltaba trillarlo y aventarlo. A pesar de no correr ni un soplo de aire y de que el día era asfixiante como pocos, había tareas que no podía posponer. Eutiquio afirmaba que la noche anterior las pulgas le habían picado con fiereza, con un ansia casi codiciosa por su sangre. El viejo esclavo insistía en que se aproximaba una tormenta.

La zona de trilla era un espacio de arcilla bien amasada, circular, ligeramente elevada en el centro para que la lluvia se deslizara y el agua no se estancara. Con Paulo ausente, Eutiquio se había encargado de mantenerla, de empaparla con la amurca resultante de la cosecha de la oliva, y no había ni una sola fisura que pudieran aprovechar ratones y hormigas, o por la que pudieran perderse los granos.

Al romper el alba, Paulo se acercó a la granja de Junio a tomar prestado sus bueyes. Las familias se repartían la propiedad de las bestias, un acuerdo que se remontaba a los tiempos del abuelo de Paulo. Ninguna finca era lo suficientemente grande como para justificar la manutención de un par de bueyes. Le había resultado extraño pasar por delante de las ruinas de la granja de su vecino Severo. Tampoco es que le hubiera importado nunca demasiado, pero no dejaba de sorprenderle que se hubiera ido. Jamás lo había creído el tipo de hombre capaz de suicidarse, y mucho menos ahorcándose, algo propio de mujeres.

Ataron los bueyes al trillo, Paulo se detuvo frente a él y, con la ayuda de una fusta, guio a los bueyes a medida que daban vueltas y vueltas alrededor del trigo, separando con las pezuñas y las piedras encastadas en el trillo el grano de la paja. Eutiquio iba trayendo más y más fardos. Era uno de los quehaceres de la granja que Paulo solía disfrutar. Había algo ciertamente relajante en el caminar acompasado de los bueyes y el peso del trillo. Sin embargo, aquel día estaba distraído. Su madre había recuperado su tema favorito hacía unos pocos días. Ya era hora de que se casara. Todas las noches discutía sin prisa la pertinencia de varias familias con hijas solteras. Que si una era una familia acomodada con unas posibles dotes la mar de beneficiosas pero cuyas mujeres tenían tendencia a sufrir abortos y eran más bien gruñonas. Que si la otra tenía menos tierras y la hija era feúcha pero trabajadora y dócil, de una familia cuyas mujeres tenían fama de fértiles...

Paulo se había mostrado taciturno y reticente. Mientras su madre hablaba, él iba repasando las palabras que Tatio pronunció en Corinto. Cuando seamos ricos, podremos elegir a las mujeres que queramos. De momento, la moza de la posada de Roscio, la casquivana de Gades, le bastaba y sobraba para satisfacer sus necesidades físicas. Tenía tiempo de sobra. Paulo seguía siendo joven, no tenía más que veinticinco años, y ahora era rico. No había vuelto solo con lo que había ocultado en la granja. La mayoría de las monedas y joyas las había dejado en Roma, guardadas a buen recaudo con Lucio Aurelio Orestes. Por muy aciago apellido que tuviera el legado de su antigua legión, era un hombre de honor. Las riquezas de Paulo estarían a salvo.

El matrimonio no corría prisa. Con la nueva sirvienta, su madre se encargaba sin demasiados problemas de la casa. Eso le hizo irritarse aún más. Su madre no paraba de quejarse de la nueva sirvienta por vaga, desaseada y avara. Habían desaparecido algunas cosas, y se habían lanzado acusaciones de hurto. Hacía unos pocos días, su madre le había dado una paliza a la muchacha al no poder encontrar un par de pendientes. Paulo sospechaba que, sencillamente, se habían perdido —y que lo más probable era que la culpa la tuviera su madre—, pero un hombre no debía interferir en tales asuntos domésticos.

Paulo acabó de trillar a media mañana. Al no haber viento fue con Eutiquio a buscar las cribas. No estaba de humor. El día anterior, el temporero que contrató en el mercado le comunicó que al final trabajaría para Urso. Las grandes granjas estaban ofreciendo más dinero a los trabajadores. Sin duda Paulo podría haber igualado la oferta, pero no quería alentar rumores sobre el botín con el que había regresado. En vez de eso, le propinó a aquel cabrón descarado un puñetazo en la cara, lo tiró al suelo y lo pateó. A Urso no le haría ni pizca de gracia que se presentara con heridas. Si la paliza entorpecía sus tareas, era probable que acabara despidiéndole sin pagarle ni una sola moneda. Los vejestorios como Urso eran personas tradicionales, severas e inflexibles, y más siendo sacerdote. Si eso pasaba, el trabajador se lo tendría bien merecido. Un hombre debe cumplir su palabra.

Cuando corría aire, aventar el grano no resultaba demasiado costoso. Cogías una pala o un aventador con forma de remo y lanzabas al aire la cosecha ya trillada. El aire se llevaba los bálagos más ligeros, mientras que los granos caían al suelo. En los días sin viento, la cosa se complicaba. Paulo y Eutiquio cargaron las cribas, las fueron rotando como si fueran tamices —girando de vez en cuando el contenido— y, a continuación, comenzaron a apartar las ahechaduras de la parte superior. Era un proceso lento, criba tras criba. No tardaron en verse envueltos por una nube asfixiante de polvo. A pesar del sudor, las manos se les acabaron secando, y la piel de los nudillos empezó a agrietárseles. Estaban respirando cascarillas que se les agarraban a la nariz, les irritaban los ojos y se les colaban por debajo de la túnica. No había forma de evitarlas, ni de mitigar los picores.

Paulo no tenía claro cuánto tiempo llevaban trabajando cuando vio a Laido. La anciana sabia estaba junto a un tocón en el campo inferior, enterrando algo en la base. El joven notó cómo se enervaba. Soltó la canasta y cogió por banda a Eutiquio.

—¿Qué te dije? Nada de jugar con rituales prohibidos.

El esclavo esbozó un gesto taimado y contumaz.

—Nada de consultar a videntes, astrólogos ni hechiceros, y muchísimo menos a esa vieja bruja.

—A tu padre le iba bien —contestó Eutiquio—. Kaido tiene poderes.

—Supersticiones, nada más.

—Daño no te va a hacer.

—La ley lo prohíbe.

A pesar de la firmeza de sus palabras, Paulo notaba cómo la cólera se iba evaporando.

—¿Quién se lo va a contar a los magistrados? —inquirió Eutiquio.

La pregunta era, claro, retórica. Paulo perdió las pocas fuerzas que le quedaban. No dudaba de los poderes de la vieja: los temía.

—¿Qué le has prometido?

—Un poco de comida y un puñado de monedas si el conjuro funciona.

Paulo no respondió, sino que se limitó a agacharse a recoger la canasta y reemprendió la labor.

Kaido, una vez completado su arcano ritual, se sentó junto al tocón y se dispuso a observarlos. Al poco rato, Eutiquio le dio un codazo a Paulo.

Las hojas de la copa de los castaños y las hayas que delimitaban la calzada se estaban sacudiendo. Paulo percibió que las ramas más pequeñas de la parte superior de los árboles empezaban a balancearse suavemente. No cabía duda de que estaba arreciando un viento de poniente que provenía del mar y remontaba el valle.

El esclavo contrahecho esbozó un gesto de satisfacción.

—Pura coincidencia —afirmó Paulo sin apenas convicción. Tenían el sol justo encima de sus cabezas. Era un día tórrido, y Paulo tenía la garganta seca e irritada—. Toca descanso.

Se acercó al pozo y sacó un cubo de agua, que se vertió sobre la cabeza y el cuerpo después de quitarse el taparrabos. La herida del antebrazo izquierdo que se había ganado en La Sila seguía sonrosada. La antigua cicatriz ya no era más que una mancha blanca sobre el tono tostado de sus muslos.

Eutiquio se había echado a la sombra del granero y comía con la misma pasividad que los bueyes que descansaban a sus espaldas. Después de enjuagarse la boca con vino aguado, Paulo dio un largo sorbo, cogió una hogaza de pan, una cuña de queso y el pellejo, y se acercó a Kaido.

A pocos pasos, vio que la anciana colocaba el pulgar entre el índice y el corazón. Paulo dejó la comida y la bebida a su lado, pero la mujer, antes de aceptarlo, se escupió deliberadamente en el pecho.

—¿Me crees portador de mal fario? —preguntó Paulo.

La anciana empezó a comer sin mirarle.

—Las manos te apestan a sangre.

—He sido soldado.

—Traes la muerte a este valle.

Paulo no respondió.

—Vas a necesitar mucho más que sangre, agua y una cabeza afeitada para purificar tanto miasma.

Paulo seguía sin hablar.

—He visto a las que te dan caza como sabuesos tras un venado herido: Tisífone, Alecto y Megera.

Al oír aquellos nombres de mal agüero, Paulo no pudo evitar echar un vistazo alrededor. La granja dormitaba bajo la modorra producto del calor vespertino. No había señal de las tres siniestras hermanas.

—¿Qué debo hacer? —preguntó Paulo.

—Solo el héroe de Temesa puede evitar que sigan pisándote los talones.

Paulo se dio la vuelta.

—Tu esclavo me prometió algo.

Paulo regresó al pozo, donde había dejado el cinturón. El ornamento con forma de zeta brillaba bajo los rayos del sol. Cogió un puñado de monedas de la bolsa, volvió con Kaido y le dejó unos cuantos denarios en la mano. La anciana no agradeció el gesto, pero torció el semblante hasta formar una sonrisa senil.

—Ayúdame —susurró Paulo.

—Tu salvación está en tus manos.

Las monedas desaparecieron entre los pliegues del vestido raído de la mujer, que sorbió el poco vino que quedaba y, sin despedirse, se puso en pie y se marchó.

Paulo despertó a Eutiquio, recogieron las cribas del granero y se pusieron de nuevo manos a la obra. A medida que caía la tarde, las ráfagas de viento les facilitaron el trabajo, lanzando al aire ahechaduras del trigo trillado que flotaban por encima de los campos.

No volvieron a mediar palabra. A Paulo lo martirizaban demasiado sus propios pensamientos. Kaido había pronunciado los nombres de las Furias. Lo más seguro era referirse a ellas como las Benévolas. Si articulabas sus nombres, corrías el riesgo de invocarlas; sin embargo, gracias a los dioses, no habían respondido.

Los poetas y los artistas se equivocaban. Las Furias no tenían cabezas de perro ni alas de murciélago. Tampoco cargaban con látigos ni serpientes por cabellos. Tenían el aspecto de ancianas con rostros impasibles y ropajes harapientos. Algo que de ningún modo las hacía menos espantosas.

Kaido tenía parte de razón. Durante la larga travesía a casa desde Corinto, Paulo había sacrificado varios cerdos, había cavado una zanja y había dejado que la sangre fluyera hacia las entrañas de la tierra para acallar a los fantasmas. Acto seguido, se había lavado las manos con agua. En Bríndisi fue donde decidió afeitarse la cabeza. Nada de esto supuso más que un par de días de respiro, y a veces ni siquiera más de unas cuantas horas.

Las leyendas contaban que las Furias habían perseguido a Orestes durante años por haber matado a su madre. Lo acabaron volviendo loco. Paulo lo envidiaba. El matricida contaba con una fiel compañera, y la diosa Atenea acabó por anular la maldición. Paulo no podía acudir ni a dioses ni a hombres.

Si trataba de buscar la absolución en el altar del héroe de Temesa, el sacerdote se enteraría de lo que pasó en la última casa de Corinto, tanto del crimen como de la maldición. Paulo no se lo había contado a nadie, y evidentemente Urso no sería una excepción. Era una insensatez confiar tales secretos a aquel vejestorio. Las palabras seguían retumbándole en la memoria, como una piedra lanzada a un pozo seco.

«Hades, atiende mi súplica: que las Furias lo persigan allá a donde vaya.»

# 6

# *Patria*

609 *ab urbe condita* (145 a. C.)

«Mes de agosto. Treinta y un días. Los nones caen en el quinto día. El día tiene trece horas. La noche, once.» Junio era analfabeto, pero poco importaba. Hacía unos años que alguien le había leído lo que habían grabado en el calendario de uno de los muros del foro de Temesa, y él tenía una memoria excelente.

«El sol se encuentra en el signo de Leo. El mes está bajo la protección de Ceres. Se han emparrado las vides y se cosechan los cereales, trigo incluido. Se han quemado los rastrojos. Sacrificios a la esperanza, la seguridad y Diana. Celebraciones de las vulcanales.»

El festival en honor de Vulcano había sido el día anterior. Junio sabía más de lo que comunicaban aquellos epígrafes. En agosto, los *idus* estaban dedicados a Júpiter, y también se celebraban festividades en honor de Portuno, Venus, Conso, Opiconsivia y Volturno. Junio era un hombre devoto y tradicional, así que el día oportuno presentaba libaciones a todas las divinidades. Si no estaba demasiado ocupado, y siempre que tuviera energías, se acercaba a pie a la ciudad para disfrutar de las procesiones. Una vida entera de fervor que le había proporcionado pocas recompensas.

Junio gustaba de empezar el día con gachas, pero era verano y no valía la pena encender la lumbre. Rebuscó en la exigua despensa de la cabaña. Un mendrugo de pan y un trozo de queso bastarían. El perro se sentó a sus pies mientras él bajaba la comida con una copa de vino de cosecha propia. Consintió al can y dejó que se acabara el pan; le agarró delicadamente con los dientes los restos de los dedos. El hocico del perro, otrora negro como el carbón, ya se agrisaba. Parecía igual de anciano que el dueño.

La vida no había tratado bien a Junio ni a su familia. Tenía tres hermanos y había heredado solo las cinco *iugera* de campos donde se encontraba su cabaña, con vistas sobre el valle del Sabutus. Su mujer, también de familia numerosa, había contribuido con la misma cantidad de tierras, una dote que se encontraba más allá de la cima del monte Ixias, a dos horas a pie hacia el sur; era un sendero abrupto, rodeado de encinas e invadido por rastrojos.

Habían tenido un hijo. Consciente de lo que había pasado con las generaciones anteriores, Junio recurrió al método que los campesinos siempre habían usado para asegurarse de tener solo un hijo. El parto había sido complicado. Por muchas hierbas y conocimientos que atesorara, la vieja Kaido había estado a punto de perder tanto a la madre como al bebé. Su esposa no quiso más hijos. El muchacho se fue un día al este, a La Sila, a trabajar en un campamento maderero, y jamás volvió. Junio nunca llegó a descubrir el destino de su hijo. Lo más probable era que lo hubiera asesinado una panda de salteadores. Sea como fuera, ya era demasiado tarde para empezar otra familia. Hacía cinco inviernos que la mujer de Junio había cogido unas fiebres, y él decidió entregarle las pocas monedas que había podido ahorrar a la anciana brucia, pero su ayuda no sirvió de nada.

Junio no se sintió demasiado solo cuando su esposa murió. Podía contar con sus vecinos. Algunas noches se acercaba a visitar a Severo o Furio, y otras eran ellos los que venían. Los tres ancianos se sentaban a beber vino, hablar del tiempo o las cosechas, a quejarse de las faltas de respeto y la apatía de los jóvenes. Poco después, Furio falleció y Junio apenas pudo dedicarle tiempo a su hijo. Incluso antes de enrolarse en las legiones, Paulo había sido un muchacho engreído. Junio culpaba al maestro griego de la colonia. Su amigo Furio se había dejado un riñón para que el muchacho recibiera una educación por encima de lo que le correspondía, y este apenas se había dignado dirigirle la palabra desde que había vuelto. Desde que lo habían distinguido con la corona cívica, Paulo se había convertido en una versión aún más insensible y orgullosa de sí mismo. Algunas voces afirmaban que había vuelto con las alforjas hasta los topes de oro.

Y luego fue cuando encontraron a Severo con la soga al cuello y los pies colgando. Junio seguía sin creerse que su vecino se hubiera ahorcado. Quizá, como murmuraban las malas lenguas, se había topado con el héroe de Temesa por las colinas y Polites lo había vuelto loco, pero aun así Severo jamás se habría quitado de en medio de esa forma. No, Severo habría acabado con su vida como un hombre: se habría abierto las venas o se habría atravesado con la espada de su padre. Junio les comunicó sus dudas a los magistrados, quienes indicaron que la espada no descansaba en el lugar habitual, colgada junto al hogar. Severo había perdido la chaveta, y era imposible predecir el comportamiento de un hombre en esas condiciones. Nada de lo que le dijeron convenció a Junio.

Y ahora estaba solo y atendía las tierras. ¿Qué más podía hacer? No tardaría en acercarse a Temesa para que le redactaran un testamento y lo firmaría con una marca. Dividiría las tierras entre sus hermanos y las pocas posesiones que tenía se las quedaría el marido de su hermana. No tenía relación con ninguno de ellos, pero era lo correcto. Las tierras siempre deben permanecer en la familia.

Aquello le trajo un mal recuerdo a la cabeza. Fidubio se había ofrecido a comprar sus tierras, y estaba en su derecho. Un hombre rico siempre intentaba aumentar sus fincas. Así funcionaba el mundo. Vibio se acabó quedando con la granja del pobre Severo. Lo que asqueaba a Junio era que Fidubio no hubiera tenido la cortesía de ir en persona. El ecuestre había enviado a ese esclavo insolente que le servía de guardián, Crotón. Con todo, la respuesta habría sido la misma, aunque Fidubio hubiera tenido la amabilidad de dirigirse a él como el ciudadano que era.

De todas formas, no valía la pena vivir en el pasado. Junio se puso en pie y, a pesar del dolor, estiró la espalda. Metió más pan y queso, junto con una cebolla y un pellejo de vino, en un zurrón, recogió la horca y la lata de yesca, silbó al perro para que se adelantara y saliera, y cerró con llave la puerta. Era una caminata larga y dura, pero había que quemar los rastrojos. En cuanto puso un pie en la colina, se le levantó el ánimo.

Las tierras de la dote eran más bien escasas, pero constituían un regalo de los dioses. Ante él se extendía un campo llano que descansaba sobre una de las lomas de las montañas. A pesar de estar rodeado de zarzas y encinillos, no había ni una mala hierba a la vista. Eran unos terrenos altos, abiertos, orientados hacia el sur y prácticamente todo el día bajo los rayos del sol, ideales para plantar trigo. Junio lo observó con una satisfacción muda. El perro recorrió el campo con todos los sentidos alerta.

Junio ignoró los dolores de las articulaciones y se agachó para comprobar si se había secado completamente el rocío. Ya hacía unos cuantos días que la tormenta había barrido la zona, y la superficie estaba seca como un desierto. Se enderezó y lanzó varios tallos al aire que se llevó la suave brisa que soplaba del suroeste.

El sabueso pareció captar el rastro de algún animal y echó a trotar con la nariz pegada al suelo. Junio no le impidió que saliera a cazar; no había ningún peligro allí arriba.

En la esquina noreste del campo, Junio recogió un montón de paja con los dientes de la horca, sacó la lata de yesca y golpeó el hierro contra el pedernal hasta que las chispas calaron. Continuó avanzando con el montoncito de paja candente, prendiendo fuego a los rastrojos.

Era algo que lo retrotraía a sus años mozos. Sus hermanos y él siempre le habían echado una mano a su padre. Hasta su hermana y su madre se les unían en los campos. No recordaba ningún otro momento en que su madre estuviera más feliz. Daba la impresión de que el mundo en sí mismo era un lugar joven, seguro y prometedor. Tenía toda la vida por delante.

Junio creyó oír un aullido por encima del crepitar de los fuegos. Se detuvo y echó un vistazo alrededor, pero no vio ni oyó absolutamente nada más. Lo más probable era que el perro estuviera tras los pasos de un ciervo o un zorro. Había lobos en los altos de La Sila, pero solo se aventuraban tan cerca de la costa cuando llegaba el invierno.

Junio trabajaba sin descanso procurando estar de espaldas al viento. Era importante tenerlo en cuenta. Con unos rastrojos tan secos como aquellos, podías verte rodeado de llamas si cambiaba la dirección del viento. No hacía demasiados años que un granjero del pueblo de Ninaia se había visto sorprendido por el humo. Cuando encontraron el cadáver, estaba ennegrecido y retorcido, incluso reducido, y completamente irreconocible.

Con tres cuartas partes quemadas, Junio se enderezó y relajó la espalda. El hollín flotaba en el aire. Seguía sin haber señales del perro. Esa vez sí lo llamó. Su voz retumbó por las colinas, a través de los árboles. Lo colmó una extraña incerteza. Volvió a llamarlo. El perro no salió trotando del sotobosque. Junio creyó percibir un ligero movimiento en la arboleda. Silbó, pero no hubo respuesta. Quizá no había sido más que una ráfaga de viento. Aquel sabueso llevaba toda la vida recorriendo aquellas montañas. Seguro que estaba bien, y él seguía teniendo trabajo que hacer.

Junio, sin embargo, no era capaz de quitarse de encima un mal presentimiento. Se alejó de los fuegos y volvió a examinar los bosques. El viento sacudía las copas de los árboles, pero no había movimiento a ras de suelo. De repente, entre las sombras, vio las orejas y el hocico de un lobo. El corazón le dio un vuelco: no era época de lobos. El animal se levantó sobre sus patas traseras. Tenía el cuerpo de un hombre. Entró deliberadamente en los campos con una espada en la mano, de la que goteaban gotas de sangre fresca. Era un tipo musculoso de tez oscura, vestido con la piel de un lobo y el rostro parcialmente oculto por la cabeza de la bestia, una imagen idéntica a las pinturas del templo de Polites. Las leyendas eran ciertas. El héroe de Temesa había regresado.

Junio sintió cómo le fallaban las piernas. Estaba rodeado por las llamas; no tenía escapatoria. Pero Junio no era ningún cobarde. Agarró con fuerza la horca y se enfrentó al asaltante. Espíritu o mortal, no se lo llevaría a los infiernos así como así.

El impacto llegó de una forma totalmente inesperada, y Junio se tambaleó. Tardó unos instantes en sentir el dolor. Soltó el mango de la horca y se apretó la herida. Incrédulo, observó las brillantes plumas de la flecha sobresalir de la parte trasera de su muslo.

Los crujidos regulares que las botas producían en los rastrojos estaban cada vez más cerca.

Indefenso, retorcido por el dolor, Junio alzó la vista hacia el rostro que se ocultaba bajo la cabeza del lobo. Y, como acto final, reconoció a su asesino.

# 7
## *Militia*

Dos años antes
607 *ab urbe condita* (147 a. C.)

—¿Has leído el edicto?

Estaban en la posada de Roscio: Alcimo, Lolio y, en ese momento, también Paulo.

—No he venido por el foro.

Paulo había estado un buen rato rondando por los muelles, observando a un mercante cargar un barco a punto de zarpar hacia Sicilia y con paradas en Taormina, Catania y Siracusa. Comerciaba con brea y madera. Él jamás había visitado la isla. De hecho, en la vida había salido de Temesa y La Sila.

—¿No has visto la bandera roja?

Alcimo se había ganado su atención. Se le veía profundamente inquieto, por muy entusiasmado que estuviera.

Una figura rolliza y de hombros anchos se acercó con otra copa. Roscio, el tabernero, hedía como siempre a perfume.

—A ver si así los brucios empiezan a temer a los

dioses, ¿no os parece, muchachos? La vida de un sirviente en un campamento militar no es ningún camino de rosas.

Todos coincidieron, pero no hablaron hasta que el tabernero se marchó.

—¿Cuándo será el reclutamiento?

Paulo se dio cuenta de que las manos le temblaban ligeramente cuando levantó la copa.

—El prefecto Lucio Aurelio Orestes vendrá con el *dilectus* dentro de treinta días —respondió Alcimo.

—Como ha dicho Roscio, malas nuevas para los brucios. —Lolio no miraba a sus amigos—. Si convocan a algún terrateniente y no se presenta, ya sabéis que le destruyen las tierras y echan abajo sus casas. Los granjeros que trabajan para otros pierden bueyes, ganado y cualquier otra bestia de carga. Y si no tienes nada, te lo quitan absolutamente todo, te dan una paliza y te venden como esclavo. Roma no tiene tiempo que perder con aliados que no sigan sus órdenes.

Lolio seguía desviando la mirada.

—De todas formas, las familias de los colonos de Temesa están exentos de acabar en las legiones. No nos afecta.

—Durante el reclutamiento cualquier ciudadano romano puede ofrecerse voluntario para ser legionario —afirmó Paulo.

Los otros dos no respondieron.

—Es lo que llevamos toda la vida esperando. Nuestra oportunidad para largarnos de aquí, ver mundo y hacer fortuna.

—¿Irnos adónde? —le espetó Lolio—. ¿Quieres que te envíen a Hispania, a interminables montañas baldías, con hordas de tribus salvajes y una muerte segura ante los muros de Numancia? ¿O prefieres acabar en los bosques de la Galia y que algún guerrero celta peludo como un jabalí te arranque los huevos?

—Hay cuatro legiones en África —replicó Paulo—. Piensa en las riquezas de Cartago.

—Y tú piensa en los años que llevan allí y en los montones de soldados que jamás regresarán. Cartago debe ser destruida, o eso dijo Catón. Aunque qué va a decir, siendo senador y sabiendo que no va a estar nunca en primera fila de combate. Tres años dura ya la guerra, y Cartago sigue sin caer.

Alcimo intervino:

—Hay dos legiones en Macedonia. La guerra está a punto de acabar y el este está lleno de ciudades ricas.

—Hay otro pretendiente al trono. Los macedonios siguen dando guerra. —Lolio dio otro sorbo al vino—. Hay tiempo más que de sobra para que te claven una pica en las entrañas.

—En el puerto he oído a marineros de Roma hablando de los problemas que está provocando la Liga Aquea en Grecia —dijo Paulo—. Todo el mundo sabe que los griegos son demasiado cobardes para acercarse siquiera al acero.

—No puedes elegir tu destino —masculló Lolio con una expresión de preocupación en el rostro.

—Pero dijiste que iríamos juntos a donde fuese. Fue idea tuya.

Después de que Paulo mencionó lo que había estado rondando aquella conversación, lo que se ocultaba en las sombras de la taberna, se produjo un silencio incómodo.

—Hicimos un juramento —recordó Paulo.

—Éramos jóvenes, poco más que niños.

Lolio parecía avergonzado.

—No hace ni dos años —insistió Paulo.

Lolio suspiró.

—Nuestras familias nos necesitan. Alcimo, eres hijo único. Paulo, ¿qué va a hacer tu madre sin ti?

—Un hombre siempre cumple su palabra.

Alcimo esbozó una sonrisa tímida, como si aquel gesto pudiera suavizar el tono reprensivo de sus palabras. Lolio torció el gesto. Cuando contestó, lo hizo en voz queda:

—Mi padre nunca dejará que me enrole.

Paulo desvió la mirada, avergonzado por su amigo. Le costaba creerlo. Lolio siempre había sido el más rebelde, alguien que no conocía los límites de la irresponsabilidad. Paulo recordaba con cierta culpa aquella vez en que Lolio los convenció de darle una paliza a un mercader al otro lado del monte Ixias para robarle la mercancía. Y tampoco se olvidaba del día en que los animó a colarse en un navío amarrado y robaron dos ánforas de vino. Aquella noche por poco no acabaron con un coma etílico. Las palizas que les dieron sus respectivos padres a la mañana siguiente habían sido delicadas comparadas con las resacas que arrastraban. Y ahora a Lolio le faltaba valor para cumplir su promesa.

—¿Alcimo? —preguntó Paulo.

—Me niego a pasarme la vida en este agujero.

El ancho rostro campesino de Alcimo mostró una expresión tozuda, decidida.

—Bueno, veo que ya lo tenéis claro. —Lolio empezó a levantarse—. Será mejor que me vaya.

Paulo lo agarró del brazo.

—Ni se te ocurra. Te vas a quedar y nos vamos a emborrachar. Después de todo, cuando Alcimo y yo volvamos seremos tan ricos y famosos que ni cruzaremos la calle para hablar contigo.

La primavera era una de las estaciones más laboriosas. Era menester limpiar de hierbajos los campos de grano. Había que esquilar a las ovejas y lavar la lana, cavar zanjas y surcos, y preparar el suelo para los viveros de olivos y viñas. También había que disponer las parras y hacer injertos a higos, olivas, manzanas y peras. La tradición mandaba que los injertos se hicieran al mediodía, cuando la luna estuviera menguando y los vientos del sur no soplaran. Luego, claro, quedaba arar y presentar sacrificios a Mercurio y Flora, además de realizar una *lustratio* para purificar los campos de grano. Mayo era un mes complicado.

Paulo estaba cortando algarrobas para preparar forraje. El pastor estaba en algún lugar de los prados esquilando a las ovejas. Se llamaba Pastor, por poco original que pareciera. Eutiquio también estaba echando una mano. Paulo se preguntaba cómo se las apañarían cuando se marchara. Ya no quedaban esclavos jóvenes, pero conocían bien aquellas tierras. Llevaban trabajándolas prácticamente toda la vida.

Paulo echó un vistazo a la granja. Se convirtió en el *pater familias* en cuanto murió su padre. Le podría haber ordenado a su madre que fuera a casa de un vecino con alguna tarea, pero Ródope no podía moverse de allí. Su antigua nodriza estaba muy débil. Era incapaz de andar salvo renqueando, así que se pasaba el día en el telar, acomodada siempre junto a la lumbre. Paulo no podría haberse llevado la panoplia militar de su abuelo sin que alguien se diera cuenta. Tenía la esperanza de que el prefecto le creyera en posesión de una cota de malla, un casco, dos jabalinas, una espada y una greba que le protegería la espinilla izquierda. El valor de sus propiedades constaba en los registros públicos. Paulo todavía no había mencionado en casa sus intenciones. Se había engañado a sí mismo diciéndose que lo hacía en aras de la armonía doméstica, pero lo cierto era que no se atrevía a confesárselo a su madre.

Recogió un par de sacos de algarroba y se acercó al jardín de la granja. *Niger* daba vueltas en silencio, meneando la cola y mostrando todos los dientes en señal de bienvenida. Paulo se detuvo y le acarició las orejas. Era triste, pensó, saber que echaría más de menos al sabueso que a su madre, o a cualquier otra persona de Temesa.

Paulo dejó los sacos en el granero y salió por la cancela trasera. Hizo todo lo posible por que no lo viera nadie cuando se deslizó hasta la línea de hayas y robles que limitaban la calzada. Oyó unos pasos secos y vio a *Niger* trotando a lo largo de uno de los extremos de la finca. Era ridículo que un perro consiguiera que se replanteara su decisión. De nuevo, pero durante menos tiempo, Paulo jugó con él antes de ordenarle que se sentara.

Atravesó los árboles y salió a la calzada sin mirar atrás.

Alcimo lo esperaba donde habían quedado, junto a las primeras tumbas a las afueras de la ciudad.

—¿Lo tenemos claro? —le preguntó Alcimo.

—Tan claro como les es posible a los mortales.

En el fondo, Paulo tenía sus reservas, pero perdería todo respeto si lo dijera.

—Pues venga, en marcha.

—Dioses del inframundo, qué mal hueles —exclamó Paulo.

Alcimo esbozó una sonrisa.

—Es lo que tiene abonar los campos a principios de primavera y en plena noche. Mi padre está chapado a la antigua.

—Espero que el prefecto no tenga el viento de cara cuando estés delante de él.

—Hubo un general que afirmaba preferir los soldados que olían a ajo antes que a perfume.

—Todos dicen lo mismo. Eso demuestra los orígenes rudos y humildes de nuestros soldados, y por qué hemos conquistado casi todo el mundo.

Alcimo parecía desconcertado. Nunca tenía claro si Paulo hablaba en serio.

—Y hablaba de ajo, no de estiércol.

El foro de Temesa no era nada del otro mundo. Paulo se dio cuenta de que nunca se había aventurado más allá de las colonias cercanas de Crotona y Vibo Valentia. El templo de la tríada capitolina de uno de los extremos estaba conectado con la basílica, justo enfrente, mediante un par de columnatas. Aun así, los edificios no tenían nada de extraordinario, y el espacio que delimitaban ofrecía un aspecto abarrotado y simple, algo que un día como aquel solo podía empeorar, con la zona hasta los topes de hombres preparados para el reclutamiento.

El edicto anunciaba que se llamaría a filas a treinta brucios de Temesa, pero habían acabado convocando a tres veces esa cifra. Habían formado pequeños grupos y hablaban entre dientes, taciturnos y desanimados. A Paulo le resultó extraño. Tenían todo el aspecto de romanos, pero era imposible no distinguirlos. Si hablaban, se disipaba toda duda: o bien charlaban en su lengua materna o, si recurrían al latín, el acento los delataba. Los nativos pronunciaban «qu» como «p», y se comían tanto la «a» como la «ae». Sin embargo, y aunque estuvieran callados, llamaban la atención. Probablemente era por esa actitud de hostilidad pasiva. Tres generaciones después y seguían resentidos con los colonos, y tampoco habían acabado de aceptar las leyes romanas.

El murmullo de la muchedumbre se acalló cuando Lucio Aurelio Orestes apareció en el foro y tomó posiciones frente a la basílica. El prefecto de los brucios estaba flanqueado por los dos magistrados a cargo de Temesa que se nombraban cada año. Estos serían los que extraerían las piezas.

Se anunciaron los nombres de los primeros cuatro brucios, quienes dieron un paso al frente sin ninguna voluntad. El prefecto los examinó. Lucio Aurelio Orestes estaba en la flor de la vida, pero había perdido todo el pelo y tenía el rostro surcado de arrugas, como si las obligaciones de su cargo público lo hubieran envejecido. De todas formas, era el aspecto que esperarías de un hombre que se ha pasado la vida al servicio de Roma y que ha llegado a ocupar el magnífico puesto de cónsul. No hacía sino exaltar la cualidad romana de la *dignitas*.

Orestes ordenó a los brucios que corrieran alrededor del espacio y que saltaran. Uno de ellos parecía estar cojo. Orestes se acercó y le dio unos golpes en la pierna mala para asegurarse de que no estaba fingiendo. Una vez convencido, le dijo que se fuera e indicó que los otros tres habían pasado las pruebas.

De los cuatro siguientes que se anunciaron, solo se presentaron tres. Los *duoviri* anotaron el nombre del ausente; a menos que tuviera una excusa irrefutable, ya se podía ir preparando. De los tres que se habían presentado, uno afirmó estar exento y mostró un documento. Orestes analizó tanto el sello como el texto antes de anunciar que era genuino y comunicarle al brucio que podía irse. Los buenos servicios en uno de los campamentos le habían permitido ahorrarse el reclutamiento.

La selección prosiguió de cuatro en cuatro. Paulo y Alcimo observaban y esperaban bajo la sombra de la columnata. Finalmente, escogieron a treinta brucios y el proceso llegó a su fin.

—Ya no hay vuelta atrás —musitó Alcimo.

Paulo asintió, aunque una parte de él deseaba que hubiera una forma honorable de desdecirse.

—Nos toca —añadió Alcimo.

Se fueron juntos hacia la basílica mientras el resto de los oriundos que no habían sido elegidos se marchaban aliviados. Los dos muchachos se plantaron delante del prefecto y los *duoviri*.

—Mi nombre es Cneo Fidubio Alcimo, hijo de Cneo, ciudadano romano de la tribu Quirina, y quiero unirme a las legiones.

Paulo hizo lo propio, anunció el nombre de su padre y de su tribu, y repitió la petición.

Orestes los observó con cierta condescendencia.

Detrás del prefecto, los dos magistrados urbanos se miraron el uno al otro consternados. Uno le hizo un gesto a uno de los sirvientes y le susurró algo urgente al oído. El esclavo abandonó rápidamente el foro.

—Las familias de los colonos de Temesa están exentas del servicio militar —respondió Orestes.

—Nos presentamos voluntarios —dijo Alcimo.

—¿Cumplís los requisitos y disponéis de las posesiones indispensables?

Paulo fue el primero en hablar.

—Cumplo los requisitos y tengo la panoplia para servir en los *hastati*.

—Mi familia pertenece a los équites —contestó Alcimo— y dispongo del equipo militar necesario para servir en los *hastati*.

—¿Qué edad tenéis?

Ambos respondieron que tenían veintidós años. Orestes esbozó una sonrisa que le transformó por completo el rostro, y se le formaron profundas marcas alrededor de los ojos. A pesar de aquel aire circunspecto, era obvio que se trataba de un hombre que sonreía con frecuencia.

—¿Sois conscientes de que, si pronunciáis el juramento militar, se os puede requerir que sirváis en campaña durante seis años seguidos?

A Paulo le dio un vuelco el corazón. Seis años era una eternidad para un hombre tan joven. Era imposible imaginarse un futuro tan lejano.

—Y cuando acabéis seréis nombrados *evocati*. Como veteranos, se os puede volver a convocar a los estandartes durante, como máximo, dieciséis años.

Antes de tener tiempo de responder, se produjo un alboroto a sus espaldas. Fidubio se dirigía atropelladamente hacia la basílica precedido por su esclavo Crotón, quien, bastón en mano, animaba a los brucios rezagados a que se movieran.

—¡Detened esta ceremonia! —ordenó Fidubio—. ¡Es ilegal reclutar a los colonos de Temesa!

Las líneas de expresión desaparecieron del rostro de Orestes. Independientemente de lo amigable que fuera, un excónsul de Roma jamás toleraría que un mero équite se le dirigiera en ese tono.

—El reclutamiento está fuera de cuestión —contestó Orestes con frialdad—. Estos hombres se han presentado voluntarios.

—Ese muchacho es mi hijo. —Fidubio estaba tan agitado que no había prestado atención a las advertencias—. Tengo derechos legales sobre él como padre de la familia. Un hijo no puede contradecir las decisiones de un *pater familias*.

—La ley marcial tiene prioridad —repuso Orestes.

Al darse cuenta, tarde, de su error, Fidubio se recompuso y esbozó una expresión más afectada. Cuando volvió a hablar, su tono era reconciliador, aun halagador.

—Son jóvenes e inmaduros, prefecto. Alcimo es mi único hijo. El padre de Paulo murió. Se deben a sus familias.

Orestes asintió con gravedad.

—Hace mucho tiempo, el general Aulo Postumio tuvo un hijo. Quería que mantuviera vivo su legado y los ritos de sus lares. Cuando no era más que un niño, le enseñó a leer y a escribir; de joven, a luchar. El muchacho era honrado y valiente. Sin embargo, en una batalla, abandonó la formación y atacó al enemigo por iniciativa propia. Salió victorioso, pero Aulo Postumio ordenó que lo ejecutaran por desobedecer órdenes.

Fidubio extendió las manos, como si no acabara de comprender la relevancia de aquella historia.

—El deber como ciudadano romano prevalece sobre los deberes familiares —sentenció Orestes.

Fidubio permaneció en silencio, incapaz de articular respuesta alguna. El prefecto se volvió hacia Paulo y Alcimo.

—Os presentaréis aquí mismo dentro de cuatro días con vuestro equipo. Marcharéis a Roma con los sirvientes de campamento brucios bajo el mando de un tribuno militar. Vuestro patriotismo es un ejemplo para todos nosotros.

Fidubio se acercó a Paulo con una mirada de profundo odio.

—¡Todo esto es culpa tuya, y de nadie más!

# 8
# *Militia*

607 *ab urbe condita* (147 a. C.)

El Campo de Marte era un prado entre la ciudad y el Tíber. Al sur se encontraban los edificios en que los ciudadanos votaban a los altos magistrados de Roma, así como varios templos, cada uno erigido para cumplir la promesa que algún general victorioso pronunció en algún campo de batalla lejano. La zona al norte, donde acampaban las tropas, eran principalmente campos abiertos. Los reclutas se alojaban en tiendas. Las nuevas legiones y los refuerzos para aquellas que ya servían a Roma allende los mares se habían convocado un mes antes, y a Paulo y Alcimo les había tocado estar con los reclutas de puntos más distantes de Italia que todavía no habían pronunciado el juramento militar o bien no habían sido asignados a ninguna unidad.

El estado de ánimo variaba de un campamento a otro. Los destinados a las duras e interminables campañas en Hispania estaban claramente hundidos. De vez en cuando se producían deserciones, y alguna que otra pelea, pero la actitud general era más bien de una resignación miserable salpicada de cierta insubordinación fútil. Una parte de los hombres asignados al norte de África farfullaban con avaricia sobre las riquezas que les esperaban en Cartago, mientras que el resto no ocultaba su preocupación ante los peligros de largos asedios. El problema ya no era solo la cruel desesperación de los cartagineses, según afirmaban los veteranos, sino las enfermedades que, desde que los aqueos pasaron diez años ante las murallas de Troya, asolaban a los ejércitos durante un asedio: así era, y así sería. Los soldados de las nuevas legiones que estarían bajo el mando de los cónsules que tomaran el cargo el próximo enero solían estar más satisfechos. Después de todo, aún faltaban muchos meses antes de que tuvieran que entrar en acción. Las dos legiones que estarían bajo el mando del cónsul electo Lucio Mumio estaban convencidas de que las enviarían a Acaya. Corinto, la capital de esa liga insubordinada, era tan rica como Cartago, y era un hecho por todos aceptado que los griegos eran una panda de cobardes. Los macedonios habían aplastado a los helenos, y ahora los romanos estaban acabando con las últimas ascuas de la resistencia macedónica. De hecho, lo que realmente les preocupaba era si al final habría o no una guerra contra los aqueos o si el ejército romano en Macedonia, a cargo del pretor Metelo, finalizaría la campaña antes de que Mumio llegara a Grecia.

No hacía demasiado que Paulo y Alcimo habían llegado. Hasta el momento, la vida en el ejército no los había tratado nada mal. Tenían comida de sobra y acceso fácil tanto a bebidas como a mujeres. Era sorprendente la cantidad de burdeles que rodeaban el Campo de Marte, entre los que había desde cabañas austeras hasta casas prósperas algo más alejadas. Lejos de la influencia de su padre, y liberado del escrutinio obsesivo de las ciudades pequeñas, Alcimo había desarrollado un gusto intenso por una gran variedad de placeres.

En definitiva, la situación era infinitamente mejor que durante los días que pasaron entre el reclutamiento y la partida de Temesa. La madre de Paulo se encargó de que quedara claro lo poco que respetaba la opinión del prefecto Orestes sobre que el deber a Roma era más importante que el deber a la familia. Sus fríos silencios dolían casi más que sus agrias recriminaciones. Tu padre jamás habría hecho algo así. Las granjas pequeñas se van a pique cuando desaparece el *pater familias*. Tu padre jamás nos habría abandonado. De los tres esclavos, Ródope fue la única que no reaccionó. Quizá la nodriza era demasiado mayor para comprender la magnitud de la partida inminente de Paulo. Pastor no dijo nada, pero ya de por sí era un hombre parco en palabras. Eutiquio, en cambio, habló por los otros dos. ¿Cómo iba a encargarse él de todo cuando Pastor se fuera con el rebaño a La Sila y Paulo rondara por el mundo? Era un anciano desmadejado por tantos años de tareas laboriosas. Muchos amos ya le habrían dado una paliza. Paulo sospechaba que era la culpa lo que le detenía la mano. Las quejas estaban justificadas. Paulo se había consolado diciéndose que, por muy mal que fueran las cosas en su hogar, Alcimo lo tenía muchísimo peor.

Cualquier temor que pudieran sentir al partir de Temesa acabó sofocado por el alivio de que ni Fidubio ni la madre de Paulo fueran a verlos marchar.

Bajo el mando de un tribuno militar, Paulo, Alcimo y los brucios reclutados marcharon hacia el norte a través de La Sila. El joven tribuno équite viajaba en un carruaje tirado por una mula. El resto iba a pie, y los dos romanos cargaban con su equipo, pero las distancias que recorrían sin parar eran aceptables. Cuando abandonaron los bosques y descendieron hacia el valle del río Cratis, parecía que hasta los brucios hubieran hecho las paces con su destino y la expedición se colmó de un sentimiento cercano a una procesión festiva o una batida de caza.

En la villa de Interamnia, se adentraron en el paisaje montañoso de los enotrios. Después de cruzar el lago de Forum Popili, giraron hacia el oeste y siguieron el río Sele hasta la costa. Desde allí, y con el mar a su izquierda, continuaron por la calzada hasta que esta volvió hacia el interior y rodeó el Vesubio. Al llegar a Capua, tomaron la Vía Apia hasta Roma.

Oyeron y olieron la ciudad mucho antes de verla. Un murmullo distante, como el mar en una playa de guijarros. Olores mezclados a madera, humo y excrementos, tanto humanos como animales. Era un día sin viento, y una espesa cortina de humo flotaba en el aire, resultado de miles de fuegos domésticos. Empezaron a ver tumbas flanqueando la calzada y, en un abrir y cerrar de ojos, llegaron a la ciudad.

El tamaño de Roma desafiaba toda comprensión. Paulo pensó que Temesa y todos los pueblos por los que habían pasado juntos, incluida la ciudad de Capua, ocuparían tan solo uno de sus innumerables barrios. Posiblemente aunque se lanzaran todas las ciudades del mundo sobre las siete colinas no se llegaría a ocupar la extensión de aquella metrópolis.

—Piensa en todas las mujeres que debe de haber —auguró Alcimo.

Pero Paulo en lo único que pensaba era en que ya se había perdido. ¿Cómo iba a ser capaz de orientarse por aquella miríada de calles y callejones?

Miraras a donde miraras, veías calles adoquinadas y edificios altos y refinados. El templo de Júpiter Óptimo Máximo brillaba sobre la colina Capitolina, pero había ruido, barro, basura y una suciedad inimaginable. Y tanta gente que parecía que todos los habitantes de Italia hubieran migrado allí.

Habían dejado a Paulo y a Alcimo en el Campo de Marte, junto con el resto de los ciudadanos que esperaban impacientes a pronunciar el juramento; a los brucios se los habían llevado a alguna otra parte. Un tribuno militar había registrado a los recién llegados y les había indicado dónde podían comer y qué tiendas iban a compartir.

No podían hacer nada más que esperar. Aparte de acompañar a Alcimo a los lupanares, Paulo se había pasado la mayor parte del tiempo en la tienda. Lo cierto era que la magnitud de la ciudad lo mareaba. Pero aquel era el día en que la espera llegaba a su fin.

Ante el toque de corneta, los reclutas formaron una fila irregular delante de las tiendas, que el tribuno recorrió sacudiendo la cabeza como si le pareciera un regimiento lamentable. El oficial era joven, pero parecía un veterano. O quizá, pensó Paulo, no era más que la confianza que le otorgaba su trasfondo équite. En cualquier caso, Alcimo no compartía tal convencimiento: su rostro, normalmente imperturbable, estaba torcido en una mueca de ansiedad.

—Dioses olímpicos —balbuceó Alcimo—, que no nos toque Hispania.

La trompeta volvió a sonar y, en una aproximación más bien pobre de lo que debería ser el orden militar, empezaron a desfilar hacia el Capitolio.

Cientos de hombres se agruparon en el gran espacio abierto que dominaba el templo de Júpiter. El sol caía a plomo, y observaban el sacrificio con el alma en vilo. Cuando el agua le salpicó la cabeza, dio la impresión de que el animal la inclinaba como gesto de aquiescencia. El verdugo estaba versado en su oficio, y la bestia cayó limpiamente. El sacerdote, con las manos y los brazos empapados en sangre, anunció que los intestinos transmitían buenos presagios.

Una vez satisfechos los ritos religiosos, el tribuno leyó el registro. A medida que pronunciaba los nombres, cada recluta se unía a uno de los tres grupos. El tribuno anunció que todos los que pronunciaran aquel día su juramento servirían en las filas de las legiones de África, de Hispania y de las que se encontraban bajo el mando de Lucio Mumio.

Paulo y Alcimo estaban en el grupo central. Gracias a los dioses, no los habían separado.

Cuando todos los soldados estuvieron ubicados, el tribuno se acercó a los hombres de la derecha y le comunicó a uno de ellos que diera un paso al frente.

—Pronunciarás el *sacramentum* en nombre de tus compañeros.

El hombre asintió.

—Se os destinará a África.

El hombre permanecía impasible.

—Repite el juramento conmigo.

El hombre hizo un gesto con la cabeza.

—Obedeceré a mis oficiales, los seguiré a donde sea

que me guíen y ejecutaré todas sus órdenes. Defenderé la República de Roma. En batalla jamás abandonaré las filas si me invade el miedo o quiero huir, tan solo para recoger armas o salvar la vida de otro ciudadano. Si veo a un compañero desertando, se lo impediré. Jamás cometeré hurtos con premeditación y alevosía. Salvo cuando se trate de una lanza, un asta, madera, fruta, un pellejo con agua, una bolsa o una antorcha, si le arrebato al enemigo algo que valga más que un sestercio de plata, se lo entregaré a los oficiales. En caso de romper este juramento, que los dioses maldigan mi hogar, a mi familia y a mí mismo.

Después de que el recluta recitó aquella larga formulación, el tribuno fue llamando uno a uno a todos los demás, que se limitaron a decir: «*Idem in me*».

«Lo mismo para mí.» Ninguno de ellos tenía elección. Tampoco Paulo y Alcimo tenían elección. O los enviaban a Hispania o a Acaya.

El tribuno se situó enfrente del grupo central y le ordenó a un soldado que diera un paso al frente.

«¡Por todos los dioses, que no sea Hispania!» Paulo temió haber pronunciado aquellas palabras en voz alta.

—Pronunciarás el *sacramentum* en nombre de tus compañeros.

Paulo estaba sudando y notaba el corazón a punto de salírsele del pecho, como si fuera demasiado grande para su caja torácica.

—Serviréis en las legiones de Lucio Mumio.

Paulo sintió una descarga de alivio. A su lado, Alcimo resopló sonoramente. Paulo estaba agotado; no veía la hora de exclamar «*idem in me*» y marcharse. Cuando estuviera de vuelta en el Campo de Marte, compraría una buena ánfora de vino —costara lo que costase—, ofrecería una libación generosa a los dioses y se bebería el resto con Alcimo.

—Me llamo Nevio, pero vosotros os dirigiréis a mí como señor.

El centurión era un tipo achaparrado y rechoncho. Todos sus rasgos —el mentón prominente, los labios delgados y hasta el pelo rapado— transmitían, de alguna manera, una ira apenas controlada.

Paulo estaba en la primera fila de los *hastati*, con la esperanza de pasar desapercibido. Estaba entre Alcimo y un legionario llamado Tatio. Tras el juramento, habían vuelto al Campo de Marte y los habían asignado a un escuadrón de ocho soldados que compartirían la misma tienda. Paulo había comprado el buen vino que se había prometido, pero no habían tenido tiempo de probarlo antes de que les ordenaran desfilar con la armadura.

Nevio recorría sin descanso la primera fila del manípulo formado por ciento veinte hombres.

—Podríais pensar en mí casi como en una madrastra: cruel, estricto, sin ningún tipo de compasión. Mi obligación es convertiros en soldados, y, creedme, no os va a gustar la transformación. Preparaos para sentir el bastón en la espalda.

El centurión agitó la vara de vid propia de su cargo a pocos palmos de los rostros de Paulo y Alcimo.

—Una obligación aún más ardua por culpa de estos dos campesinos que nos han asignado.

Paulo miraba fijamente a algún punto indeterminado por encima de los hombros de Nevio.

—Ahora estáis bajo la ley marcial, aldeanos. La pena para aquellos que roben en el campamento es la muerte. La pena para aquellos que cometan falso testimonio es la muerte. Los que jodan con sus compañeros de tienda, muerte. Los que cometan cualquier otra falta menor tres veces, muerte. Seréis ejecutados por cualquiera de estos crímenes. ¿Queda claro?

—Sí, señor —respondieron Paulo y Alcimo al unísono.

—Las siguientes acciones se consideran poco honrosas e indignas de hombres: abandonar el puesto, soltar las armas, fingir enfermedades para evitar entrar en batalla u ofrecer informes falsos sobre vuestras acciones con la esperanza de recibir elogios. El castigo sigue siendo la muerte.

—Sí, señor.

—Si el tribunal militar os declara culpables, después del toque con esta vara de vid, vuestros compañeros tienen el deber de abalanzarse sobre vosotros con porras y piedras. Se os apalizará hasta la muerte en este mismo campamento.

—Sí, señor.

—Si llegáis a plantearos la deserción, las consecuencias no son mucho mejores. No podréis volver a vuestros hogares. Vuestras familias no se atreverán a recibiros en vuestras casas. Estaréis completamente acabados, viviréis una vida peor que las de los criminales, y se os negará el fuego y el agua.

«Diles lo mismo a los salteadores de La Sila», pensó Paulo. Se esforzó al máximo por que no se le notara la terquedad en el rostro.

—Si durante las campañas algún soldado trata de desertar y pasarse al enemigo, o intenta hacerle llegar cualquier información, se le ejecutará a la antigua usanza: torturas prolongadas, crucifixión y muerte a golpes.

La degradación última. La tortura era para los esclavos, no para los ciudadanos.

—Si llegáis a mutilaros la mano con que empuñáis la espada u os cortáis un pulgar, seréis condenados a muerte. Si intentáis suicidaros sin éxito, el castigo es la muerte. —Nevio soltó una sonora carcajada—. Aquí, sinceramente, creo que el ejército es demasiado generoso.

La sonrisa desapareció al instante.

—El resto de las faltas se castigarán según la gravedad: expulsión deshonrosa, azotes, limitación de las raciones o retirada del salario.

Nevio dio un paso atrás y repasó la unidad al completo.

—Vamos a tener que enseñarles qué es la disciplina a los dos nuevos reclutas. Nos quedan cinco horas de luz solar. A paso militar, una unidad debería ser capaz de cubrir veinte millas en cinco horas, al menos en verano. Diez millas de ida, diez de vuelta. Coged vuestros escudos, formad columnas de cuatro y preparaos para marchar.

Nevio se dirigió a la parte delantera de la columna.

—Esto es culpa vuestra, aldeanos de mierda —escupió Tatio.

—Que te den —masculló Paulo.

A pesar de que Tatio mostraba unos rasgos delicados, casi femeninos, no era la primera vez que se alistaba. Paulo llevaba con la mosca detrás de la oreja desde el primer momento en que había visto a su nuevo compañero de tienda.

—¡En marcha! —gritó Nevio.

Tomaron la Vía Flaminia en dirección norte. Los campamentos se encontraban en las vegas del oeste, mientras que el este estaba dominado por laderas repletas de jardines y villas. Donde la colina descendía hasta encontrarse con la calzada, los soldados se vieron obligados a detenerse porque se toparon con una muchedumbre de viajeros y carros que esperaban a pagar los tributos en un puesto de aduanas. En cuanto salieron de la ciudad, empezaron a marchar entre tumbas magníficas, como si estuvieran atravesando una ciudad de los muertos más acaudalados.

Más allá de la necrópolis, la calzada era recta como una flecha. Tenían el Tíber a la izquierda, a poca distancia. Entre los sauces de las riberas, las golondrinas caían en picado y se zambullían en las aguas. La calzada estaba marcada con mojones a cada pocos pasos. Varias familias de la ciudad utilizaban algunas parcelas como huertos, mientras que en otras se habían construido granjas más considerables. A la derecha, a pesar del evidente riesgo de inundaciones en invierno, se alzaba una imponente villa.

Paulo se alegraba de volver a estar en el campo, pero tenía la impresión de que la tierra seguía contaminada por la urbe. Se cruzaron varias veces con los fétidos carros que transportaban las nauseabundas aguas negras de la ciudad y las vendían como estiércol. Hubo un momento en que también le llegó un hedor punzante a pis. En algún lugar cercano, fuera de su vista, habría un taller textil lleno de tinajas de orina.

No tardaron en ver el Tíber cerrándoles el paso. En el puente Milvio, el tráfico humano volvió a ralentizarlos. La Vía Flaminia giraba hacia el este después de cruzar el puente, pero Nevio les ordenó que siguieran hacia el norte, por la Vía Cassia.

La tarde era tórrida, sin brisa alguna. Los soldados seguían marchando bajo una nube de polvo. Paulo, sin embargo, lo llevaba bastante bien. Alcimo y él habían ido cargados con todo el equipo desde Temesa hasta Roma. De todas formas, Paulo se percató de que su amigo resollaba ligeramente.

Finalmente, Nevio les ordenó que se detuvieran un par de millas después de haber cruzado el pueblo de Ad Sextum.

—¿De verdad os creéis soldados? —El centurión hablaba con el mismo tono irascible de siempre—. ¡Tres horas para cubrir menos de diez millas! ¡Sois una vergüenza para los estandartes!

—Pero, señor, es que hemos tenido que pararnos dos veces —respondió Tatio.

—Serás nenaza —le espetó Nevio—. Como si en campaña no hubiera nadie que pudiera deteneros, ¡ni enemigo, ni civiles, ni refugiados!

Tatio reculó malhumorado.

—Por algo no aceptamos reclutas de la ciudad —exclamó Nevio—, y tú, Tatio, eres el mejor ejemplo. Qué mal día pasé cuando entraste en las legiones. Un cuarto de hora de descanso. Después, volvemos a paso ligero.

Alcimo y Paulo soltaron las jabalinas, los escudos y los cascos, y se sentaron al lado de la calzada. Alcimo se quitó también una de las botas.

—No sé si voy a ser capaz de regresar a la ciudad.

Tenía el talón del pie izquierdo completamente en carne viva. La herida le sangraba y supuraba.

—Sigue descalzo —le recomendó Paulo.

Tatio le echó un vistazo sin compasión.

—Si Nevio te ve, pagaremos el pato los demás.

—Pues cállate —le dijo Paulo—. Alcimo puede marchar en el centro; Nevio no lo verá.

Casi sin darse cuenta, volvieron a ponerse en pie.

A poco que hubieran apretado ligeramente el paso, los soldados habrían estado corriendo. Cansados como estaban, Paulo no tardó en acusar el ritmo. Le faltaba el aire y jadeaba inútilmente, y tenía los huesos y las articulaciones de las piernas doloridos. La vaina le golpeaba la cadera, pero la peor parte se la llevaban los hombros. La pesada cota de malla se los hundía cada vez más, y las tiras del escudo que llevaba colgado en la espalda le estaban haciendo un corte en el izquierdo. Sin bajar el ritmo, se cambió aquel mamotreto al hombro derecho, aunque el alivio fue temporal.

Alcimo seguía avanzando a su lado, esbozando algún que otro gesto de dolor cuando pisaba una piedra afilada con los pies descalzos.

—Ya falta poco —resopló Paulo—. No te detengas.

Más de un soldado se tambaleó en la subida del puente Milvio.

—Estamos cerca —mascculló Paulo.

—¡Silencio en las filas!

Nevio cargaba con el mismo peso que los demás soldados, pero, por alguna razón que exasperaba a Paulo, parecía igual de fresco que cuando habían comenzado.

El sol se estaba poniendo y la mayor parte de la centuria estaba echando los higadillos cuando llegaron al Campo de Marte y a sus tiendas.

—¡Rompan filas!

Parecía imposible que la tortura hubiera tocado a su fin.

Paulo y Alcimo se ayudaron mutuamente a quitarse la cota de malla, la dejaron en la tienda y renquearon hasta la fuente más cercana, donde Paulo le limpió el talón a su amigo. Alcimo aguantó el dolor con estoicismo mientras Paulo se encargaba de eliminar hasta el último resto de tierra, secarle la herida y aplicarle un ungüento.

—Joder, ha sido un infierno. —Alcimo raramente maldecía—. Un puto infierno.

—Ya se ha acabado —respondió Paulo—. Vamos a tomar algo.

Paulo supo que algo no andaba bien en cuanto puso el pie en la tienda. Cinco de sus compañeros ni siquiera les dirigieron la mirada. Tatio estaba en el camastro de Paulo con el ánfora de vino en los labios.

Paulo se quedó inmóvil durante unos instantes, y Tatio dejó el ánfora y esbozó una sonrisa.

Paulo se abalanzó sobre él y le tiró el recipiente de las manos, que se rompió en cuanto tocó el suelo y se vertió el poso que quedaba. Paulo levantó a Tatio a la fuerza.

—¡Eres un cabrón y un ladrón!

Tatio le dio un puñetazo a Paulo, un golpe rápido en el estómago, y este se tambaleó, sin aire.

—¿Y qué vas a hacerme, ratoncito de campo?

Alcimo dio un paso al frente, pero Paulo lo apartó.

Sin intentar siquiera hablar, Paulo volvió a lanzarse sobre Tatio y lo agarró por los muslos. Los dos acabaron empotrados en uno de los lados de la tienda y rebotaron contra el suelo, con Paulo encima. Este echó hacia atrás el brazo y le dio a Tasio un puñetazo en la cara, una acción que repitió cuatro o cinco veces con todas las fuerzas que le quedaban.

Tatio se limitó a gruñir, cubriéndose la cabeza con los antebrazos.

Sin equilibrio —y con un dolor infernal en los nudillos—, Paulo se puso en pie y dio media vuelta.

—¡Cuidado! —exclamó Alcimo.

Tatio se había incorporado y llevaba un cuchillo. Paulo levantó las manos con la esperanza de apaciguarlo y empezó a dar marcha atrás. Tatio se le acercaba más y más, cuchillo en ristre.

—Ya no eres tan valiente, ¿eh?

Tatio tenía la cara completamente cubierta de sangre. Sin pensarlo dos veces, Paulo se le echó encima y le agarró la muñeca con la mano derecha y el codo con la izquierda. Aprovechando el peso de su propio cuerpo, tiró de Tatio hacia él, lo hizo perder el equilibrio y casi desplomarse. Luego le dio un rodillazo en el antebrazo, pero Tatio agarraba con fuerza el cuchillo e intentaba liberarse. Paulo le hincó de nuevo la rodilla en el brazo. Esta vez el cuchillo cayó pesadamente al suelo, momento que aprovechó para enviarlo debajo de los camastros de una patada.

Paulo empezó a sentir unas náuseas insoportables que le subían desde la ingle. Tatio le había agarrado los testículos con una fuerza animal.

—¡Quietos, los dos!

Los dos hombres se quedaron paralizados ante la orden de Nevio. Paulo, ya liberado de su agresor, se doblaba de dolor y se agarraba la entrepierna.

—¡Firmes!

Paulo, sin saber bien cómo y a pesar del mareo, se recompuso. Nevio le cruzó la cara con la vara de vid y él se tambaleó a un lado con el sabor de la sangre, como una moneda sucia de cobre, en la boca.

—¡He dicho firmes!

Nevio le propinó otro golpe igual a Tatio.

—Ni se os ocurra —mascullo el centurión, y sacudió la vara por debajo de sus narices—. Tocadla y os ganaréis unos cuantos azotes y la expulsión más deshonrosa. Tocadme a mí y moriréis.

Los dos permanecían en silencio.

—¿Quién ha empezado la pelea?

Ninguno de los dos soldados respondió.

—Apostaría mi dinero a que has sido tú, Tatio. No eres más que una rata miserable de Subura, un alborotador.

Una brillante magulladura resplandecía en la mejilla de Tatio.

—Pelearse en el campamento es un delito. Si alguno de los dos ha usado un arma, se le condenará a muerte.

Alcimo hizo ademán de hablar, pero Paulo le paró los pies con una sola mirada.

—Haréis tareas adicionales y se os reducirá a la mitad el salario durante un mes.

El centurión se volvió hacia los demás.

—Y el resto sois culpables por no haber hecho nada para detener la pelea. Todos los hombres de esta tienda recibirán raciones de cebada en vez de trigo durante un mes. Alegraos de la suerte que habéis tenido. Si se repite este comportamiento, o se produce cualquier otro delito, probaréis el látigo. ¿Ha quedado claro?

Los días de duro entrenamiento se alargaron durante casi un mes. Cuando la legión al completo salía de la ciudad, al final de cada marcha se les obligaba a cavar las zanjas de un campamento. Una vez acabados los agujeros, tenían que rellenarlos y volvían a casa. Nevio no le daba tregua a su centuria. Por la tarde, cuando el resto de los legionarios descansaban, él ponía a los suyos a lanzar jabalinas a un objetivo y a practicar con la espada contra postes de madera, o bien se los llevaba a realizar agotadoras marchas con la armadura al completo y todo su equipaje.

Paulo no era infeliz. Tenía el aguante de un toro, y sus habilidades con las armas merecían aprobaciones reticentes. Y tampoco le disgustaba el pan de cebada. Al contrario que a Alcimo, no le obsesionaban las prostitutas, así que la falta de monedas no lo preocupaba lo más mínimo. Tatio no había expresado ningún tipo de gratitud por el hecho de que Paulo y Alcimo no le hubieran contado al centurión lo del cuchillo. Mantenían una relación tensa pero no hostil. Los otros compañeros de tienda eran cinco muchachos de campo afables provenientes de la campiña de Sabinia y no daban ningún problema.

Día tras día se deslomaban bajo los cielos sin nubes y el sol de justicia del verano italiano.

Una noche estaban remendando su equipo cuando Nevio apareció en la tienda. Nunca lo habían visto tan furioso. Los hombres se pusieron en pie en un abrir y cerrar de ojos.

—Mañana marcharemos al amanecer.

—¿Adónde iremos, señor? —preguntó Tatio.

—A donde se os ordene. Ni que esto fuera una puta asamblea en el foro.

Nevio se volvió hacia Paulo y Alcimo.

—El senador Lucio Aurelio Orestes liderará una embajada para parlamentar con la Liga Aquea en Corinto. Actuaremos como su guardia de honor. El embajador ha pedido específicamente este *contubernium*. Se ve que le impresionó el patriotismo de estos dos voluntarios de pueblo. Por vuestro desmedido sentido del deber nos ha caído encima una tarea que no queríamos. Habría sido mejor para todos que os hubierais quedado en Calabria.

# 9

## *Militia*

607 *AB URBE CONDITA* (147 A. C.)

Era una de las sensaciones más extrañas que había experimentado en su vida. Los sólidos tablones parecían girarse y moverse, como si la madera tuviera vida propia. Al menos no había vomitado. Era la primera vez que subía a un barco, y los marineros le habían dicho que normalmente la gente se mareaba.

El navío era un quinquerreme, el barco de guerra más grande de la flota romana, con más de cien pies de eslora, desde el espolón de bronce hasta la elegante roda curvada, y veinte pies de manga. Bajo la cubierta, trescientos remeros lo impulsaban por el agua. El nombre hacía referencia a que cada remo del orden superior lo controlaban tres hombres, mientras que del inferior lo hacían dos. En las entrañas del navío había tan poco espacio libre que el ambiente era fétido, agobiante. En cubierta, una ligerísima brisa —no lo bastante fuerte para mover las velas— arrastraba consigo aromas a salitre y ozono, que se mezclaban con los de la madera blanqueada por el sol, la brea y la pintura fresca del barco. Del cuerpo de marineros, tan solo los timoneles y el vigía estaban en sus puestos. Los otros veinte rondaban por cubierta con los cuarenta militares. No era una mala vida, pensó Paulo. Todos los miembros de la tripulación eran hombres libres. Quizá no contaran con las propiedades necesarias para enrolarse en las legiones, pero tampoco había nadie que los obligara a acabar con los pies descarnados tras una larga marcha. O al menos no era una mala vida hasta que el tiempo se girara y una tormenta se los llevara por delante. Paulo no sabía nadar.

Habían preparado el quinquerreme a conciencia para la travesía. Desprendía destellos escarlatas y azules, las cubiertas estaban pulidas, blancas, y todos los elementos de metal refulgían bajo el sol. Decían que la Liga Aquea no disponía de flota. El navío de guerra que transportaba al enviado de Roma, Lucio Aurelio Orestes, estaba diseñado para servir él mismo como mensaje.

Atracaron en Bríndisi al alba. Un largo día de viaje y, salvo sorpresas, llegarían a Córcira al atardecer. Desde allí harían alto en Patra, antes de alcanzar su destino en Lequeo, el puerto de Corinto. Un navío de tales dimensiones debía recalar cada noche para que los remeros pudieran desembarcar; no había espacio a bordo para que cocinaran, durmieran o se aliviaran. Detener el barco en mitad de la noche habría sido agotador y desagradable.

Las largas hileras de remos subían y bajaban a la vez, como las alas de una gran ave marina. El espolón cortaba las olas y levantaba un ligerísimo rocío del mar.

Paulo caminó, todavía inseguro de lo que estaba pisando, hacia Nevio, agarrado al pasamanos de sotavento. El centurión estaba pálido.

—Los hombres están en sus puestos —le informó Paulo.

A la guardia de honor se le había asignado una zona en proa, el sitio más húmedo, donde extenderían las mantas para dormir en plena cubierta. No había ningún tipo de protección, así que, por poco que lloviera, acabarían empapados. De los emisarios, tan solo Orestes y sus ayudantes estaban bajo techo. El capitán del quinquerreme les había cedido sus dependencias en la popa.

—Un romano debe confiarlo todo al acero, no a un montón de miserables leños. —Nevio no miraba a Paulo, seguía con la vista clavada en el horizonte—. Que los griegos y los cartagineses continúen luchando en alta mar, nosotros necesitamos suelo firme bajo nuestros pies para vencer o morir como hombres.

El barco se sacudió de repente al chocar contra una ola y Paulo se agarró al pasamanos. Nevio se aferraba con tanta fuerza a la madera que tenía los nudillos blancos. Respiraba entrecortadamente por la boca.

—¿Por qué vamos a Corinto, señor?

—Para proteger a los emisarios —bramó Nevio.

—Pero ¿y Orestes?

—Eres un ratón de campo muy inquisitivo.

Paulo no respondió. Nevio se giró hacia él, tragó saliva y volvió a fijar la vista en el horizonte.

—Por lo que sé, la Liga Aquea controla el Peloponeso, la península meridional de Grecia. La ciudad de Esparta quiere abandonar la liga, algo que no comparten los aqueos. Ambos bandos han pedido ayuda a Roma, y Orestes es el encargado de comunicarles la decisión del Senado. Cuando lleguemos a Corinto puliremos las armaduras y apareceremos con nuestras mejores galas mientras Orestes les hace llegar el veredicto.

—¿Qué ha decidido el Senado?

—¿Y yo cómo demonios lo voy a saber? Vete, déjame en paz.

Paulo se dirigió a la proa. Ya empezaba a acostumbrarse al vaivén del barco y andaba con los pies separados, procurando mecerse al compás de los movimientos de la cubierta al subir y al bajar. Sintiendo el rocío en el rostro, observó la danza del sol en el mar. Aquella sí era la forma de viajar. Superaba con creces la caminata que tuvieron que hacer desde Roma hasta Bríndisi. Paulo, el hijo de un granjero de Temesa, iba camino de una de las ciudades más antiguas y ricas del mundo. Por eso se había enrolado.

La casa con vistas al templo de Apolo en el centro de Corinto estaba pensada para incomodar a los legados romanos. No había puertas, sino una arcada por la que podía verse el atrio desde la calle. Tampoco había ningún tipo de seguridad ni privacidad. El patio no contaba con una balconada alrededor, sino que cada bloque disponía de su propia escalera, algo que dificultaba los movimientos por el piso superior y producía una sensación de constricción. Mucho menos sutil era la estatua que dominaba el centro del atrio, inscrita con el nombre de Filopemén. El viejo general aqueo había conquistado Esparta, y estaba representado con armadura y una postura marcial. La sala principal también contaba con un mural en el que el ejército aqueo derrotaba a los macedonios.

Habían recibido a los legados en el puerto de Lequeo con cierta pompa y los habían escoltado hasta sus residencias en Corinto. Y allí los habían abandonado. En la estoa contigua a la casa había montones de armaduras, estantes repletos de armas y grandes pilas de rocas de catapulta. El arsenal era claramente un recordatorio del poderío militar aqueo.

La embajada se había pasado cuatro días esperando sentada. Siempre que no estaba cumpliendo con su deber, Alcimo se escapaba a los burdeles de la ciudad con Tatio. Paulo no los acompañaba. Las relaciones entre Tatio y él habían mejorado durante el viaje, pero apenas si pasaban de lo meramente cordial. Paulo creía que Alcimo había sido extremadamente indulgente.

Los mismos legados habían intentado matar el tiempo y no reaccionar a lo que muchos senadores romanos habrían considerado una provocación irrespetuosa de los aqueos. Orestes había ordenado a los soldados que construyeran una pequeña plataforma en la parte trasera del atrio y que colocaran una imponente silla, con un aspecto muy parecido al de un trono. Aquella tribuna improvisada estaba situada justo detrás de la estatua de Filopemén, de tal forma que parecía que el general huía corriendo del representante romano. Orestes había hecho todo lo que estaba en sus manos para preparar el escenario de la reunión que, finalmente, estaba a punto de producirse.

Paulo formaba filas con el resto de los soldados detrás de los legados. Nevio los había puesto a bruñir las armaduras hasta que relumbraran. Orestes iba ataviado con una túnica blanca como la nieve y la ancha banda púrpura de los senadores. Estaba flanqueado por sus dos secretarios, ambos con sendas túnicas resplandecientes.

—Salud y gran alegría, Lucio Aurelio Orestes.

El portavoz era el general electo de la Liga Aquea. Dieo era un hombre mofletudo y de pelo ralo. Llevaba una capa griega impoluta por encima de la túnica, el brazo derecho cruzado sobre el pecho y la mano oculta entre los pliegues del himatión. A pesar del decoro de sus prendas, al general lo rodeaba un aura de vanidad y hostilidad. Dieo tenía reputación de demagogo, y se decía que no sentía ningún aprecio por Roma.

—Salud y gran alegría, Dieo de Megalópolis.

Orestes también hablaba en griego, algo que no suponía una gran concesión. Eran pocos los griegos que supieran latín, y el griego era el idioma de la diplomacia en el Mediterráneo oriental.

Uno a uno, la delegación aquea fue saludando a Orestes, y él hizo lo propio. Había trece hombres en total, y el hecho de que Orestes los conociera a todos y supiera sus ciudades de procedencia era impresionante. Era evidente que sus secretarios lo habían preparado a conciencia.

Una vez concluidas las formalidades, Dieo tomó la iniciativa.

—Esparta es un miembro esencial de la Liga Aquea, y eso es algo que no debe cambiar. La salida está fuera de toda cuestión. Va contra las leyes y contra los deseos de la mayoría de sus ciudadanos. Tan solo un puñado de personajes desafectos pretenden perturbar el orden establecido.

Orestes dejó que siguiera hablando.

—Es inadmisible. La voluntad de la mayoría debe prevalecer sobre los deseos perversos de una minoría.

Juntos somos más fuertes. ¿Cómo va a ser capaz de defenderse la Liga Aquea si alguna de sus ciudades, engañada por la arrogancia de sus políticos, decide arbitrariamente abandonarla?

Ante el silencio sostenido de Orestes, la perorata de Dieo llegó a su fin.

—En un acto público, bajo la mirada de dioses y hombres, el Senado ha tenido en cuenta los argumentos de ambas partes. —Orestes proyectaba la voz y hablaba con un timbre que representaba la majestuosidad de Roma—. Los padres conscriptos deliberaron largamente y aprobaron un decreto cuyos términos se me ha encargado transmitiros.

Orestes se detuvo para darle más peso a lo que estaba a punto de decir.

—El Senado decreta que Esparta debe abandonar la Liga Aquea.

Se oyeron resoplidos de desacuerdo y rabia entre los aqueos.

—Además, por el hecho de haberse unido tras la formación de la liga, y al no tener ningún tipo de lazo de sangre con ella, las ciudades de Argos, Heraclea en el monte Eta y Orcómeno en Arcadia también deben dejar la liga.

Dieo y sus homólogos se quedaron boquiabiertos. Orestes prosiguió.

—Y eso incluye también la ciudad de Corinto.

—¡Jamás! —gritó Dieo.

Orestes siguió hablando, pero sus palabras acabaron silenciadas por la marabunta de aqueos que expresaban su desacuerdo.

—¡Ya veremos qué opinan los aqueos sobre esta traición! —La voz de Dieo sobresalió por encima del resto—. ¡Convocad la asamblea! ¡Decidle a todo el mundo que se reúna en el teatro!

Dieo salió atropelladamente de la casa con el resto de los representantes pisándole los talones. En un abrir y cerrar de ojos el atrio se sumió en el silencio. Una paloma los sobrevoló hasta posarse en la cabeza de mármol de la estatua. Orestes examinó el ave.

—No creo que sea un presagio —afirmó.

Con una calma insólita, el legado se volvió hacia Paulo.

—Creo recordar que dominas el griego.

—Sí, señor.

—Quítate la armadura y suelta la espada. Vístete de civil, ve al teatro y escucha lo que Dieo tenga que decir. Cuando acabe, vuelve a informarme.

—Sí, señor.

Orestes le indicó a Nevio que se acercara.

—Centurión, asegura la entrada. Aposta a dos hombres en el tejado como vigías. Una masa enfurecida es una bestia peligrosa.

Antes de que Nevio pudiera ejecutar las órdenes, Orestes cayó de repente en algo más.

—¿Quién es el corredor más rápido del grupo?

El centurión nombró a uno de los campesinos de Sabinia.

—Envíalo de vuelta al barco. Dile que se desarme y vaya lo más rápido posible. El capitán debe tener listo el quinquerreme para hacernos a la mar en cualquier momento. Puede que tengamos que marcharnos apresuradamente.

El teatro estaba a cuatro pasos, justo después del arsenal. Las calles ya estaban abarrotadas de hombres que se dirigían a la asamblea. A Paulo le preocupaba cómo se las iba a apañar para hacerse pasar por aqueo. Corinto, Megalópolis, Orcómeno... A pesar de que Orestes hubiera nombrado la mayoría de las ciudades de la liga poco antes, a Paulo ya le costaba recordarlas. ¿Y si el hombre que cuestionara su derecho a asistir a la asamblea procedía de la misma ciudad que Paulo decidiera escoger como la suya? ¿Y si su acento o vestimenta lo delataban de todas formas?

Llegado el momento, no parecía que nadie estuviera deteniendo a los que iban uniéndose a la asamblea. El teatro estaba excavado en la mismísima ladera de la montaña, orientado hacia el norte y con vistas sobre el Lequeo y el golfo de Corinto. La mayoría de los asistentes se lanzaban a los asientos de primera fila, los mejores para ver y oír lo que sucedía. Paulo encontró un asiento al este, desde donde consideró que podría escabullirse con facilidad llegado el caso.

El teatro era un edificio enorme. Debía de tener un aforo de varios miles de personas. La mayoría de los presentes llevaban las toscas ropas de los jornaleros. Paulo se sorprendió al ver que lo tranquilizaba el hecho de que sus vecinos tuvieran un aspecto más elegante, respetable.

La multitud de las bancadas bullía como un nido de avispas molestas. Paulo echó un vistazo a las aguas turquesa del golfo y deseó volver a sentirse seguro a bordo de la gran galera romana.

Dieo apareció en el escenario y levantó los brazos para pedir silencio. El alboroto tardó en acallarse. La muchedumbre estaba inquieta.

—Ya hemos oído lo que los romanos querían comunicarnos.

La acústica era excelente, y Dieo no tenía más que alzar ligeramente la voz. Cuando el general les dijo cuáles eran los términos del decreto, la asamblea dejó vía libre a su ira y pronunció todo tipo de maldiciones contra los romanos.

En ese momento, Dieo sí se vio obligado a gritar.

—¡Escuchemos lo que opina el estratega Critolao!

Otro hombre dio un paso al frente. Critolao era un tipo corpulento, con un rostro rubicundo y afable, aunque con un aire malicioso.

—¿Desea Argos abandonar la liga?

La multitud bramó una respuesta negativa, los argivos eran los que más chillaban.

—¿Heraclea? ¿Orcómeno?

Cuando mencionó Corinto, la mayoría de los asistentes patalearon con tanta violencia que hasta las piedras parecieron sacudirse. Paulo se percató de que sus vecinos no opinaban lo mismo.

—Los romanos pretenden desmembrar la liga. —Critolao andaba de un lado para otro, gesticulando, jaleado por su propia demagogia—. Cuando estemos indefensos, nos devorarán. Recordad lo que hicieron con Cartago. Los convencieron para que entregaran las armas y les prometieron el resto de sus posesiones. Más tarde, faltaron a su palabra y les exigieron que abandonaran su hogar. ¡Los romanos no son hombres, sino traidores como bestias rapaces!

—¡Lobos! ¡Bestias ausonias!

Parte de la audiencia se puso en pie para gritar mejor.

—Roma no tiene autoridad alguna sobre la asamblea

soberana de los aqueos. Rechazad sus arrogantes demandas. Enviadlos a casa con el rabo entre las piernas. Solamente los espartanos desean abandonarnos. ¡Metedlos en cintura! ¡Ignorad a Roma y declarad la guerra a Esparta!

—¡Guerra! ¡Guerra!

Critolao había llevado a la mayoría de los espectadores a un frenesí absoluto. Otra figura llegó al centro del escenario.

—Sosícrates —dijo el hombre elegante que Paulo tenía al lado—. A ver si por fin oímos algo sensato de boca del comandante de la caballería.

—¡Ciudadanos de Acaya! —Solo una minoría estaba dispuesta a escuchar a Sosícrates—. ¡Esto es una locura!

Abucheos y silbidos resonaron por todo el teatro, pero Sosícrates perseveraba.

—Declararle la guerra a Esparta es declarársela a la mismísima Roma. ¿Creéis realmente que podemos enfrentarnos a Roma? No olvidéis el pasado; enfrentaos a los hechos del presente. Antíoco, el rey seléucida, trajo un ejército ingente para liberar Grecia, un ejército al que los romanos destruyeron en Magnesia, y no perdió solo Grecia, sino también Asia. En Cinoscéfalas, los romanos derrotaron a Filipo de Macedonia, y en Pidna a su hijo Perseo. Acabaron con Aníbal en Zama. Roma ni olvida ni perdona. Persiguieron a Aníbal hasta la muerte, y ahora están listos para reducir a escombros su hogar, Cartago. No hay poder que pueda desafiarlos. Los romanos dominan el mundo desde Hispania hasta el Egeo. Estamos solos. Si declaráis la guerra a Esparta, traeréis la ruina a nuestros hogares.

Los vecinos de Paulo fueron de los pocos que no expresaron a gritos su desdén por tales consejos. Critolao prácticamente echó a Sosícrates del escenario.

—Los romanos no intervendrán. Están luchando en demasiados frentes y no tienen las de ganar. En África, el ejército de Escipión se pudrirá ante las tres murallas de Cartago. Llevan tres temporadas en campaña, y los romanos no están más cerca de tomar la ciudad que cuando empezaron. A principios de verano, en Hispania, la legión al completo del pretor Vetilio fue acorralada y aplastada en las montañas. Los celtas siguen invictos en el norte de Italia. Macedonia ha renacido al mando de su verdadero rey, Alejandro, hijo de Perseo, y las legiones de Metelo están en retirada. Si los romanos consiguieran suficientes hombres para enviarlos contra nosotros, no estaríamos solos. Otros reyes y ciudades estado comparten nuestros objetivos. Mostraos como hombres y no os faltarán aliados. ¡Mostraos como esclavos y no os faltarán amos!

Hubo una conmoción en uno de los extremos del teatro. La multitud se había echado encima de un individuo que intentaba liberarse, pero lo tenían agarrado por los cabellos y los ropajes y le estaban dando una somanta.

—Lo que me temía —les dijo el vecino de Paulo a sus compañeros—. Van a linchar a los espartanos. Y los plebeyos no van a conformarse solo con eso.

El hombre había desaparecido de la vista bajo el círculo de agresores.

—Deberíamos irnos —susurró el vecino.

Paulo se pegó al pequeño grupo de ciudadanos acaudalados. Mientras descendían los escalones, los trabajadores más duros iban profiriendo comentarios mordaces, e incluso algunas amenazas —«los de vuestra calaña sois los siguientes»—, pero nadie hizo ademán de detenerlos.

Al salir del teatro, todos se dispersaron. Los ricos se escabulleron hacia la relativa seguridad que les ofrecían sus casas, que pronto estarían cerradas por barricadas.

Paulo no echó a correr. Siguió andando, procurando evitar movimientos rápidos que pudieran delatar lo asustado que estaba, pero sin entretenerse tanto como para que pudiera parecer que se pavoneaba. Lo mejor era no llamar la atención, pero no hubo suerte. Al torcer hacia el arsenal, se encontró con aproximadamente una docena de matones deambulando por la zona.

—¿Se puede saber adónde vas?

El tipo le barró el paso.

—A mi casa —respondió Paulo.

—Tienes acento espartano.

El resto se movió hasta rodearlo.

—No —respondió rápidamente Paulo—. Soy de Siracusa, en Sicilia.

—Pues entonces seguro que eres un espía romano.

—No, nada más lejos de la realidad. Soy uno de los marineros del *Eirene*, un navío amarrado en el Lequeo.

—No he oído nunca hablar de ese barco.

Antes de que el cabecilla pudiera proseguir con el interrogatorio, se oyeron unos aullidos al otro lado de la colina.

—¡Un espartano! ¡Un espartano!

Una figura solitaria corría hacia el santuario del templo de Apolo. Una turba de unas veinte personas le pisaba los talones. Sin mediar palabra, los que se habían encarado con Paulo echaron a correr tras el fugitivo.

En ese momento, Paulo abandonó toda precaución y se marchó lo más rápido que pudo.

La columnata del arsenal destellaba a su izquierda. Había soldados aqueos armados bajo la estoa, pero no hicieron nada por ayudar al espartano. Le estaban dando una paliza y arrastrándolo alrededor de la plaza, e iba dejando tras de sí un brillante rastro de sangre en los adoquines.

Alcimo, Tatio y otros dos legionarios estaban con los escudos en ristre bloqueando la entrada, pero se apartaron para dejar pasar a Paulo. Encontró a Nevio junto a Orestes en la parte trasera del atrio. El legado seguía sentado y, al contrario que sus secretarios, parecía sosegado. A Paulo le llegaron gritos agónicos cercanos de mujeres.

—¿La asamblea le ha declarado la guerra a Esparta?

Paulo tardó unos instantes en recobrar el aliento y responder a Orestes.

—No mientras yo estaba allí. La turba está dando caza a todos los que sospecha que son espartanos. Van a matarlos.

—Sí, estamos al corriente. —Orestes tenía una capacidad admirable de autocontrol—. Recoge tus armas y únete a tus compañeros en la puerta.

—Deberíamos marcharnos —sugirió Nevio.

—No hasta que nos obliguen a ello —respondió Orestes—. Marcharnos ahora sería una falta de respeto.

Paulo se había embutido en su cota de malla cuando Tatio dio la voz de alarma: la turba se acercaba. Paulo se puso el casco. Los lamentos de las mujeres se mezclaban ya con el llanto de los niños. El alboroto provenía del interior de la casa. Paulo alzó el escudo, cogió sus dos jabalinas y corrió hacia la puerta.

Debía de haber al menos cien hombres en la multitud, gritando todos al unísono algo sobre «sacarlos».

—¡Preparad las jabalinas! —ordenó Nevio.

Los cuatro legionarios al frente, aguantando una jabalina con la mano del escudo, levantaron la otra a la altura del hombro, listos para lanzarla. Los hombres que se aproximaban dieron uno o dos pasos atrás. Los rostros fieros y barbudos no cesaron de gritar: «Sacad a los traidores». Los romanos no respondieron. Los civiles iban desarmados, pero Paulo se dio cuenta de que algunos tenían las manos y los brazos manchados de sangre. Se le ocurrió que los de las últimas filas podían estar repartiendo piedras.

El tiempo pareció perder todo sentido durante la refriega. Paulo vio que a Alcimo le temblaba el brazo derecho por la tensión de sostener la jabalina en alto. Sintió el sudor recorriéndole la espalda por debajo de la cota de malla. Sus respiraciones eran veloces y superficiales. Un cierto aire de expectación recorría la multitud. El griterío había cesado.

—¡Han subido al tejado!

Ante la alerta de uno de los vigías romanos, las cabezas de todos los legionarios se giraron a la vez.

—¡Vista al frente! —aulló Nevio—. ¿Cuántos son?

—Una docena, pero no dejan de aparecer más. —El vigía parecía estar al borde de un ataque de pánico—. Traen escaleras, muchas.

—Me cago en mi vida —mascculló Tatio.

—¡Silencio entre las filas! —Nevio tomó una decisión sin vacilar—. Retiraos con los legados. Los vigías del tejado, uníos a nosotros.

Empezaron a retroceder de espaldas, con la vista y las

armas fijas en los aqueos. La turba no atravesó el portal hasta que los romanos llegaron a la estatua del centro del patio.

Los dos legionarios bajaron torpemente la escalera.

—Formación en *testudo* alrededor de los legados.

Ocho escudos no bastaban para una formación de tortuga efectiva, y Orestes seguía sentado en la tribuna.

—Señor, debería bajar ya —le pidió Nevio.

Orestes rechazó la sugerencia. Era indigno que un senador romano se acobardara ante la chusma.

Del piso de arriba llegaron ruidos de puertas abriéndose, seguidos de gritos agudos de mujeres. Paulo miró de reojo a Alcimo. Era innecesario verbalizar la pregunta.

—Confiaban en que las protegeríamos —murmuró Alcimo.

Los arrastraron hasta sacarlos de sus refugios: mujeres, niños y un par de ancianos.

—¿Qué van a hacer con ellos? —preguntó Paulo a nadie en particular.

Como si hubieran oído la pregunta, obligaron a un espartano de barba blanca a arrodillarse ante la imagen marmórea de Filopemén. Uno de los aqueos lo agarró de los largos cabellos, le echó hacia atrás la cabeza y le rajó la garganta.

—Sangre para los fantasmas —aulló el asesino.

La turba, como si respondiera a una orden inaudible, comenzó a sacar a rastras del atrio a sus víctimas. Se produjo un bloqueo confuso en el portal. Un crío al que habían separado de su madre tropezó y cayó al suelo. Estuvo a punto de morir aplastado por la multitud. Un hombre se agachó y lo recogió. El niño no debía de tener más de cuatro o cinco años. El tipo lo levantó por los tobillos hasta dejarlo boca abajo mientras el infante berreaba. Esperó a que la gente se dispersara un poco y, cuando creyó que había espacio suficiente, balanceó al niño y le reventó la delicada cabeza contra las rocas de la pared.

Y, tal como habían llegado, se fueron. Los funestos sonidos de sus progresos desaparecieron. El patio se sumió en un silencio sepulcral, inmóvil. Paulo no era capaz de apartar la vista de la arcada ensangrentada ni de aquella diminuta figura desmadejada.

Una bandada de palomas sobrevolaba en círculos la casa y producía un ruido extrañamente estruendoso con cada aleteo.

—Es hora de volver al barco.

Orestes se puso en pie y bajó de la tribuna.

—Formad dos líneas de cuatro soldados cada una. —Nevio, tan pragmático como siempre, parecía insensible al horror que acababan de presenciar—. ¿Podrían el legado y sus secretarios situarse en medio de los legionarios?

Nevio examinó a las tropas, como si estuviera a punto de hacer un desfile, y se colocó al frente.

—A paso militar. En marcha.

Las calles estaban vacías, y la colina que rodeaba el templo, desierta. Se habían esfumado incluso los mendigos. La ligera brisa que había arreciado traía consigo terribles gritos y llantos, como si la ciudad hubiera abandonado toda humanidad y se hubiera entregado a los espíritus malignos.

La pequeña columna viró al este. Paulo iba en la fila posterior, a la derecha, una de las peores posiciones, puesto que tenía la espalda y el costado contrario al escudo desprotegidos. Todavía no había ninguna amenaza a la vista y no estaban demasiado lejos del puerto. Quizá los dioses los favorecieran. Echó un vistazo al templo de Apolo y rezó por no volver a verlo nunca más.

Delante del grupo nacía la callejuela empinada que conectaba con la calzada del Lequeo. A medida que se aproximaban, Paulo oyó a sus espaldas unos aullidos amortiguados, como los de una manada de perros que ha captado el rastro de algo. Trató de convencerse a sí mismo de que ellos no eran la presa.

El ruido pareció remitir cuando entraron en el oscuro túnel que discurría entre altos edificios. Apenas habían dado unos pocos pasos cuando se oyeron unos gritos sordos de los hombres en primera fila.

—Alto —exclamó Nevio.

Paulo echó un vistazo por encima de los hombres que tenía delante y el corazón le dio un vuelco. A unos treinta pasos se acercaba una multitud de individuos que se abría paso por la entrada hacia la calzada del Lequeo. Iban bien pertrechados, aunque no con armas militares, sino con machetes y garrotes. La mayoría cargaba con piedras.

Detrás, los aullidos de otra turba fueron ganando intensidad. En un abrir y cerrar de ojos, el otro extremo de la calle también acabó bloqueado.

—¡Testudo! —ordenó Nevio.

Los legionarios volvieron a agolparse bajo los escudos, que seguían siendo pocos. Insultos y maldiciones resonaban entre las fachadas de los edificios, un sonido que a Paulo le martilleaba la cabeza. Se estaban jaleando a sí mismos, perdiendo cada vez más los nervios. Ocho soldados y tres civiles contra una muchedumbre. Solo había un resultado posible.

—¡Arriba!

El aviso llegó demasiado tarde. Los contenidos de una letrina cayeron de pleno sobre Lucio Aurelio Orestes. Un zurullo le resbaló por el hombro y le arruinó la toga, que era blanca como la nieve. El recipiente cayó poco después desde una ventana altísima, pero erró el objetivo y se quebró en docenas de fragmentos al tocar el pavimento.

Tras un estallido de risas, se lanzó la primera piedra, que pasó silbando a apenas un palmo de la oreja de Paulo. Y no fue la única. Una oleada de proyectiles repiqueteó contra el cuero de los escudos. Paulo no dejaba de recibir impactos en el brazo izquierdo, y una roca le llegó a rebotar en un costado del casco.

—¡Mierda!

Una de las piedras había atravesado las defensas y había golpeado a un legionario. Paulo, aunque no lo viera, sabía que debía de estar tambaleándose de dolor.

—¡Compórtate como un hombre! —gritó Nevio—. Os juro que vamos a salir de esta. A mi orden, cargamos colina abajo hasta que echen a correr.

Un legionario gañía.

—¿Estáis listos para la guerra? —exclamó Nevio, como era tradición.

—¡Listos! —La respuesta fue más bien débil, poco más que un murmullo.

—¿Cómo? ¡No os he oído!

Pero Nevio no tuvo que volver a preguntar. La lluvia de proyectiles aminoró hasta cesar por completo. Paulo echó un vistazo entre los escudos: un grupo de soldados aqueos estaba disolviendo a la turba. Llevaban las mismas armaduras con adornos plateados que las del arsenal. Habían desenvainado las espadas curvas y cargaban con un escudo redondo chapado con plata. A la cabeza iba un hombre ataviado con un himatión y una túnica.

Paulo se debatía entre la esperanza y la desesperación.

Los soldados rodearon a los romanos, pero las tropas aqueas seguían de cara a los alborotadores. Y entonces fue cuando Paulo reconoció a su líder.

—Lucio Aurelio Orestes, aceptad mis más humildes disculpas —dijo Sosícrates—. Esto ha sido obra de demagogos y del populacho. No todos los aqueos son enemigos de Roma. A mí y a mis hombres nos honraría que nos permitierais escoltaros hasta vuestro barco.

No daba la impresión de que todos los soldados aqueos fueran de la misma opinión, pero eran hombres disciplinados y obedecerían las órdenes.

Y así fue como el legado de Roma abandonó Corinto en procesión hacia el Lequeo con una toca echada a perder y manchada de mierda. Y, en ese momento, fue también cuando el destino de Corinto quedó sellado.

# 10

# *Patria*

609 *ab urbe condita* (145 a. C.)

Paulo se sentó a observar la lluvia. También llovió después del saqueo de Corinto. Había quien afirmaba que era cosa de los muertos: los gases que soltaban los miles de cuerpos quemados se habían acumulado en las capas superiores del aire y habían formado nubes de lluvia. El agua apagó los fuegos y asentó el hollín, lo que acabó convirtiendo las calles en caminos de un barro oscuro repugnante. Paulo prefería no pensar en la primera visita a Corinto, y mucho menos en la segunda, cuando todo en lo que había creído se vino abajo.

Era agosto, dos días después de las vulcanales. Deberían haber estado quemando rastrojos, pero habían tardado más de lo previsto en emparrar las vides. «Procura encargarte de todos los trabajos de la granja a su debido tiempo —solía decir el padre de Paulo—. Si te retrasas con uno, irás tarde con otro.» A su padre jamás le faltaban sentencias y máximas campestres.

Habían talado los sauces, les habían arrancado la corteza y estaban preparándolas en fardos bien apretados cuando una tormenta inesperada llegó del mar, cubrió de niebla Temesa y remontó el río. Eutiquio juraba y perjuraba que la había previsto. El ganado, al levantar la vista al cielo, le había hecho presentir la tormenta por el olor de la atmósfera. Las hormigas habían sacado a toda prisa los huevos de los nidos. Los ciempiés se habían apresurado a escalar los muros, y las lombrices habían salido a la superficie. Cuando Paulo no pudo aguantar más las profecías tardías del viejo esclavo, echó a Eutiquio de la casa y le mandó limpiar el establo de los bueyes y los corrales de las ovejas.

Paulo y su madre se quedaron solos en la sala principal. Ella había enviado a la sirvienta nueva a alguna tarea indeterminada y se había puesto a trabajar en el telar. Ninguno de los dos hablaba. Aparte del repiqueteo de la lluvia en el tejado y algún que otro trueno ocasional, lo único que se oía eran los golpecitos de las pesas del telar. No era un silencio amistoso. Aquella mañana su madre le había estado describiendo con pelos y señales las virtudes de la hija soltera de un granjero llamado Hircio, que vivía en la costa cerca de Clampetia: alta, con una salud de hierro y caderas anchas —perfectas para ser madre—, nada supersticiosa, ni extravagante, ni dada a los chismorreos, ajena a cualquier escándalo, virgen corroborada, con una naturaleza sumisa y heredera de diez *iugera* de tierras, la mitad plantadas con olivos adultos. Al final, Paulo le había dicho a su madre que no estaba dispuesto a oírla más.

En los días de lluvia, un granjero debía buscar algo que hacer en casa. Varias ánforas de vino estaban maltrechas. Paulo se dispuso a buscar los materiales que necesitaba para sellar las grietas: una libra de cera, otra de resina y dos terceras partes de una libra de azufre. Después de mezclarlo todo, añadió la cantidad suficiente de yeso machacado para conseguir la consistencia de una pasta. Su padre habría estado orgulloso. «Recuerdo que, aunque el trabajo se detenga, los gastos no conocen descanso.» Uno de los dichos favoritos del viejo.

Paulo y su padre nunca habían tenido una relación cercana. No es que Furio fuera un padre cruel; a Paulo no le había pegado más de lo normal. Había intentado darle la mejor vida posible a su hijo: lo enseñó a cultivar y a cazar, ahorró lo suficiente para enviarlo con un maestro griego y en casa trató de transmitirle las virtudes romanas de deber y respeto a los dioses. Pero nunca hubo demasiado afecto. Furio solo parecía feliz cuando bebía y charlaba con sus vecinos, Severo y Junio. Si alguna vez invitaban a Paulo a unirse, jamás lo animaban a hablar.

Paulo arregló todas las ánforas con mimo, cerrando cada fisura con la pasta y apretando firmemente cada recipiente con tiras de madera de roble completamente secas.

Como el resto de los romanos, Paulo había estado absolutamente bajo el poder de su padre mientras este seguía vivo. Bajo la *patria potestas*, y según la ley, un hijo no podía poseer nada. Todo lo que pudiera comprar o recibir era propiedad de su padre. Aun cuando alcanzara la mayoría de edad, no podía casarse, divorciarse ni acudir a los tribunales sin permiso. Un padre tenía incluso el derecho a expulsar y a ejecutar a su hijo. Los anales de Roma estaban llenos de ejemplos de padres que habían tomado esa última opción, por dura que pareciera. En el este, en Grecia, Paulo había llegado a comprender que esas costumbres tan sádicas no eran universales y que otros pueblos se comportaban de formas totalmente distintas.

Paulo apartó las ánforas. Lo único que faltaba era calentar la brea y echar una cantidad generosa en el interior de cada recipiente. Más tarde, si consideraba necesario igualar los colores después de los arreglos, podría mezclar dos partes de creta con una de cal y pintar las ánforas.

*Niger* empezó a ladrar fuera con el timbre grave y amenazante que alerta de la presencia de desconocidos.

Paulo salió al jardín. Una procesión abandonaba la calzada de la ciudad y atravesaba la franja de robles y hayas. Los dos magistrados que aquel año estaban al mando iban en cabeza. Entre los treinta y tantos terratenientes que los seguían, Paulo reconoció a Urso, el sacerdote, y a Fidubio y Vibio. Los dos últimos iban acompañados de su amigo Lolio y de Crotón, el guardián de Fidubio. Caminaban con un propósito, e incluso con cierta urgencia, cuando dejaron atrás el bosque.

Paulo le ordenó a *Niger* con un silbido que se sentara a sus pies.

—Salud y gran alegría, Paulo —exclamó Urso.

Después de devolverle el saludo, Paulo esperó. Estaba nervioso, aunque no sabía por qué. Quizá fuera la ansiedad palpable que le habían transmitido los visitantes; la flor y nata de Temesa no paseaba su tremenda dignidad por aquellas campiñas sin una buena razón.

—¿Has visto a tu vecino Junio?

A pesar de la presencia de los magistrados, fue el sacerdote quien siguió hablando.

—No desde que acabé de trillar y le devolví el buey.

—Kaido, la vieja bruja, dice que está muerto. Que lo han asesinado.

—Me sorprende que le hayas dado tanta credibilidad a las visiones de una hechicera brucia como para venir desde la ciudad a pie con tan distinguida compañía.

Paulo trató de no sonar burlón. Urso, irritado, hundió sus ya de por sí hundidos carrillos.

—Según ha contado, pasó por sus tierras, al otro lado del monte Ixias, y vio el cadáver con sus propios ojos.

Paulo echó un vistazo alrededor.

—¿Dónde está Kaido?

—Se ha esfumado.

—¿Perdón?

El sacerdote chasqueó la lengua, exasperado.

—Debió de escabullirse del mercado mientras hablábamos. La ruta más directa es a través de tu granja.

—Voy con vosotros.

Paulo le ordenó con un gesto de la mano a *Niger*, que había estado dando vueltas alrededor de las piernas de Lolio, que se quedara allí.

Encorvados para protegerse mínimamente de la lluvia, cruzaron el primer campo, esquivando rastros sin quemar y oyendo el viento silbar entre las ramas de los olivos. El diluvio había oscurecido los troncos de los árboles. Después de tomar uno de los senderos, subieron como buenamente pudieron por las terrazas de las vides. Cuando estaban a punto de alcanzar la cima, la tormenta amainó con la misma rapidez con la que había arreciado. Paulo observó las oscuras nubes y las cortinas de lluvia que las acompañaban remontando los altos de La Sila.

El sol volvió a brillar desde un cielo azul y límpido, y trajo consigo el calor propio de aquel día. El suelo echaba humo, y el aire estaba cargado con aromas a marga.

Pasaron por delante de la casa vacía de Severo y cruzaron los campos que ya formaban parte de las posesiones siempre crecientes del padre de Lolio.

Al llegar a la cabaña de Junio, todos se detuvieron a recuperar el aliento, como si estuviera en sus planes. La mayoría de los terratenientes no eran precisamente jóvenes, pero eran hombres de campo y no conocían la corrupción de los placeres indolentes de las grandes ciudades. Independientemente de sus edades, seguían cultivando la tierra y disfrutando cuando llevaban a los sabuesos a dar una vuelta por el bosque. Ninguno de ellos concebía la posibilidad de mostrarse débil ante los demás.

Urso llamó a la puerta de la cabaña, pero no hubo respuesta. La puerta estaba cerrada con llave. Fidubio le hizo un gesto de cabeza a Crotón, y el esclavo echó la puerta abajo. No había nadie. Paulo entró, tocó las cenizas del hogar y notó que estaban frías.

—¿Falta algo? —preguntó Urso.

Paulo echó un vistazo alrededor.

—Me parece que todo está igual que cuando vine a traer el buey.

Por algún tipo de decencia innata, o quizá sencillamente por una creencia arraigada en la sagrada institución de la propiedad privada, Fidubio ordenó a Crotón que cerrara la puerta a sus espaldas.

El sendero que rodeaba el monte Ixias era muy estrecho, así que no les quedó otra que avanzar en fila india y dejando el espacio suficiente para que las zarzas no golpearan a quien tuvieran detrás. El ascenso hacia la cresta era muy empinado, pero la bajada por el lado opuesto no era mejor. Siguieron adelante, aunque todos sospechaban que había pocas razones para apresurarse. Paulo tuvo la impresión de que algunos ya sabían a ciencia cierta lo que se iban a encontrar.

Tardaron un par de horas en llegar a su destino. Acto seguido, se dispersaron y se detuvieron a observar aquel campo de las tierras altas que tenía una extensión de cinco *iugera*, era prácticamente llano y se encontraba orientado al sur y bien resguardado. La mayoría de los rastrojos estaban ennegrecidos, pero había una porción en la esquina suroeste que brillaba con tonos dorados. Justo al otro lado de la tierra calcinada, media docena de cuervos se entretenían sobre una figura que yacía retorcida en el suelo.

—La vieja no mentía —murmuró Urso.

Las aves de carroña alzaron el vuelo entre graznidos de fastidio.

El cadáver era relativamente reciente, puesto que aún no se había hinchado. Otra bestia más grande que los cuervos ya se había dado un festín con los restos, quizá un zorro o un lobo. Pero no fue la obra de los carroñeros lo que paralizó a los hombres.

Junio estaba de espaldas, pero sus ojos no miraban al cielo. Tenía las cuencas vacías. Cabía la posibilidad de que las aves le hubiera picoteado las delicadas esferas, pero no podían haberlo desnudado. Tampoco ningún lobo podría haberle arrancado la lengua ni las extremidades: nariz, manos y pies. Faltaba una de las manos, que se la podría haber llevado un lobo, pero habría hecho falta un hombre que le seccionara el pene y se lo hubiera introducido en el desastre sanguinolento que era su boca.

A pesar de la mutilación y las atenciones de los animales, la causa de la muerte era evidente. Tenía heridas en ambos brazos —Junio se había defendido— y tres cortes en el lado izquierdo del pecho, tres incisiones profundas y enormes que habían desgarrado la piel hasta dejar las costillas a la vista. Probablemente murió antes de que le profanaran el cuerpo.

—Un cuchillo de carnicero o una espada —concluyó Urso.

Algunos de los espectadores estaban pálidos como la cera. No era el caso del sacerdote, ni tampoco de Vibio ni Fidubio, cuyo esclavo, Crotón, ladeaba la cabeza a un lado, como si estuviera valorando la obra del asesino.

Nadie se acercó a tocar el cuerpo. Ponerle la mano encima a la muerte te contaminaba. Los encargados de tratar con los muertos vivían fuera de las ciudades y sufrían el rechazo de los ciudadanos, salvo cuando su trabajo era indispensable. Los avisarían más tarde.

Una nube de moscas abandonó el cuerpo cuando Paulo se agachó a examinarlo. Al acercarse le llegó el hedor dulzón de la descomposición. No descubrió nada nuevo tras observarlo detenidamente. Nadie se movió para ayudar a Paulo cuanto trató de darle la vuelta al cadáver. La piel estaba fría y pegajosa por la lluvia y la podredumbre. Colocó a Junio de lado y vio que tenía otro corte profundo en la nuca. Ya herido de muerte, Junio hincó las rodillas y las manos en el suelo antes de que el asesino le diera el golpe de gracia. Antes de volver a tumbar el cuerpo, Paulo se percató de que también tenía un pequeño orificio en la parte superior del muslo izquierdo. Los bordes se habían desgarrado al ser extraída la punta de la flecha.

Paulo se limpió las manos en la tierra húmeda y luego se las frotó contra los rastrojos. Aun así, al ponerse en pie, los demás se alejaron de él.

—El héroe de Temesa ha regresado —murmuró Fidubio.

Todos se giraron hacia Urso, pero el sacerdote permanecía en silencio.

—Si creemos las historias, así es como Polites trató a todas sus víctimas —añadió Fidubio—. Aparece en las pinturas del templo.

—Sí —respondió Urso—, pero ¿qué sentido tiene que el héroe haya regresado después de tantos siglos?

—Ha vuelto para castigar a los malvados —contestó Fidubio.

—¿Acaso Junio era peor que otros hombres? ¿Acaso nosotros somos peores que nuestros ancestros? —El sacerdote no parecía estar convencido—. Me inclino más a que esto haya sido obra de bandidos.

Vibio abrió la boca por primera vez.

—Independientemente de que sea obra de demonios o bandidos, hay que capturar al asesino, y rápido. De lo contrario, los temporeros no tardarán en negarse a trabajar los campos de las afueras y las tierras acabarán abandonadas.

Algunos de los presentes introdujeron el pulgar entre el índice y el corazón para protegerse de los malos espíritus; uno de ellos incluso se escupió en el pecho, como si las palabras de Vibio pudieran provocar precisamente aquello sobre lo que estaba alertando.

# 11

# PATRIA

609 *AB URBE CONDITA* (145 A. C.)

Era día de mercado en Temesa, una fecha señalada que se celebraba cada ocho días. Todos los habitantes de la zona lo sabían, y siempre quedaba el calendario tallado en uno de los muros del puerto para aquellos que llegaran por mar.

Paulo entró en el foro. Las fachadas del templo de Júpiter en el extremo norte y las de la basílica en el sur estaban adornadas con todo tipo de guirnaldas, así como las columnas de los pórticos que las conectaban. Como cada ocho días, el recinto estaba hasta los topes. Todos los visitantes iban limpios y ataviados con sus mejores galas. Las termas y los barberos habían abierto antes de lo habitual y habían hecho su agosto. Incluso el campesino más desaliñado de alguna granja remota de La Sila trataba de ir arreglado.

La tarde anterior, o bien a primera hora de aquella misma mañana, muchos de los hortelanos de la zona habían cargado sus productos en un burro, o bien a sus hombros o a los de sus mujeres, y habían emprendido el camino a pie hasta la ciudad. Traían consigo huevos, queso y aves de corral, así como higos, almendras y garbanzos frescos. Con las monedas que ganaran al venderlos, comprarían todo aquello que no pudieran producir por sí mismos. Los puestos montados entre las columnas y en la misma plaza estaban ocupados por mercaderes dispuestos a satisfacer cualquier petición. Había orfebres que trabajaban con oro y plata, alfareros y mamposteros, confiteros y fabricantes de llaves, tejedores, sastres, zapateros y peleteros, así como mercaderes especializados en ungüentos y especias, escribas y puestos de cambio de monedas. Para consuelo del cuerpo y el alma, también ofrecían sus servicios doctores y astrólogos. Y si alguien buscaba satisfacer necesidades más inmediatas, podían encontrarse panaderos y taberneros, vendedores de comida rápida y rameras.

Los ediles lo observaban todo desde la parte superior de la escalera del templo. Se trataba de dos magistrados jóvenes encargados de vigilar el mercado. Eran los que asignaban y prestaban los puestos, mantenían el orden y resolvían disputas. Detrás de ellos había una mesa de piedra con cuencos de diversos tamaños colocados en huecos de la superficie, usados como medida oficial de peso en caso de que alguien quisiera presentar una queja.

Paulo se percató de que los ediles ignoraban por completo a los visitantes sospechosos. A pesar de que el foro estaba hasta la bandera, el comercio era más bien escaso. Quinto, el viejo ferretero, se había quedado dormido en su taburete. Babilio, el zapatero, parecía abatido. Sostenía un borceguí de ante en las manos y se había quedado sin ganas de darle a la lengua. No había ningún cliente sentado en los bancos que tenía el detalle de ofrecer, ni tampoco toqueteando el calzado que había dispuesto con cariño en el biombo abierto entre dos columnas. La mayoría de los visitantes charlaban en grupos reducidos, y una multitud se había agrupado delante de las estatuas frente a la basílica. Allí era donde se publicaban los anuncios oficiales. Normalmente, no era algo que interesara demasiado a nadie: eran principalmente listas de candidatos a las elecciones locales, o bien copias de decretos del Senado y leyes aprobadas por las asambleas populares de Roma. Los decretos siempre surgían de los mismos círculos familiares, y las leyes apenas afectaban a las vidas de los que residían en la zona de Temesa. Hoy, sin embargo, la situación era harina de otro costal. Un hombre leía en voz alta lo que estaba pintado en los paneles de madera a aquellos que no pudieran acercarse lo suficiente o que directamente no supieran leer. La audiencia prestaba atención a cada palabra, pero a Paulo no le hacía ninguna falta escucharlo. Leyó el aviso el día anterior, cuando lo colgaron. Habían pasado dos días desde que encontraron a Junio. La nota detallaba su asesinato y la salvaje mutilación de su cadáver, y prometía una recompensa generosa a quien capturase al asesino.

Paulo se refugió en la columnata para escapar del sofocante calor. Los pocos que habían pensado lo mismo se giraban hacia él y apartaban rápidamente la mirada. Se paró en el puesto del pescadero. Al llegar, dos mujeres con cestas vacías colgándoles del brazo dejaron de escudriñar el pescado expuesto en bandejas con hielo y se marcharon. El pescadero lo saludó de forma educada, pero sin ningún tipo de entusiasmo. Paulo escogió unos cuantos espadines mecánicamente, los pagó, avisó de que pasaría a recogerlos más tarde, cuando volviera a casa, y siguió andando.

El ganador de la corona cívica merecía todos los respetos, pero era conveniente evitar a los hombres marcados por una muerte violenta. Temesa era una ciudad pequeña. Todo el mundo sabría a esas alturas que él había sido uno de los que encontraron el cadáver del viejo Junio. Paulo, de hecho, fue el que se atrevió a tocar el cuerpo. Y, lo que era peor, a este no le cabía duda de que ya era *vox populi* que, por alguna razón, todavía no había acudido al templo de Polites a someterse al ritual de purificación tradicional.

De vuelta bajo los traicioneros rayos del sol, Paulo se detuvo. Dos críos jugaban al pillapilla por las columnas del templo. Sus carcajadas descontroladas se oían por encima del guirigay del mercado. Él no recordaba haber sentido jamás tanta despreocupación de niño, ni a ser tan feliz. Alguna parte innoble de su interior deseó destrozarles la inocencia de una forma tan nítida como el sonido de un recipiente de cerámica al chocar contra los adoquines.

Hacía un buen montón de días que las ancianas no se le aparecían. Cuando se despertaba en mitad de la noche, esperando percibir sus figuras jorobadas y oscuras, no había nada. Lo único que lo invadía era una profunda desesperación y un mal presentimiento, algo cercano a una sensación física de despeñarse hacia el abismo. No había forma de escapar. Si quisiera buscar la purificación con Urso, tendría que contarle al sacerdote todo lo que había pasado en la última casa de Corinto, y eso era algo que no iba a hacer.

Las risas desaparecieron. Paulo sintió cómo le asaltaba desde todas las direcciones el alboroto del mercado. A su alrededor danzaban formas y colores confusos, amarillos, rojos y blancos. La mezcla de olores a comida, pescado y humanidad le revolvía el estómago.

—¿Estás bien?

Paulo se dio cuenta de que se había quedado inmóvil. Los colores difusos se concretaron en las telas con tintes brillantes de los visitantes, y el muro de ruido se dividió entre los sonidos individuales típicos de un día de mercado.

—¿Estás bien? —repitió Oniro, el sirviente brucio del campamento. Hablaba en ese momento en la lengua local.

—Sí, gracias.

Paulo, al contrario que la mayoría de los colonos, conocía el dialecto osco.

—Tienes mala cara.

—Algo de fiebre, nada más.

Oniro lo miró con cierto escepticismo.

—Si me lo permites, llevas un tiempo raro.

—Estoy bien.

—Si estás seguro...

—Segurísimo. Gracias.

Oniro vaciló unos instantes antes de marcharse. A Paulo le caía bien aquel brucio escuálido. Habían servido juntos. Cierto día, en el campamento, Paulo había salvado a Oniro de una paliza segura y le habían dado al sirviente una buena porción del botín. Aun así, cada vez que se encontraban flotaba en el aire la misma pregunta no pronunciada. Un año antes, Oniro había visto a Paulo, Tatio y Alcimo salir del recinto del templo de Apolo, pero el primero fue el único de los tres que volvió a través de las calles ardientes de Corinto.

Paulo se recompuso y cruzó el foro. Con sus emociones ya bajo control, echó un buen vistazo a los alrededores. Un esclavo público recitaba desde la escalera de la basílica los nombres de los deudores, por si alguno de los presentes se animaba a poner el dinero que evitaría la pena de cárcel. Era la única excepción de la prohibición de tratar temas públicos en días de mercado. La lista era sorprendentemente larga, pero no hubo amigos ni familiares que dieran un paso al frente. Los pobres de Temesa tenían muchas razones para aborrecer a los ricos.

Paulo se abrió paso entre la multitud murmurándoles «buenos días» a las personas que reconocía. No era nada demasiado evidente, pero tenía la impresión de que pocos agradecían el saludo. Paulo ignoró aquellas faltas de cortesía, pero le sorprendió la cantidad de mujeres bien vestidas que deambulaban sin acompañantes. Se encargaban de sus tareas sin velo, algo impensable en Grecia. Solía decirse que viajar te ampliaba horizontes, pero había que pagar un precio: que las costumbres de tu propia tierra te resultaran extrañas.

La taberna era un lugar frío y oscuro. Lolio había llegado primero, y los dos se abrazaron con afecto. El amigo de Paulo no mostraba ningún tipo de recelo.

Lolio estaba tomando algo con un viejo cazador brucio llamado Dekis. Lolio disponía de una buena jauría de sabuesos, y Paulo había oído que Dekis tenía una hija preciosa, aunque no la había visto nunca. Lolio jamás había hecho nada que, de una forma u otra, no saciara sus placeres.

Roscio se acercó con otro vaso y un plato de almendras saladas.

—Entonces..., ¿lo habéis visto?

Como siempre, el tabernero rechoncho olía a perfume, canela o casia. Los jóvenes asintieron. Era innecesario preguntar a qué se refería.

—Si el héroe ha vuelto, estamos todos en peligro. Tan solo un necio se adentraría en los bosques.

Lolio miró a Paulo y una sonrisa ligeramente altanera le atravesó las delicadas y amplias facciones, como si lo divirtieran las supersticiones del tabernero.

—Los carboneros han oído a Polites aullando como un lobo en las montañas. —Roscio se volvió hacia el otro parroquiano—. ¿A que sí, Dekis?

El anciano levantó de su bebida el rostro curtido y surcado de arrugas.

—Puede que sí, puede que no —respondió—. Lo que está claro es que se han oído aullidos de lobos.

—Bandidos, nada más —añadió Paulo.

Roscio sacudió la cabeza.

—¿Qué tipo de bandido mutilaría a un hombre de esa manera?

—Pues uno con una mente retorcida y malévola —contestó Paulo—. Tal vez uno que quiera descansar por la noche, desviar sospechas y aterrorizar a la gente para que nadie lo busque.

El tabernero hizo un gesto para protegerse del mal.

—¿Qué podría querer un bandido del viejo Junio?

Paulo no supo qué decir.

—Si hubiera sido un ladrón, le habrían vaciado la cabaña —añadió Roscio—. Hacedme caso: Polites ha vuelto.

La conversación quedó interrumpida por unos gritos e improperios procedentes de la plaza.

—Ni caso —dijo Lolio—. Otra ronda, Roscio.

—Luego.

Paulo se puso en pie y Roscio le dijo a un mozo que vigilara la taberna y cerrara las puertas si había algún problema. El muchacho, Zenón, hizo pucheros; quería ir con él. El delicado joven seguía a Roscio allá adonde fuera. No cabía duda de cuáles eran los gustos del tabernero. Aquella vez, sin embargo, este le ordenó a su amante que se quedara allí, y sin perder un instante siguió a Paulo y Lolio al exterior. Dekis, concentrado en la bebida, no movió ni un dedo.

Una muchedumbre de temporeros se había agrupado delante de la basílica. Algunos vivían en la ciudad, pero la mayoría de ellos llevaba los ropajes harapientos de la gente del campo. Por diferentes que fueran, gritaban al unísono. Las mujeres y los niños habían desaparecido del foro.

El jaleo alertó a los dos magistrados principales. A los *duoviri* se unieron en lo alto de la escalinata Vibio, el padre de Lolio, Urso y Fidubio. Los magistrados, tanto los *duoviri* como los ediles, estaban desconcertados. Fue Fidubio quien levantó una mano y pidió silencio. Lo que no esperaba nadie era que la multitud, efectivamente, dejara de gritar a la vez.

—¿A qué se debe este tumulto?

Fidubio tenía un rostro orondo, descomunal e impasible, como una roca. Transmitía una seguridad que su hijo, el pobre Alcimo, jamás poseyó.

—¡El héroe ha vuelto! ¡Hay que apaciguar a Polites! —gritó la horda, como si de un coro bien entrenado se tratara.

—¿Y qué queréis que hagamos? —preguntó Fidubio.

Todo el mundo conocía las viejas historias. La enormidad de la respuesta provocó que la muchedumbre vacilara. Finalmente, una voz solitaria se alzó entre las demás y dijo lo que todos pensaban.

—¡Tenemos que ofrecerle una virgen!

—Quién no va a querer a una virgen, ¿eh? —le susurró Lolio a Paulo, pero este no estaba escuchando.

Paulo había empezado a abrirse paso a codazos entre la multitud. Cuando los asistentes lo veían acercarse, se apartaban. A Paulo le importaba un comino si se debía al respeto que merecía la corona cívica o a la amenaza de la corrupción de la sangre. Subió la escalera y se volvió hacia la muchedumbre.

—Esto es una locura. —Paulo levantó la voz para que todos los oyeran—. A Junio no lo mató un demonio. Tenía una herida de flecha en la pierna. Un bandido le disparó por la espalda y lo descuartizó con un cuchillo o un espadón. Lo mutiló para evitar que su sombra persiguiera al asesino.

Urso avanzó y se colocó al lado de Paulo.

—Como sacerdote del santuario de Polites, puedo aseguraros que no ha habido ni malos augurios ni presagios. No ha pasado nada que pueda sugerir que el héroe ha regresado.

—Los bandidos no temen a las sombras de sus víctimas —intervino Fidubio—. Tienen las manos más que manchadas de sangre.

—Esto ha sido obra de un criminal, no del héroe —insistió Urso.

—Si Polites no ha despertado del letargo, la muchacha que dejemos en el templo no correrá ningún peligro.

Fidubio no estaba dispuesto a rendirse todavía.

—Esto ha sido obra de un criminal, no del héroe.

La autoridad del sacerdote no podía contrariarse así como así. Fidubio, a pesar de su inexpresividad habitual, torció el gesto. En ese momento, intervino el padre de Lolio. Vibio siempre había sido el modelo de hombre cortés y bien educado, pero habló con una urgencia palpable.

—Debemos apresar al asesino antes de que se cobre más víctimas. No habrá familia que pueda sentirse segura en sus lechos hasta que lo encontremos. Nuestro deber como colonos de Temesa es dar caza a todos los bandidos. Es perentorio montar una cuadrilla y enviarla a La Sila.

—Es el octavo día y va contra las leyes tramitar cualquier tipo de asunto público en día de mercado.

Urso se volvió hacia los magistrados. Sorprendidos por unos acontecimientos tan inesperados, los *duoviri* confirmaron que el sacerdote tenía razón. Mascullaron algo sobre organizar una asamblea más adelante, cualquier otro día, cuando las señales fueran propicias.

La reunión improvisada empezó a dispersarse.

Paulo tuvo la impresión de que a Fidubio no le complacía en absoluto el curso de los acontecimientos. Y, por extraño que pareciese, a Vibio tampoco. Quizá era, sencillamente, que no estaba satisfecho con la propuesta de posponer la expedición contra los bandidos. Ninguno de los dos hombres estaba acostumbrado a no conseguir inmediatamente lo que se proponían.

# 12

# *Patria*

609 *ab urbe condita* (145 a. C.)

El bosque era un hervidero de sonidos. A pesar de que al alba le faltara aún media hora para romper, los pájaros ya cantaban y formaban una miríada de trinos que aumentaban y descendían hasta unirse en una sola canción. Paulo adoraba visitar los bosques en ese momento del día. Si te detenías, cerrabas los ojos y te limitabas a escuchar, el coro te inundaba los sentidos y provocaba que la cabeza te diera vueltas. Aquel día, sin embargo, Paulo no podía permitirse tales placeres. Estaba escalando cuidadosamente bajo la penumbra inquietante de las ramas de los robles. Los trinos solo servirían para cubrir los ruidos de sus pasos.

Apenas conocía aquella parte de La Sila; debía de haberla visitado un par de veces. Con todo, había crecido entre bosques, y tampoco era complicado encontrar el rastro de un ciervo que apuntara en la dirección correcta. Le costaba juzgar las distancias, pero creía que el alba lo encontraría cerca de su objetivo, en lo alto de la loma que buscaba.

La intervención de Urso el día de mercado no había hecho sino posponer la decisión de enviar una expedición contra los bandidos de las montañas. A la mañana siguiente, y por la presión popular, los magistrados se vieron obligados a organizar una asamblea. La decisión de entrar en acción había sido unánime. Todos los que tuvieron la oportunidad de hablar remarcaron el pavor que sentían los habitantes de granjas remotas y los trabajadores de los campos más lejanos. Algunos estaban igual de aterrorizados que sus mujeres, prácticamente al borde de la histeria. El único problema fue que no hubo consenso sobre el objetivo de la expedición. Corrían todo tipo de rumores, cada cual más inverosímil que el anterior: que si se había avistado una banda de salteadores al norte, junto a la cuenca alta del río Aquerón; que si había un campamento oculto en las montañas, al sureste de la aldea de Erimon; que si alguien se había topado con un verdadero ejército rondando por la calzada de Crotona. Muchos continuaban expresando sus temores de que el asesinato de Junio fuera obra de un demonio, independientemente de que no hubiera sido el héroe de Temesa.

La decisión se aplazó y se acordó que volvería a organizarse una reunión al cabo de dos días. Los ciudadanos debían preparar las armas. Paulo prefirió tomarse la justicia por su mano. Aquel retraso no esclarecería nada. No tenía ningún sentido enviar a las milicias a deambular sin rumbo por las tierras altas. Alertarían a los bandidos, y estos desaparecerían entre las sombras de los bosques. Era imprescindible recabar información precisa, alguna certeza, aunque su obtención dependiera de torturas y amenazas de muerte.

Dekis no se había mostrado demasiado participativo. El viejo brucio no se contaba entre los que pensaban que el asesinato respondía a una mano preternatural, pero tampoco lo tenía del todo claro. Lo mejor era no meter las narices en ese tipo de asuntos, le dijo un día. Si era obra de bandidos, ellos dos solos no podrían hacer nada. El plan era un suicidio. Precisamente había sido Paulo quien había dicho que a Junio lo habían derribado con una flecha. Dekis le había preguntado si también quería acabar así. Y eso por no hablar de la mutilación. Si quería acabar con el cipote cortado y que se lo metieran por la garganta, adelante, él prefería conservarlo donde lo tenía. Al final de aquella discusión clandestina, a Paulo no le quedó otra que ofrecerle una cantidad desproporcionada de dinero, pero no le dolían prendas. Dekis era el mejor cazador de la comarca. Conocía La Sila como la palma de la mano. Y, a pesar de sus recelos, se podía confiar en él. Si regresaban, no sería el tipo de persona que airearía las increíbles riquezas de Paulo.

No se lo había contado a nadie, así que le hizo prometer a Dekis que mantendría la boca cerrada. Los bandidos no solo acechaban por las montañas, esperando cualquier oportunidad que se les presentara. Lo normal era que enviaran espías a los pueblos y a las ciudades, cómplices que los informaran de botines suculentos o de posibles peligros. Paulo y Dekis partieron al anochecer, después de asegurarse de que nadie los había visto.

Emprendieron una larga marcha nocturna y se fueron turnando para montarse en la mula mientras el otro la guiaba. Paulo le había dicho que no le importaba ir a pie durante todo el trayecto, pero a Dekis pareció ofenderle la oferta. Era un anciano, no un ser decrépito o un invālido. Las quejas le recordaron a Paulo a su madre. A las pocas horas de la partida atravesaron el cruce de Crotona y, poco después, el cazador pidió que se detuvieran.

Con las primeras luces del falso amanecer, Dekis pudo familiarizarse con la zona en la que se encontraban. A medida que la oscuridad desaparecía, señaló la ruta del bosque que debía tomar Paulo. Al echar la vista atrás hacia la calzada, Paulo vio al brucio preparándose el desayuno. La idea era que los vigías que pudiera haber supieran que Dekis estaba de camino y que la columna de humo sirviera como punto de referencia para guiar a Paulo a través de las lomas.

El cielo era de un delicado rosa, con algunas bandas estrechas de nubes salpicadas de una luz dorada. El sol no tardaría en asomar por las montañas orientales. Paulo se refugió tras el tronco de un grueso pino. Todavía podía seguir el camino a través de los árboles. Suponía que se hallaba en el lugar indicado, pero quizá había ascendido demasiado por la loma.

No había prisa alguna. Dekis no se movería hasta bien pasado el amanecer. Si había algún vigía, no se marcharía de allí. Después de deliberar largamente, Paulo analizó el terreno en busca de algún movimiento. Una bandada de gorriones, el destello brillante de un pájaro carpintero; incluso llegó a detectar fugazmente una gama. Nada fuera de lugar, y nada humano. Era posible que hubiera pagado a Dekis únicamente por una larga caminata nocturna.

El sol apareció entre los picos distantes. Su luz bañó las lomas y proyectó largas sombras entre los árboles.

Paulo se encorvó, se aseguró de ir colocando las botas con cuidado y se dispuso a descender la pendiente.

Avanzaba en silencio, agachándose entre las ramas y aprovechando las sombras. Y así fue avanzando, de escondite en escondite.

Estaba atravesando un pequeño claro cuando el agudo graznido de un arrendajo rompió el silencio. Paulo se quedó de piedra, cualquiera podía verlo. «Por el Estigia y por Hades», maldijo en silencio. Entonces fue cuando vio al ave, que estaba a cierta distancia, realizar un vuelo acrobático desde una de las colinas inferiores. Esbozó una sonrisa maliciosa. No era su presencia lo que pretendía delatar el arrendajo.

A pesar de estar expuesto, se quedó unos instantes inmóvil. Estaba cubierto por las sombras, y era precisamente el movimiento lo que le hacía verdaderamente visible. Cuando el pájaro se alejó más allá del valle, prosiguió la marcha.

Tardó un momento en encontrar un buen lugar de vigilancia. Las raíces de un pino caído creaban un muro natural, y era perfectamente factible que una persona se hiciera un ovillo en el agujero que habían dejado en la tierra. No podía observar la calzada ininterrumpidamente, pero no lo separaban más de cien pasos. Los bandidos se ocultaban en algún punto entre el camino y él. No los veía, pero, de alguna forma, podía percibir su presencia. Paulo preparó el arco que llevaba en la mano. Una a una, fue clavando las flechas en la tierra. Comprobó la espada, le dio un golpecito al abalorio en forma de zeta del cinturón y se dispuso a esperar.

Lentamente, el sol iba dejando atrás las crestas de las montañas. Los sonidos del bosque habían cambiado. Los trinos no habían desaparecido, pero sonaban más amortiguados, menos exultantes, y la brisa costera de la mañana silbaba entre los árboles. Aun así las profundidades de La Sila estaban sumidas en un inmenso silencio.

Muchos ciudadanos temían y evitaban las partes más agrestes de los bosques, y con razón. La espesura era el último cobijo de los parias, de los hombres cuyos crímenes habían merecido que los expulsaran de las ciudades y que les negaran el fuego y el agua. Asociarse con aquellos que trabajaban en los bosques —pastores, carboneros y leñadores— no era mucho más recomendable. Eran tipos violentos y rudos, y las leyes eran algo lejano, fácil de olvidar. Las bestias no eran sino un peligro añadido. Los lobos y los osos eran criaturas solitarias, y hasta los mismísimos dioses seguían vagando por los calveros: Pan, el de las pezuñas de cabra, sátiros feroces y el viejo Silvano. Los inocentes se enfrentaban a todo tipo de adversidades. Después de toparse por accidente con la diosa Artemisa mientras se bañaba, Acteón acabó convertido en un venado y devorado por sus propios perros de caza. Fue en los mismos bosques donde un grupo de mujeres había descuartizado a Orfeo. Hasta los árboles suponían una amenaza. Parar a comer o dormir bajo un tejo podía ser mortal. La hiedra era una planta especialmente atractiva para las serpientes venenosas de sangre fría. Y todo el mundo sabía que las dríadas habitaban los árboles. Romper aunque solo fuera una rama era una invitación a recibir una venganza sobrenatural.

El bosque exigía un trato respetuoso, pero no era algo que asustara a Paulo. Las espesuras habían sido el primer hogar de la humanidad, fuente de comida y refugio. Los moralistas romanos gustaban de reflexionar sobre las virtudes prístinas de los ancestros silvanos, peludos, vestidos con cortezas y ajenos a la corrupción de las ciudades. Incluso ahora, en momentos de dificultad, los campesinos de Temesa molían bellotas hasta obtener harina. Y los dioses silvanos eran justos. El viejo Silvano era un ser afable, Pan solo perdía los estribos si alguien lo interrumpía durante la siesta, y los sátiros únicamente daban problemas cuando se emborrachaban. Y protegerse del veneno de tejo era muy sencillo: solo había que introducir un clavo de cobre en el tronco, por no hablar de que siempre existía la posibilidad de no dormir ni comer a su sombra.

Eran los bosques lo que había traído a Paulo de vuelta a casa. Apenas tenía lazos con la granja de la familia, si es que tenía alguno. Con el botín de Corinto podría haber optado por quedarse en Roma, comprarse una propiedad —un bloque de pisos, puede que una o dos tiendas, e incluso una taberna— y vivir cómodamente de las rentas. Pero La Sila le ofrecía mucho más. Cada cinco años, los censores de Roma subastaban los derechos de explotación maderera y de extracción de brea de grandes sectores de las montañas, y siempre había un buen mercado para ambos materiales, tanto en Roma como en otros lugares. La fortuna esperaba a aquellos que la buscaran. Faltaban tres años para la próxima subasta. La única duda era si Paulo sería capaz de sobrevivir tanto tiempo al aburrimiento asfixiante de su ciudad natal.

Mientras esperaba, Paulo volvió a reflexionar sobre la extracción de brea. Se realizaba una incisión en la parte del tronco de los pinos orientada hacia el sur, al menos a veinte pulgadas del suelo, y no precisamente un corte estrecho; la madera debía desgarrarse como mínimo unas veinticuatro pulgadas. La destilación del árbol fluía a través de la herida. Cuando dejaba de gotear, se le hacían dos incisiones más. Finalmente, se talaba el árbol y se quemaba para extraer hasta la última gota de brea.

Mientras la mente le deambulaba entre hornos y cubas de cobre, Paulo pensó en la capacidad que tenía para atraer la violencia. En cualquier momento sería necesario llevar dolor y muerte a aquellas tranquilas campiñas. Él había puesto a girar la rueda, y ya no había forma de detenerla. Si algo salía mal, Dekis acabaría muerto; de hecho, Paulo también podía morir. Y, sin embargo, no sentía temor alguno. Pensaba con claridad y tenía los sentidos aguzados. Era una anticipación placentera. El ejército lo había cambiado. No, el ejército no, Corinto; lo que pasó allí lo había transformado para siempre. Ansiaba la liberación del combate. Durante unos instantes infinitamente efímeros se olvidaría de sus demonios y se perdería en la inmediatez entre la vida y la muerte que provocaba el acero.

Volvió a pensar en la quema de los pinos. El primer líquido que fluye de los hornos es cristalino, como el agua, y tan fuerte que podría utilizarse para embalsamar un cadáver. La brea que lo sigue es más densa; mezclada con vinagre, se coagula como la sangre.

Un aullido, similar al ululato de un búho, hizo que volviera en sí. Provenía de los árboles que bordeaban la calzada, hacia el sur. Pero, claro, no se trataba de un búho, sino de un hombre que intentaba emular el sonido. De nuevo, Paulo esbozó una sonrisa. El sol ya estaba en lo alto del cielo. Quizá los bandidos fueran astutos y unos maestros de la crueldad, pero les faltaba imaginación. De lo contrario, habrían escogido una profesión que no los fuera a conducir inevitablemente a ser clavados en una cruz o lanzados a las bestias.

Otro ululato respondió al primero desde algún punto inferior a la colina donde Paulo estaba escondido.

Por tanto, uno de los bandidos vigilaba cerca de la calzada, y el otro acechaba en el punto en el que emboscaron a Paulo cuando volvía a casa después de la guerra. Era un buen lugar. Había árboles a ambos lados del camino y muchos sitios en los que ocultarse. Todo el tráfico de Roma, o el que saliera de Temesa y Crotona, debía pasar necesariamente por aquel puerto. Paulo previó que los salteadores volverían a aprovecharlo.

Sin apartar la vista de la pendiente bajo sus pies, estiró las extremidades agarrotadas.

En ese momento, vio al anciano y a la mula a través del follaje. Dekis debía de estar pasando por delante del vigía oculto. Era imposible no admirar las agallas del cazador. Paseaba con la misma tranquilidad con la que podría deambular por el mercado de Temesa. Sin apartarse de las raíces del pino, Paulo se puso en pie y, con la mirada clavada en los árboles inferiores, recogió el arco y seleccionó y cargó una flecha.

¡Allí! Una figura emergió de un arbusto de zarzas. Paulo tensó a medias el arco. Solo necesitaba a uno con vida, y el vigía le servía. Pero tendría que esperar a que se plantara en medio de la calzada.

Otro movimiento. ¡Por el culo peludo de Hércules! Otro bandido apareció entre los arbustos. Contando al vigía, había tres hombres preparados para la emboscada. Paulo se tranquilizó. Un buen soldado adapta sus acciones a lo que los hados le deparan, o eso dijo Mumio después de la batalla en el istmo. Paulo lo obedeció entonces, y haría lo propio en ese momento.

Los dos bandidos se acercaron a la calzada con sendas espadas, pero no llevaban arco.

¡Por el peludo culo negro de Hércules! Dekis se había parado justo en el punto en que un denso grupo de árboles le bloqueaba a Paulo la vista.

Adáptate a lo que los hados te deparen. Paulo se dispuso a aproximarse a la calzada, en silencio, sin apresurarse. Era improbable que los bandidos mataran a Dekis en cuanto lo atraparan. Cuando descubrieran los enseres de oro para las libaciones que llevaba consigo, optarían por torturarlo. Un hombre con un tesoro de tal magnitud en sus manos seguro que tiene otro buen montón escondido, ya sea encima o en alguna otra parte. Puede que incluso se plantearan pedir un rescate por él.

Cuidando cada paso que daba y ajustando el cuerpo a los espacios entre las ramas, Paulo empezó a descender por la colina.

Uno de los salteadores ya le había puesto a Dekis la espada en la garganta. El vigía se había unido al otro, y los dos habían desenvainado las armas antes de lanzarse a rebuscar en las alforjas de la mula. Habían encontrado los enseres de oro, y uno de los criminales admiraba el enfriador de vino con grabados. Paulo estaba satisfecho. Si al final las cosas se torcían, quizá aquel recipiente manchado de sangre infectaría a los bandidos.

Paulo, sin dejar las sombras, tensó la cuerda del arco hasta las orejas y apuntó. Era un buen tirador y los salteadores estaban a poco más de veinte pasos. Por no hablar de que no veían venir lo que les esperaba. Era tan sencillo como acertar a un pájaro atado a una rama. Espiró, contuvo el aliento y soltó la flecha. Los bandidos se sorprendieron al oír la cuerda del arco y se giraron. El que cubría a Dekis no fue lo suficiente rápido y la flecha se le clavó en uno de los costados; empezó a retorcerse de dolor, agarrándose con fuerza la herida y gimiendo como un cerdo. Durante unos instantes, los otros dos estuvieron demasiado conmocionados como para moverse. Se miraban fijamente, casi incrédulos ante la sangre que se filtraba entre los dedos de su compañero.

¡Por Hades! Paulo no había pensado en recoger el resto de las flechas. Soltó el arco, desenvainó la espada y echó a correr.

Todo acabó antes de que Paulo pudiera dar más que unos pocos pasos.

El viejo cazador había rescatado el largo cuchillo que llevaba escondido en una de las botas y, con una velocidad que desafiaba a su edad, le había colocado la hoja en el cuello al bandido más joven. El mayor había desenvainado su espada, pero no estaba en condiciones de luchar. Miraba nerviosamente en todas direcciones, sin saber por dónde huir.

—¡Suelta el arma!

Tenía a Paulo justo delante. Una parte de él prefería combatir, conseguir esa euforia catártica que tanto ansiaba, pero el salteador soltó la espada. Paulo se tragó la decepción y le dio una patada al arma.

—No quiero tener que vigilar a más de uno durante el camino de vuelta —dijo Dekis—. Al muchacho nos costará menos soltarle la lengua cuando lo atemos al potro.

Paulo observó la mata de cabellos claros y el rostro pálido y aterrorizado del joven.

—Veo que decidiste no aceptar mi consejo.

—No, no, os juro que estaba a punto —balbuceó el

joven—. No ha sido fácil escapar. Esperaba el momento oportuno.

Paulo obligó al otro bandido a arrodillarse, envainó la espada y cogió una soga de las alforjas de la mula. Con unos pocos movimientos ágiles, le ató al cautivo las muñecas y anudó la cuerda a los aparejos.

—Juro por todos los dioses que estaba listo para marcharme.

El muchacho siguió suplicando clemencia. Paulo se acercó al bandido al que había disparado y lo encontró muy quieto, agonizando.

Se giró y volvió con el muchacho.

—¿Recuerdas lo que te dije la última vez que nos vimos?

—No, por favor, no es culpa mía.

Paulo lo agarró del brazo y lo alejó lentamente del resto.

—No he perdido las monedas. Deja que me vaya y no volveré nunca más con ellos.

—Un hombre vale lo mismo que su palabra —sentenció Paulo.

—Marcharé hacia el norte, ahora mismo. No pararé hasta llegar a Roma. Empezaré una vida nueva.

Todavía hablaba cuando Paulo, con un rápido gesto, desenvainó la espada y le dio un tajo. El revés golpeó al muchacho justo en la garganta. La cabeza cayó hacia atrás como por un resorte y la sangre tiñó la calzada de rojo.

# 13

# PATRIA

609 *AB URBE CONDITA* (145 A. C.)

Expusieron desnudo al prisionero en el mercado de Temesa. Le habían atado las manos antes de lanzar la soga por encima de una de las vigas del pórtico y elevarlo. La ciudad al completo había acudido al espectáculo. Babilio, el zapatero, había colocado los bancos de su puesto mirando al frente, para que unos pocos hombres distinguidos pudieran disfrutar del acontecimiento con cierta comodidad. Además, había tenido el detalle de ofrecerles cojines. Paulo se había mostrado algo reticente a sentarse en primera fila, pero lo habían creído lógico teniendo en cuenta que él había sido el que había capturado al bandido. El papel del brucio Dekis se había olvidado por completo. Paulo llevaba una hora y media sentado con los dos magistrados, Urso, el sacerdote, Fidubio y Vibio.

El público estaba acostumbrado a la sangre. En todos los juicios, presentar a un esclavo como prueba, ya fuera acusado o testigo, solo era admisible después de torturarlo, y el procedimiento siempre era público. Entre los esclavistas de la multitud, pocos habría que no les hubieran abierto alguna vez a latigazos la espalda a sus esclavos. La sangre, humana o animal, estaba incrustada en la misma pátina de la vida. La veneración de los dioses exigía degollar a la bestia apropiada, rajarle el estómago y extraerle las escurridizas entrañas mientras aún humearan.

Y suerte que la gente estaba familiarizada con la sangre. Temesa era una ciudad pequeña. El torturador, uno de los enterradores municipales, no era precisamente un especialista. Al faltarle los refinamientos de Roma —y al no disponer de potro, caballos, ruedas, tenazas, pinzas o hierros candentes—, solía confiar en un látigo y en su fuerza bruta. La pieza de metal cosida en el cuero sin curtir le había desgarrado la piel al bandido, y la sangre se había esparcido por la columnata. Los adoquines a los pies de los dignatarios de la primera fila no habían sido excepción.

Paulo sentía el olor a hierro en la nariz y se preguntó si sería el único con unas ligeras ganas de vomitar.

—Cuéntanos por qué lo mutilasteis.

Fidubio le había formulado muchas preguntas, y esa última la había repetido varias veces. El hombre consiguió levantar un poco la cabeza, pero no respondió. Paulo pensó que, a aquellas alturas, quizá ya no era capaz de hablar.

El prisionero se había mostrado bastante participativo al principio. Era una atrocidad. Los únicos que merecían torturas eran los esclavos. Él era un hombre libre, un ciudadano de Roma que había nacido en Sicilia. Puede que lo último fuera cierto, pero al resto no se le dio demasiada credibilidad. De todas formas, una vida de crímenes arrebataba a los hombres cualquier clemencia que pudiera brindarles la ley. Al primer mordisco del látigo, había defendido ser un viajero inocente. Aquel hombre —el que cargaba con la marca de la muerte en el cinturón— le había tendido una trampa en La Sila y había asesinado a sus dos compañeros con la ayuda de un leñador brucio. Y no era la primera vez que hacía algo así: en un encuentro anterior le había perdonado la vida al más joven. Algunas cabezas de la multitud se volvieron para mirar de reojo el amuleto que llevaba Paulo. La zeta era la primera letra de la palabra griega para *muerte*. Sin embargo, nadie iba a creer antes a un extranjero que a un hijo de Temesa, y menos si se trataba de un ciudadano condecorado con la corona cívica.

El enterrador no se había contenido. Era una mañana tórrida y el cuerpo no tardó en cubrírsele de sudor. Al rato de comenzar el interrogatorio, Roscio, el tabernero, y otro espectador lo habían ayudado a recolocar la cuerda y asegurar las ataduras para que el bandido siguiera sin tocar el suelo, con los brazos y los hombros soportando el peso. Para acrecentar la agonía, se le anudó una pesa a uno de los pies. El látigo iba restallando a un ritmo regular.

El hombre había empezado a hablar, pero la información proporcionada no había sido del todo satisfactoria. Sí, había asaltado a viajantes en la calzada que llevaba a Cosentia. ¿Acaso tenía otra opción? No había trabajo. Todas las fincas de Sicilia empleaban mano de obra esclava. No, no sabía nada sobre el asesinato de un granjero llamado Junio. Nunca había oído de salteadores que mutilaran a sus víctimas. Sí, había una banda de forajidos en las colinas de Erimon, pero él había optado por probar fortuna con los que vivían en las cavernas al otro lado de la Roca de la Sangre. Solían ser unos veinte, pero la gente iba y venía. ¿A santo de qué iba a haber bandidos en la cuenca alta del Aquerón? Allí no había nada que hacer.

Fidubio asintió y el torturador le lanzó un cubo de agua al bandido para reanimarlo.

—Cuéntanos por qué mutilasteis a Junio —repitió Fidubio.

Perdida ya toda esperanza, el bandido desafió a todos los presentes.

—Nadie de aquí es mejor que yo. Los ricachones echáis de sus granjas a los pobres y cercáis las tierras públicas. Defalcáis recursos del Estado y compráis contratos. Amenazáis, apalizáis y robáis. Les arrebatáis a hombres honrados sus vidas y hogares ancestrales. Sus libertades.

Puede que reanimarlo hubiera sido un error.

—Buscáis un cabeza de turco para el asesinato de ese tal Junio. No hace falta que salgáis de la ciudad. Detrás de vuestras respetables fachadas sois criaturas más desalmadas que los lobos. Mutilaríais a vuestras madres si supierais que sacaríais algún provecho.

Fidubio le hizo un gesto al torturador y el látigo empezó a chasquear. La oleada de golpes silenció tanta insolencia. El cuerpo del bandido, inconsciente, dio la vuelta ante los impactos, que se repetían uno tras otro. El blanco del hueso empezó a relucir entre el desastre en que se había convertido su espalda.

—Basta —concluyó Urso.

La cabeza del bandido cayó inerte hacia delante. Un ligerísimo movimiento en su pecho era lo único que indicaba que seguía vivo.

—Hemos oído suficiente —exclamó Fidubio—. Los bandidos no son los culpables de la muerte de Junio. Ha sido obra del héroe; el demonio ha regresado.

—Un hombre es capaz de decir lo que sea bajo el tormento del látigo —replicó Urso.

—La tortura es la piedra angular de la verdad —intervino Vibio—. Forma parte de la misma estructura de la ley, es algo reconocido universalmente. ¿Por qué iba a mentirnos?

Se produjo un murmullo generalizado que coincidía con las palabras del padre de Lolio.

—Para acabar con la agonía. —A Urso no pareció importarle que la mayoría de los presentes siguieran aferrándose a la explicación sobrenatural—. Si hubiese admitido ser el autor de la mutilación, se habría enfrentado a un sufrimiento mayor, más refinado. Al final ha intentado provocarnos para ganarse una muerte rápida.

Paulo intervino.

—Puede que el bandido no supiera nada, pero a Junio lo mató un hombre, no un espíritu. ¿Acaso los demonios usan arco y flechas?

Fidubio lo fulminó con la mirada. Incluso el rostro gentil del padre de Lolio mostraba cierta molestia. ¿Por qué, pensó Paulo, se empecinaban en convocar al héroe? ¿Es que no veían que no hacían más que asustar a la plebe y abrir la puerta a todo tipo de figuraciones grotescas y, en última instancia, a ataques de pánico?

—Sea quien sea el asesino de Junio, hemos descubierto lo suficiente como para recordar cuál es nuestro deber. —El rostro surcado de arrugas y reseco de Urso repasó a la muchedumbre, como si el propio sacerdote se creyera la personificación estoica de una moralidad ancestral—. Los colonos de Temesa están exentos de prestar servicio en las legiones con la condición de poner a raya a los bandidos. Nos hemos distraído en nuestro deber. La asamblea ya ha decidido organizar una expedición armada. Ahora ya sabemos hacia dónde debemos marchar: Erimon y la Roca de la Sangre. Todos los ciudadanos capaces deben presentarse aquí mañana con los primeros rayos de sol, armados y con raciones para tres días. El consejo se retirará pronto para planear dicha expedición.

La multitud tardó en moverse, quizá con la esperanza de que el espectáculo no hubiera terminado.

—¿Estamos todos de acuerdo en que no vamos a poder sacar nada más de este facineroso? —preguntó Urso.

Todo el mundo afirmó que, efectivamente, ese era el caso.

—Queda dicho. Que se lo lleven a la puerta principal y lo claven a una cruz.

Paulo, como único ciudadano con experiencia en el ejército, fue convocado para ayudar en las deliberaciones del consejo. La basílica era un espacio fresco y umbrío. Los bancos estaban acolchados y eran cómodos, y había sirvientes dispuestos a atender peticiones. Se había dispuesto comida y bebida a discreción.

Paulo cogió una copa y se preguntó si a alguien más se le habría pasado por la cabeza que fuera, bajo un sol de justicia y a poco más de una docena de pasos de allí, estaban clavando a un hombre a una cruz y que el acero le estaba atravesando cruelmente piel y tendones. Matar a un hombre podía ser algo necesario, e incluso encomiable. En tiempos de guerra era, directamente, inevitable. Mutilar a un cadáver para evitar a su espíritu tenía sentido, igual que recorrer a la tortura para obtener respuestas. Con todo, le costaba aceptar que se infligieran lentas agonías meramente con fines disuasorios, o quizá por algo tan ruin como la venganza. Después de todo, tan solo hacía falta un giro del destino, o una realineación de las estrellas, para que todos los que se relajaban en aquella elegante estancia se vieran alzados y expuestos a un tormento público. Paulo había sobrevivido al saqueo de Corinto. Se acabó la copa de un solo trago.

Temesa era una colonia pequeña. El consejo estaba formado por treinta hombres, y no todos estaban presentes. Los consejeros eran la suma de los magistrados en activo y los que en algún momento lo habían sido. Por tanto, la media de edad era alta. Los magistrados no recibían ningún tipo de estipendio y, aun así, se esperaba que contribuyeran a las arcas públicas con sus propios fondos. El consejo era una gerontocracia de los más pudientes.

Como magistrados en ejercicio, los *duoviri* eran los encargados de moderar la reunión, pero los puestos oficiales poco podían hacer contra las riquezas y las personalidades más fuertes. Los mismos hombres que habían tomado la iniciativa en el foro fueron los que mantuvieron la voz cantante.

—No somos grieguecillos de tres al cuarto ni como esos taimados cartagineses —exclamó Urso—. Olvidémonos de entrar por la puerta de atrás. Por la mañana, seleccionaremos a cien de nuestros mejores hombres, todos romanos de coraje demostrado, y marcharemos sobre Erimon, vaciaremos las colinas de bandidos y crucificaremos a todos los que podamos a lo largo de la calzada. Cuando acabemos, haremos lo mismo en la Roca de la Sangre.

En la penumbra, cabezas plateadas asentían con avidez.

—Una crueldad ejemplarizante es el mejor elemento disuasorio.

Cuando el sacerdote se volvía para dirigirse a sus compañeros, su cuello retorcido le recordaba a Paulo al de una tortuga que Lolio había tenido de crío.

—No dudo de que el castigo que sufran los bandidos debe ser proporcional a la salvajería de sus crímenes —añadió Vibio—. Sin embargo, creo pertinente actuar con cautela.

Si no fuera porque estaba chapado a la antigua, Urso habría expresado su desacuerdo con una pedorreta.

—Una panda de forajidos jamás resistirá el acero de Roma.

—En eso estamos de acuerdo. —Vibio seguía sin perder la compostura—. Y precisamente por ello creo que no deberíamos pecar de falta de previsión. Cuando hayamos lidiado con los bandidos de Erimon, las noticias llegarán a los de la Roca de la Sangre; se dispersarán, los perderemos y escaparán de la justicia.

Por muy blando que pudiera parecer, el padre de Lolio no era un necio.

—Oigamos lo que tiene que decir un veterano de guerra.

Paulo se estaba sirviendo otra copa. Se tomó su tiempo para ordenar sus pensamientos, y luego les propuso un plan.

Se acordó que solo la traición podría impedir que se llevara a cabo.

Los bandidos debieron de verle a más de una milla. Paulo llevaba una brillante capa escarlata y había pulido tanto su cota de malla como los adornos del cinturón para que brillaran como espejos bajo el sol vespertino. Solo, y sin ocultarse, avanzaba lentamente a caballo por la calzada que llevaba a Crotona. El camino serpenteaba e iba descendiendo más y más. En algunos puntos, los árboles de La Sila ocultaban prácticamente las vistas sobre la Roca de la Sangre y el puerto de la montaña. El trino de los pájaros, el repiqueteo de los cascos del caballo y los crujidos del arreo pasaban casi desapercibidos en la vastedad de aquellos bosques.

Después de salir de la última zona de penumbra, llegó finalmente a la Roca de la Sangre, un afloramiento triangular de granito. Debió de ganarse el nombre por las gestas de los hombres, puesto que la roca era de color blanco grisáceo, como el resto de la montaña. Paulo no se detuvo ni volvió la cabeza al pasar por delante, ni tampoco hizo ademán de buscar el camino de cabras que Dekis afirmaba que rodeaba la loma hasta llegar casi a la cima y luego volvía a descender hasta el paso. Nadie conocía La Sila mejor que el cazador brucio. Si garantizaba que había un camino, y que era transitable, podías creerlo a pies juntillas.

La calzada discurría recta durante casi cuatrocientos pasos hasta entrar en el puerto. Allí, la loma derecha continuaba sin demasiados cambios, con poca pendiente y cubierta de arbustos y zarzas. Sin embargo, el lado izquierdo de la montaña caía en picado, como tallado con un hacha. La empinada cara del acantilado bajaba hasta encontrarse con las afiladas rocas de un arroyo lejano.

Paulo procuraba que el caballo avanzara a paso lento, pero la bestia estaba inquieta. El gran caballo de caza negro que le había prestado el padre de Lolio estaba listo para echar a galopar en cualquier momento. No parecía haberle afectado el largo trayecto nocturno, después de que abandonaron el grupo principal y regresaron por la calzada de Erimon. Se habían pasado toda la mañana atrincherados en una aldea brucia vacía que Dekis conocía, oculta en las colinas después del cruce de Crotona.

Paulo tiró de las riendas y detuvo el caballo a poco más de cien pasos del puerto, a tiro de cualquier arquero. A esa distancia, una flecha podría atravesarle limpiamente las anillas de la cota de malla, pero no le quedaba otra. Tenían que verlo. Se cubrió los ojos para evitar el sol y examinó con detenimiento la cuesta más allá del paso y la cima posterior. Se movía con ostentación, como un actor en un teatro. Si estaban allí, su intención era que supieran que los estaba esperando. Nada se movía entre los arbustos, salvo de vez en cuando un gorrión o algún que otro pajarillo. Paulo se sorprendió pensando que ojalá no hubiera nadie, pero apartó de la mente ese pensamiento cobarde. El plan era suyo, y él mismo se había ofrecido a servir de cebo. Cuando el resto protestó sobre los posibles peligros, él prefirió no revelar sus verdaderos motivos. Paulo había aprendido que ponerse en riesgo era la única forma de mantener alejadas a las Benévolas. Mejor recibir una flecha en las entrañas que las atenciones de las siniestras hermanas.

Paulo sacó el cuerno de caza de la silla, se lo acercó a los labios e hizo sonar una única nota, limpia y estridente. El sonido retumbó por toda la loma. Si todavía no estaban al tanto de su presencia, aquello solucionaría el problema.

El caballo dio unos pocos pasos de costado, agachó la cabeza y buscó algo de vegetación. Paulo esperó. En su plan no cabían las prisas. Todo dependía de saber marcar los tiempos.

Las moscas atormentaban tanto a la montura como al jinete. El caballo sacudía la cola, y Paulo se inclinaba hacia delante para apartárselas de los ojos. No corría ni una ligera brisa, y el sudor le bajaba desde los omóplatos por debajo de la pesada cota de malla.

Seguía siendo demasiado pronto. Paulo cruzó una pierna por encima del cuello del caballo y desmontó. Guio a la bestia hasta un lado del camino, donde había un poco de hierba, y la maneó. Acto seguido, volvió a plantarse en medio del camino.

Paulo permaneció completamente inmóvil durante unos instantes. De repente, se apartó la capa, desenvainó la espada y empezó a danzar. Dos pasos atrás, un bloqueo con la espada, tres pasos al frente y estocada. A la izquierda, a la derecha. Las botas levantaban nubes de polvo al ritmo de cada movimiento. Saltaba y giraba, con la capa ondeando a su alrededor. La hoja destellaba bajo los rayos del sol con cada golpe, altos y bajos, en complicados compases. Los griegos lo llamaban danza pírrica; los romanos, *armatura*, la danza armada. Los vigías, si es que los había, debían de estar pensando que había perdido la chaveta, pero eso era algo trivial. Lo único que importaba era que captara toda la atención posible.

Danzó hasta que el pecho le ardió y las gotas de sudor le escocieron en los ojos. Una última floritura y se detuvo. Envainó la espada y volvió a descansar en el camino. Sentía un dolor punzante en los costados mientras trataba de recuperar el aliento. Ahora, sin duda, había llegado el momento oportuno.

Volvió sobre sus pasos y dio un sorbo de agua antes de desatar el caballo. Agarró el cuerno de la silla de montar, tomó aire y saltó a la espalda del animal. Nunca era fácil montar con armadura. El caballo resopló y corcoveó al notar ese peso repentino en el cuerpo. Mientras se acomodaba en la silla, Paulo dejó que diera vueltas y caracoleara, controlándolo únicamente con la presión de los muslos. Era un buen jinete. Había aprendido a montar con Lolio de niño, en los establos de Vibio.

Paulo tomó las riendas y dirigió la montura hacia el puerto.

Era indudable que podían dispararle primero y preguntar después, una posibilidad que mandaría al traste su astuto plan. Y la muerte no lo liberaría. Aunque le metieran una moneda en la boca y cruzara el Estigia, las Furias no dejarían de atormentarlo ni siquiera en el Hades.

Paulo los oyó antes de verlos, cuando un montón de rocas sueltas bajaron velozmente por un pedregal. Estaba rodeado. Hizo girar el caballo hacia la loma y se detuvo. No tenía escapatoria.

No les hizo ninguna falta salir corriendo de los arbustos. No tenían prisa. Ocho hombres a su izquierda y una cifra similar a la derecha, todos vestidos con elegantes ropajes raídos, restos de asaltos pasados. Había varios con espada, y los demás cargaban con jabalinas. Paulo se percató de que ninguno era arquero, o puede que esos siguieran ocultos entre los matojos.

Los bandidos se fueron acercando a él con las armas

en ristre. Paulo obligó al caballo a caminar en círculos para que sus poderosos cuartos espantaran a los salteadores. Cuando dejaron de avanzar, a pocos pasos de él, frenó a la bestia. Optó por colocarse frente a la colina para tener a la vista los dos lados de la calzada.

—Bonito caballo.

Un bandido con una ornamentada coraza musculada salió del grupo de la izquierda. No había duda de que se trataba del cabecilla.

—No te acerques más.

Paulo levantó la palma de la mano, como si le estuviera ordenando a un perro que se sentara. El jefe de los salteadores sacudió la cabeza con sorna.

—No creo que estés en posición de dar órdenes.

Paulo no respondió.

—Telita también con la cota de malla. —El bandido tenía el aspecto de un mercader astuto que peritaba mercancías—. Supongo que vienes de una familia de bien.

—No.

—O sea, que no vamos a poder pedir un rescate por ti.

El líder parecía casi apesadumbrado.

—No.

—Dime, ¿de dónde los has sacado?

Paulo esbozó una sonrisa.

—Su propietario anterior dejó de necesitarlos.

El cabecilla soltó una sonora carcajada, un sonido extrañamente agradable.

—Así que lo que pretendes con tanta pompa es llamar nuestra atención. Has venido a unirte a nosotros.

—Sí.

Paulo se apartó la capa para dejar al descubierto la vaina de la espada, y consiguió el efecto deseado. Mientras los demás se ponían en marcha y preparaban las armas, al líder se le iluminó el rostro.

—Te conozco. Esa zeta en el cinturón...

Paulo permaneció callado.

—Eres el que le perdonó la vida al muchacho.

—¿Dónde está?

—Desaparecido.

—Lástima, había pensado que podría habernos presentado.

Era una buena noticia que todavía no supieran que había muerto.

—Nos dijo que estabas majara, que le habías dado dinero para que empezara una nueva vida.

Paulo se encogió de hombros.

—Bueno, ese era también mi plan, pero no me ha funcionado.

—Los veteranos lo tienen difícil. —El bandido sopesó sus palabras—. No soy el rey esclavo de Nemi, no me paso el día vigilándome las espaldas ni duermo con la espada en la mano, esperando al próximo contrincante. Una banda solo puede tener un líder. La hermandad me escogió a mí, y mi palabra será ley hasta que muera o se vote quién me reemplace.

—No he venido a sustituirte —respondió Paulo—. Vengo buscando refugio.

Paulo creyó oír algo en las montañas. Disimuladamente, le dio un golpe al caballo para que se encabritara y, mientras pataleaba y relinchaba, empezó a proferir gritos para calmarlo.

El líder esperó hasta que no tuviera que levantar demasiado la voz para que se lo oyera por encima del alboroto del animal.

—¿Cuál ha sido tu crimen?

—Fratricidio.

—No es un buen principio para que nos fiemos de ti. Un hombre que ha matado a su propio hermano...

—La vida no es fácil. No somos más que marionetas de los hados.

—Tu crimen puede traernos mala suerte. Algunos de mis hombres puede que teman el miasma de los crímenes de sangre.

—Pues entonces se equivocan de profesión.

El silencio volvía a reinar en las montañas, y a Paulo le preocupó no oír absolutamente nada en las lomas superiores.

—Dime por qué no deberíamos matarte aquí mismo y llevarnos el caballo y la armadura que robaste.

Se le acababa el tiempo. Paulo debía seguir entreteniéndolos.

—Tengo formación como soldado. El muchacho puede confirmaros mis habilidades con las armas cuando vuelva.

—Algo nos contó. —El cabecilla volvió a reír afablemente—. Uno de mis hombres se llevará el caballo y seguiremos charlando con una bebida en la mano. Prestarás juramento en nuestro campamento.

—Prefiero prestarlo aquí.

Se acabó lo que se daba. Era un buen plan —distraer a los bandidos mientras Dekis guiaba a Lolio y a los demás por el sendero que partía de la Roca de la Sangre hasta el campamento y el puerto—, pero había fallado.

—No era una pregunta. Baja del caballo.

—Negativo.

Se oyó un crujido en el sotobosque. Alguien bajaba la

pendiente a una velocidad de vértigo. Las cabezas de todos los bandidos se volvieron a la vez.

—¡No lo perdáis de vista!

La voz del cabecilla había perdido toda simpatía. Paulo se obligó a mantener la calma, pero el caballo sentía la tensión. Los músculos de los hombros le temblaban y, al igual que su jinete, estaba listo para huir.

El hombre que descendía por la colina perdió el equilibrio y bajó rodando en una nube de polvo.

«No pueden andar muy lejos —pensó Paulo—. Que los distraiga un poco más, por favor.»

El hombre, magullado y ensangrentado, se acercó renqueando a la calzada.

—El campamento —exclamó.

—¿Qué pasa? —le espetó el líder.

—Nos han atacado.

El cabecilla se volvió hacia el forastero y el resto de sus hombres le siguieron la mirada. Paulo tiró de las bridas y el caballo piafó sobre las patas traseras.

—¡Cogedlo!

Paulo clavó las botas en los costados del animal y este dio un salto al frente. Los bandidos que bloqueaban el camino no estaban dispuestos a que los machacaran, así que se dispersaron y se apresuraron a abandonar la trayectoria del caballo.

Paulo sintió cómo se le dilataba el ánimo, y entonces fue cuando el virote se clavó en el hombro de la montura, que se tambaleó sin llegar a caer. El emplumado sobresalía brillante contra el lustroso pelaje negro. El caballo perdió el ritmo y empezó a renquear. La sangre había empezado a empapar las plumas. La bestia estaba a punto de desplomarse. Paulo se liberó de los agarres de la silla de montar. El caballo iba camino de despeñarse, pero él saltó hacia el otro lado en el último momento.

Se precipitó hacia la superficie dura e implacable del camino entre los ruidos metálicos y tintineos de la armadura. Se quedó sin aliento y sintió un tremendo dolor en el brazo derecho, que era el que había utilizado para mitigar la caída. Quizá que lo tuviera roto. Dejó de rodar a pocos pasos del precipicio.

Después de todo había arqueros escondidos en los arbustos, pensó demasiado tarde. Le palpitaba la cabeza y los ruidos de combates parecían llegarle de todas las direcciones. Trató de ponerse en pie, pero el brazo derecho cedió.

Entre el caos, un par de botas se acercaron lentamente a él. El propietario cargaba con una coraza.

—Tú te vienes conmigo —sentenció el líder de los bandidos en un tono prácticamente anodino.

Paulo giró a la izquierda y se levantó como pudo. Intentó desenvainar la espada, pero el brazo derecho no le respondía. La agarró con torpeza con la izquierda, pero no pudo protegerse como debía.

El cabecilla le dio una patada que lo obligó a soltar el arma. Paulo dio unos pasos atrás y notó el borde del acantilado bajo los talones.

—¡Ríndete!

Lolio y Dekis se acercaban por ambos lados. El líder de los bandidos los miró de reojo. Paulo intentó alejarse por el borde del precipicio. La gravilla salía disparada por debajo de sus pies y repiqueteaba por las paredes del abismo. No tuvo que dar más que unas pocas zancadas para situarse detrás de Lolio y caer al suelo.

—¡Tira la espada! —le ordenó Lolio al cabecilla.

—¿Para que me llevéis de vuelta con vosotros, me matéis como os plazca y me convirtáis en un espectáculo para las masas? —El jefe de los bandidos esbozó una sonrisa triste—. No pienso afirmar que las estrellas se equivoquen, pero el astrólogo erró. Mi destino no es morir en la cruz.

Sin decir ni una sola palabra más, saltó del camino.

# 14

# PATRIA

609 *AB URBE CONDITA* (145 A. C.)

La granja era un remanso de paz a primera hora de la mañana. Hircio había enviado a su mujer y a su hija a la ciudad el día anterior para que se hospedaran con su hermana y asistieran al festival de Minerva, y no volverían hasta al cabo de dos días.

Hircio salió de casa. Las zonas de cultivo de la loma occidental seguían en penumbra, los cobertizos eran formas oscuras indistintas, y los olivos brillaban con fulgores plateados y fantasmagóricos. Mucho más abajo, la montaña proyectaba largas sombras azuladas en el mar, que ya relucía con los primeros rayos del sol. En la distancia podía distinguir los diminutos relieves de los barcos pesqueros que partían a faenar desde Clampetia. El alba siempre levantaba una brisa costera que ascendía por las colinas y arrastraba consigo el aroma a salitre del mar hasta las parcelas de las montañas.

Al menos volvía a ser seguro salir a trabajar en las granjas y campos periféricos. Los bandidos que habían capturado en la Roca de la Sangre y Erimon habían sido crucificados a lo largo de la calzada de Temesa. Corrían rumores de que los habían puesto tan separados que se extendían hasta el puente sobre el río Sabutus. Habían colgado a más de veinte y solo habían pasado tres días, así que era probable que uno o dos siguieran vivos en las cruces. Hircio nunca llegó a creerse los rumores sobre el demonio. ¿Qué sentido tenía que el héroe regresara después de tantos siglos? A Polites le habían dado una paliza de muerte y lo habían arrastrado hasta el mar, donde encontró refugio por toda la eternidad. Pero el asesinato de Junio, la dantesca profanación de su cuerpo, inquietaba a Hircio. A pesar de no habérselo admitido a su familia ni a ninguna otra persona —incluidos los pocos, aunque distantes, vecinos ylos hombres que había conocido en sus escasas visitas a la ciudad—, Hircio tenía miedo. Los granjeros de las montañas ya llevaban vidas lo bastante solitarias y duras como para tener que ir echando vistazos por encima del hombro cada dos por tres. Tras acabar con los nidos de bandidos disfrutaban de una paz relativa. Hircio no podía dejar de pensar en que, aparentemente, ninguno de los salteadores había confesado el crimen de Junio, ni siquiera bajo los azotes del látigo.

Las sombras fueron alejándose del mar lomas arriba, y la finca acabó bañada en una suave luz amarilla cuando el sol hizo acto de presencia por encima de los riscos. Hircio analizó las delicadas zanjas que había cavado alrededor de los olivos. No podía olvidarse de abonarlas. No era el mejor momento para prescindir de su esposa y su hija. Setiembre era un mes laborioso. Todavía no se podían recoger las manzanas y las peras, pero era urgente plantar los nabos y los lupinos.

La parte buena era que apenas se celebraban festivales en setiembre. Sin contar con las Minervales, solo había dos, en honor de Ceres y Venus, a finales de mes. Si querían casar a su hija, no quedaba otra que pasearla. Los festivales de setiembre estaban dirigidos a las mujeres; los hombres tenían demasiado trabajo en los campos. Con todo, un hombre casadero haría lo posible por asistir a las celebraciones. Era donde se solían organizar ese tipo de asuntos. Y, para los que quisieran asegurarse, durante las Minervales era legal consultar a los astrólogos.

A Hircio le preocupaba su hija. Era más bien feúcha, y los años no pasaban en balde. Era una lástima que lo del joven Paulo se hubiera quedado en agua de borrajas. Su madre había estado charlando con la esposa de Hircio, y la chiquilla se había mostrado predispuesta. Paulo era propietario de veinticinco *iugera* que, sumadas a las diez de Hircio, habrían supuesto una herencia decente para sus sucesores. Y eso por no hablar de los rumores de unas riquezas vastísimas, provenientes del botín que había traído consigo del este, enterradas en sus tierras. Aun así, había algo extraño en aquel muchacho. Antes de marcharse no era más que un haragán: se pasaba el día bebiendo o cazando, o bien tramando algo con Lolio y Alcimo. Al volver de las guerras, se había convertido en una persona más tranquila y, a la vez, solitaria. Daba la impresión de estar hechizado. La nueva sirvienta que le había comprado a su madre le había contado a la mujer de Hircio que Paulo dormía mal, y que a veces se despertaba en mitad de la noche con un grito desesperado.

El viento mecía las copas de los árboles de los bosques del sur. En años anteriores, otra de las tareas típicas del otoño había sido la poda de esos mismos árboles. Las hojas de los álamos, olmos y robles eran un buen forraje para el invierno, siempre que se almacenaran antes de que se hubieran secado demasiado. Pero todo cambió cuando las tierras dejaron de ser públicas. La primavera pasada, Urso mostró un papiro en el que se le reconocía el uso exclusivo de los bosques. El sacerdote no era ni mejor ni peor que los demás ricachones. Disponían de los recursos necesarios para asegurarse de que la ley siempre los beneficiara. Después de que cercaran los terrenos y ya no pudiera dejar que los cerdos y las ovejas pacieran allí, Hircio tuvo que vender a los animales. Ahora, el granjero se veía obligado a aceptar otros trabajos.

Hircio se dispuso a regañadientes a encender una hoguera. Los barriles de roble estaban colocados alrededor. Cuando el fuego prendió, apiló unos cuantos montones de paja del cobertizo, los repartió entre los toneles, cogió un tizón y los fue quemando uno a uno. La paja ardió y se consumió en un abrir y cerrar de ojos, e Hircio eliminó los rescoldos. Era importante que los barriles estuvieran secos y cálidos por dentro.

Embrear barriles era una labor ardua y pringosa. El viticultor de Temesa se había ofrecido con una sonrisa en la boca a pagarle por el trabajo. Aun así, como todo comerciante, le había regateado el precio. Al menos, los barriles eran suficientemente pequeños para que un solo hombre pudiera manipularlos, aunque con ciertas dificultades.

Hircio, resoplando por el esfuerzo, colgó el enorme caldero de cobre encima de las cadenas que cruzaban la hoguera e introdujo los bloques de brea para que se fundieran. El campo se llenó de un humo espeso y acre casi al instante. Había quien afirmaba que le recordaba al aroma del incienso. A él, en cambio, aquellos vapores resinosos le resultaban empalagosos y repugnantes.

Era imprescindible remover continuamente la brea cuando empezaba a hervir. Cuando estaba líquida y burbujeante, venía la difícil tarea de verterla en los barriles. Solo se podía embrear un recipiente a la vez, y era necesario hacerlo con un cuidado casi obsesivo. Hasta las gotas más pequeñas de brea fundida se pegaban a la piel y la incineraban hasta llegar al hueso. Una vez vertida la brea, tocaba clavar la tapa y girar el barril a un lado y a otro, así como darle la vuelta varias veces para que se cubriera bien todo el interior. Finalmente, se extraía un tapón para que salieran los posibles vapores y se abría un grifo en la parte inferior para eliminar los excesos de brea. Era un proceso interminable, agotador y repulsivo.

La brea no tardó en adquirir una consistencia viscosa. Las primeras burbujas ascendieron hacia la superficie y explotaron, lo que expulsó pequeñas porciones al aire. Hircio siguió removiendo a una distancia considerable gracias a una larga vara de metal. Los gases se le agarraban a la garganta y le dificultaban la respiración. El hedor era casi insoportable.

El golpe en la espalda llegó sin previo aviso, un impacto punzante y doloroso que lo obligó a dar un traspié hacia delante. Lo único que evitó que cayera en el caldero y la hoguera fue un desesperado movimiento con la vara. La brea líquida oscilaba a un lado y a otro, y amenazaba con verterse por los lados con cada balanceo del caldero sobre las cadenas. Hircio tardó un momento en recuperar el equilibrio. Giró la cabeza y vio las plumas de ganso y el astil de madera de una flecha de caza, justo antes de que el dolor y la conmoción lo sobrepasaran, las rodillas le flaquearan y se desplomara.

Tumbado sobre un costado, vio dos figuras aproximándose a través de las columnas de humo. Las dos llevaban pellejos de lobo y los rostros cubiertos por máscaras hechas con las cabezas de ese animal. Iban semidesnudos y tenían los torsos teñidos del color de la tierra. ¿Acaso veía doble? No, el mayor era corpulento y el joven mucho más esbelto, y además llevaba un arco.

—Qué lástima —dijo el joven—. Tenía la esperanza de divertirme un poco más con este.

—Estás empezando a disfrutarlo, ¿eh? —respondió el mayor—. Una vez tuve un sabueso muy parecido a ti. Al final tuve que sacrificarlo.

Las voces le resultaban vagamente familiares.

—Échame una mano —pidió el joven—. Debemos seguir dando ejemplo.

Cuando lo alzaron, Hircio notó la punta de la flecha removiéndosele en los pulmones y los extremos de las costillas rotas rozándose entre sí. Trató de gritar, pero el único sonido que fue capaz de producir fue un resuello agónico y silencioso.

Lo acercaron al caldero hasta que tuvo la cabeza y los hombros justo encima del líquido burbujeante. «¡No, por favor, por todos los dioses! ¡No!» Quiso chillar, suplicar clemencia, pero tenía la garganta ahogada en sangre.

Poco después, le hundieron el rostro en la negrísima superficie de la brea.

# 15

## *Militia*

Un año antes
608 *ab urbe condita* (146 a. C.)

«No hay tiempo que perder; levantamos el campamento al amanecer.» Siempre corría el mismo rumor entre los legionarios, pero normalmente no pasaba absolutamente nada. Quizá aquella vez fuera distinta. Estaban en Dirraquio, un puerto de la parte griega del Adriático.

—Me lo han dicho los vigilantes del cuartel. Juran y perjuran que es cierto.

Paulo y Alcimo ignoraban bastante al excampesino de las montañas de Sabinia. No era la primera vez que oían esas palabras, y tenían la atención puesta en otros asuntos. Tatio estaba contando un chiste, y se le daba muy bien. La mitad de los presentes en el bar estaban atentos a sus palabras. Era aquel del hombre que, al no encontrar dos chicas de quince años en el mercado, compró una de treinta.

A pesar de que apenas había pasado un año desde que se alistó en el ejército, Paulo raramente recordaba el tiempo anterior a entrar en las legiones. Bajo los estandartes, todos los aspectos de su vida habían cambiado. Una justicia eficaz había sustituido los eternos procesos de denuncia en los juzgados, y las ejecuciones sumarias, el derecho a exiliarse. Las horas del día no se estimaban a partir de la posición del sol, sino por los toques de trompetas y consignas. De noche, otrora el momento de dormir o festejar, empezaban las largas y obligadas guardias nocturnas. Incluso las palabras habían cambiado de significado. Un «viñedo» no era más que una operación de asedio encubierta, mientras que «ratón» era el apodo de los manteletes; «madrastra» se usaba para referirse a un mal campamento. Cuando los legionarios echaban la vista al cielo por la noche, no veían Orión, sino al viejo sodomita. Los compañeros de armas, y sobre todo los que compartían tienda, formaban nuevas familias. Se llamaban «hermano» o «chico» entre ellos. Se trataba de una hermandad con una servidumbre honorable. Aparte de los chiquillos, tan solo un soldado o un esclavo respondería a un apelativo como «chico».

—Un idiota se lanza al mar en plena tormenta. Todos los esclavos comienzan a gritar. «No os preocupéis —dice—, «he dejado por escrito que os liberen cuando yo muera.»

Paulo esbozó una sonrisa cuando Tatio acabó de repetir aquel viejo chiste. Era increíble lo mucho que el servicio activo podía cambiar el carácter de una persona. Tras huir de la turba que asaltó a Orestes en Corinto, se había pactado una tregua tácita entre los dos durante el viaje de vuelta a Italia. Alcimo se había encargado de mediar entre ambos. Todos se habían hecho amigos a lo largo del invierno que habían pasado a las afueras de Roma, cuando disolvieron la legión y después, mediante algún tipo de estratagema legal, la reformaron como una unidad distinta.

Al llegar la primavera, la legión marchó hacia Bríndisi, donde acamparon con el resto de las fuerzas que constituían el ejército del cónsul Mumio. Juntos, esperaron durante casi tres meses matando moscas con el rabo, sin ver la hora de entrar en acción. No les explicaron a qué se debía el retraso, pero ninguna de las noticias que les llegaban desde el otro lado del Adriático era buena. Los aqueos le habían declarado la guerra a Esparta, lo que, a su vez, significaba una contienda contra Roma. Critolao había reemplazado a Dieo como comandante supremo de los aqueos. El nuevo general era un tipo resolutivo, y había optado por tomar la iniciativa. Los aqueos habían marchado hacia el norte del Peloponeso y ya se les habían unido las grandes ciudades de Tebas y Calcis. Heraclea, en el monte Eta, una de las ciudades que habían esperado órdenes de Roma para abandonar la liga, estaba sitiada por las tropas de Critolao, y no se esperaba que pudiera aguantar demasiado.

Cuando finalmente volvieron a embarcarse, los compañeros de tienda se habían dividido en dos grupos de amigos. Por un lado, los cinco campesinos sabinos; por el otro, Paulo, Alcimo y Tatio, quienes habían establecido una relación estrechísima que solo podía darse entre hombres solteros, hombres que vivían y servían juntos y que, ante una figura de autoridad o cualquier peligro, solo podían contar los unos con los otros. Fue durante el tortuoso trayecto hasta Dirraquio cuando el centurión Nevio, que apenas podía mantener el equilibrio, los había apodado las Tres Gracias.

—Hubo una vez un sabino que oyó que los cuervos

podían vivir hasta doscientos años, así que se compró uno para comprobar si era cierto.

—Que te jodan, rata de alcantarilla —exclamó uno de los aludidos sin ningún tipo de animosidad.

Las carcajadas se frenaron en seco; Nevio había entrado en el bar. En lugar del mismo gesto iracundo de siempre, el rostro del centurión mostraba un entusiasmo que intentaba ocultar torpemente.

—¿Quién sabe montar a caballo?

Todos afirmaron ser capaces, aunque con distintos grados de emoción.

—Perfecto —dijo Nevio—. Acabaos las bebidas y seguidme. El intendente os proporcionará vuestras monturas.

—¿Nos asignarán a otro oficial ahora que nos transfieren a la caballería? —preguntó Tatio.

—Ay, miserable plebeyo, la orden de los équites nunca aceptaría a alguien de tu calaña.

Todos esperaron expectantes. Nevio señaló a Paulo y Alcimo.

—Vuelve a ser culpa vuestra. Orestes ha preguntado por vosotros.

—Por Júpiter, otra misión diplomática no —exclamó Tatio—. Tuvimos suerte de sobrevivir a la última.

—De misión diplomática nada. —Nevio echó un vistazo a los demás parroquianos; había civiles en la taberna, así como soldados de otras unidades—. Mira, de perdidos al río. Será *vox populi* en todo el campamento dentro de menos de media hora. Cecilio Metelo, el gobernador de Macedonia, marcha hacia el sur. Sus legiones han cruzado Tesalia y han puesto fin al asedio de Heraclea. Se las ha apañado para atravesar el paso de las

Termópilas y ha derrotado a los aqueos en un lugar llamado Escarfia.

Un lamento de decepción recorrió a las tropas.

—Eso mismo —contestó Nevio—. Si no aligeramos, la guerra terminará antes de que lleguemos. Nada de gloria para el cónsul Mumio y adiós a las riquezas que podría proporcionarnos el saqueo de Corinto.

No quedaban más que un par de caballos de los que habían salido del campamento, y estaban en las últimas. Veinticinco jinetes habían partido de Dirraquio: el cónsul Mumio y su legado Orestes, cada uno con un esclavo, nueve soldados y doce lictores, los asistentes ceremoniales del cónsul. No todos soportaron la travesía. Los dos esclavos se habían quedado a medio camino, igual que dos de los legionarios. Acostumbrados a una vida mucho más relajada, cinco lictores, como mínimo, se habían rezagado.

A nadie le sorprendía que tantos hombres se hubieran quedado a la zaga. Llevaban casi un mes subidos en los caballos. Lo primero fue cabalgar hacia el este, a través de las montañas agrestes de Macedonia, para luego dirigirse hacia el sur por las verdísimas campiñas del recién conquistado reino y los vastos prados de Tesalia. Aquella era una tierra de crianza de caballos, así que de camino aprovecharon para requisar nuevas monturas. Aun así, aquel ritmo implacable había podido con hombres y bestias que, inevitablemente, se habían visto obligados a abandonar. En Heraclea les informaron de que Metelo había capturado Tebeas y marchaba hacia Megara, la ciudad al norte del istmo, la franja de tierra que conectaba el Peloponeso con la Grecia continental. Prosiguieron la marcha sin detenerse, pisándoles los talones a sus propias tropas.

El bosque de cedros a las afueras de Megara estaba en una penumbra casi absoluta. Paulo había apoyado la espalda en un árbol mientras comía cecina y daba sorbos de vino. Le había puesto alimento y agua a su montura, pero no la había almohazado. ¿Para qué? El animal estaba agonizando. ¿Era ya el cuarto? ¿El quinto? Qué desperdicio de caballos; habrían bastado para comprar una granja considerable.

Las antorchas de los centinelas que hacían sus rondas delataron al ejército de Metelo a una media milla de allí. Los aqueos, al igual que en Tebas, habían huido de Megara. Metelo había conquistado ambas ciudades sin tener que desenvainar la espada. Los aqueos habían preferido no arriesgarse a otra batalla perdida y se habían retirado hacia el istmo. La guerra no había terminado. La desesperada marcha desde Dirraquio no había sido en vano. Paulo supuso que aquello debería alegrarle, pero lo único que sentía era un agotamiento insondable.

Mumio y Orestes estaban cerca de las tropas, rompiendo la calma de la noche con voces quedas, pero la conversación era perfectamente audible. Como cabía esperar, la intimidad forzosa del viaje no había acortado las distancias entre los senadores y los que les servían. Paulo recordó una historia sobre una hermosa reina oriental que se mostraba desnuda ante uno de sus sirvientes porque en ningún momento se le había ocurrido que era un hombre.

—Las legiones avanzan a marchas forzadas —afirmó Mumio—. No tardarán en alcanzarnos.

—Si ordenas a los hombres de Metelo que rompan filas, ¿qué haremos hasta que...?

Mumio interrumpió a Orestes.

—Contamos con los aliados de Pérgamo y los cretenses.

—Mercenarios y orientales... No son de fiar. Si los aqueos atacan, los superarán en número.

—Pueden acampar en el istmo y bloquear el estrecho paso de los acantilados Blancos.

Orestes expresó sus dudas con un silencio elocuente.

—Es arriesgado —añadió Mumio—, pero ¿qué pretendes que haga? ¿Quieres que Metelo, además del de Macedónico, reciba también el sobrenombre de Acaico?

Ahí estaba el quid de la cuestión, pensó Paulo, el verdadero motivo que había alentado a Roma a conquerir nación tras nación, a subyugar a la mayor parte del mundo conocido bajo el mismo estandarte. No tenía nada que ver con los deseos de botín de soldados como él, ni siquiera la codicia por vastas riquezas de hombres como Mumio o Metelo. No: la razón era, simple y llanamente, las encarnizadas rivalidades entre los senadores y sus deseos infinitos de gloria militar.

—Partiremos con la primera luz del alba.

Paulo debió de quedarse dormido, porque se encontró con Nevio despertándolo a golpes. El cielo emitía destellos perlados y el aire arrastraba aromas a cedro.

—Se te ha asignado una nueva función —le anunció el centurión—. Tú y cuatro de tus compañeros seréis los nuevos lictores.

—No tengo ninguna capa roja —masculló Paulo, aún medio dormido.

Nevio le entregó una tela doblada.

—Aquí tienes una de las que le sobran al general. No te hagas ilusiones; esto no es un augurio de tu futuro.

Les dieron el alto en la *porta principalis*, a cuyos lados se extendían un foso y una muralla protegida por estacas afiladas. Enviaron a un corredor a despertar a Metelo y empezaron a ascender por la calle que conducía al pretorio. Todos los campamentos romanos estaban dispuestos de la misma forma; era imposible perderse. Estar familiarizado con ellos solía aliviar los nervios en tierras extrañas, pero no aquella mañana. A pesar de que el alba acababa de despuntar, grupos de legionarios salían de las tiendas a observarlos pasar. Había corrido la voz de su llegada por todo el campamento. Todos los soldados del ejército de Metelo conocían el cometido de los visitantes y, aunque nadie dijo nada, el ambiente era hostil.

Conformaban una procesión andrajosa y exhausta por el largo viaje. Doce hombres en una única fila portaban las fasces, formadas por hachas rodeadas de un haz de varas que simbolizaban el derecho del cónsul a infligir castigos físicos o la muerte. Mumio, con Orestes justo detrás, cerraba la procesión. A tres de los soldados que habían nombrado lictores temporales les faltaban las capas rojas. Todas las túnicas estaban manchadas y sus propietarios pedían a gritos un baño y un afeitado.

Paulo le seguía los pasos a un lictor de verdad —«haced todo lo que él haga, imitadlo»— deseando que lo hubieran dejado a cargo de los caballos con Nevio y Tatio. Catorce hombres estaban a punto de enfrentarse a un general con más de veinte mil hombres a su cargo. Los rostros austeros de los soldados que delimitaban la ruta le recordaron a Paulo la misión en Corinto.

Quinto Cecilio Metelo Macedónico estaba sentado en una tribuna, respaldado por sus oficiales más veteranos y los estandartes de su ejército. Iba ataviado con una armadura hermosa —cuero pulido con engastes de plata—, pero estaba ojeroso y tenía la mirada empañada. Después de situarse entre dos de los lictores experimentados, Paulo se percató de que algunos ayudantes de Metelo también parecían exhaustos. Quizá el general y sus compañeros habían estado bebiendo hasta tarde sin sospechar el trueno que pronto les caería encima.

Metelo no se puso en pie inmediatamente ante la llegada de Mumio, pero tampoco tardó lo suficiente como para que pudiera considerarse una flagrante falta de respeto.

—*Ave,* Lucio Mumio.

Metelo se aseguró de no utilizar el tercer nombre del cónsul, ni tampoco su título. Mumio le devolvió el saludo y, después de enderezarse, fue directamente al grano.

—El Senado y el pueblo de Roma te agradecen los servicios prestados a ti y a tu ejército. Ya podéis volver a Macedonia, la provincia que se os ha asignado.

Metelo no respondió de inmediato, sino que echó un vistazo por encima de Mumio, como si tratara de buscar algo que no era capaz de encontrar. El silencio antinatural que reinaba en el cuartel zumbaba como una cuerda de arco demasiado tensada.

—¿No te parece algo prematuro? —preguntó Metelo—. No traes ejército.

—Llegará pronto.

—¿Y qué haréis mientras tanto?

—Los aliados se quedarán aquí.

Metelo resopló largamente y esbozó un gesto cercano a la humildad.

—Estamos preparados para servir bajo tus auspicios.

—Agradezco el ofrecimiento, pero no será necesario. —Mumio hablaba con un tono cordial que, sin embargo, no conseguía ocultar del todo el rencor que ambos se guardaban—. Es perentorio que se estabilice la situación en Macedonia, y, por tanto, es allí donde se requiere tu presencia.

—La guerra en Acaya no ha terminado. —Metelo se había ruborizado, pero consiguió no perder el control—. El deber a Roma antecede a cualquier ambición personal.

—¡Ni se te ocurra recordarme cuál es mi deber! —Mumio estaba hecho una furia, pero en ningún momento perdió su *dignitas*—. Estás ante un cónsul, pretor. Tu deber como magistrado novel es obedecer a tu superior. ¡Marcharás hacia Macedonia ahora mismo!

Metelo dio media vuelta y, antes de abandonar la tribuna, lanzó unas últimas palabras por encima del hombro.

—¡Reza a todos los dioses para que las cosas te vayan mejor que en Hispania!

# 16

## *Militia*

608 *ab urbe condita* (146 a. C.)

Los acantilados Blancos eran exactamente lo que su nombre describía. A pocas millas al sur de Megara, las montañas descendían hasta prácticamente tocar el mar. Las rocas, cuando se asomaban entre la vegetación, eran de un gris pálido, incluso blanco en algún que otro lugar. Puede que los antiguos griegos inventaran la filosofía, el teatro y la historiografía, pero no habían sido demasiado creativos con los topónimos.

El resto de la legión de Paulo había llegado tres días antes a Megara con los pies en carne viva y las fuerzas por los suelos. Durante la incansable marcha desde Dirraquio, las tropas habían sufrido un desgaste enorme y parte de los hombres se habían quedado atrás. Después de pasar revista por primera vez, se descubrió que faltaban casi cuatrocientos hombres de los cuatro mil que habían partido. Fuera como fuera, ordenaron a la legión que se adelantara y ayudara a defender el istmo.

Los acantilados Blancos era una zona de acampada nefasta. Los aliados del reino de Pérgamo ya habían reclamado el único llano donde los acantilados daban paso al golfo Sarónico. Las tiendas de la legión estaban amontonadas prácticamente una encima de la otra a ambos lados de la calzada, entre las paredes de roca y el mar. Nadie llegó a plantear la posibilidad de montar un campamento como los dioses mandaban; no había suficiente espacio para cavar zanjas ni para construir una muralla. Las estacas de las empalizadas se agrupaban de tres en tres para crear una especie de barrera improvisada, pero estaban plantadas en rocas desnudas y podían moverse con facilidad. Los vientos de las tiendas se habían asegurado torpemente con montoncitos de rocas. Al no poder cavar letrinas, los hombres se aliviaban en el agua. El clima era tórrido y la ausencia de mareas en el mar provocó que no tardara en heder. Si no liaban pronto el petate, los asolarían las enfermedades. El campamento de los acantilados Blancos era claramente una madrastra, y de las peores.

—¿A qué se refería Metelo con lo de Hispania?

Paulo estaba sentado con Alcimo y Tatio. Habían trepado hasta uno de los bordes de los acantilados para huir de los claustrofóbicos ruidos y el hedor.

—Ni idea —dijo entre bostezos Alcimo.

Si no hubiera tenido una relación tan estrecha con sus amigos, probablemente se habría quedado descansando a la sombra de la tienda con los tres sabinos que quedaban, quienes parecían pasarse la mayor parte del tiempo libre durmiendo la mona, aunque despiertos también eran hombres de pocas palabras.

—Ay, no tenéis ni idea de nada, mis queridísimos paletos. —Tatio era muy proclive a mostrarse como el experto metropolitano de cualquier asunto—. Hace unos años, cuando Mumio era pretor, lideró a once mil hombres y los llevó a los extremos occidentales para combatir contra los lusitanos, pero los emboscaron. Solo sobrevivieron cinco mil.

—Pero ¿no le habían otorgado a Mumio un triunfo? —preguntó Paulo.

—Aquella derrota no fue más que la última de una serie de catastróficas desdichas en Hispania. Roma necesitaba buenas noticias. Cuando Mumio masacró a un grupo de lusitanos al otro lado del estrecho, en África, decidieron concederle el triunfo.

—Conque Metelo no mentía —dijo Paulo—, Mumio se arriesgó demasiado al retirar sus tropas y confiar únicamente en los aliados para mantener el istmo hasta que llegara el resto del ejército.

—En absoluto, amigo. Dioses, ¿qué harías sin mí? —Los delicados labios de Tatio esbozaron una sonrisa burlona—. Los aqueos perdieron a sus mejores hombres en Escarfia, y más de un millar fueron capturados. No se ha vuelto a ver a su general, Critolao; hay quien dice que se ahogó en las ciénagas. Masacraron a otro destacamento de unos mil hombres en Queronea. Cuando Dieo volvió a tomar el mando, el ejército estaba en las últimas.

—Entonces, ¿no suponen una amenaza inmediata? —preguntó Paulo.

—Me alegro de que captes rápido las cosas, no como Alcimo. —Tatio estaba disfrutando como un crío ostentando sus profusos conocimientos—. Dieo volvió al istmo con los supervivientes y retiró a la guarnición de Megara para reforzar las filas, pero se vio obligado a reconstruir el ejército, básicamente. Dicen que convocó a todos los aqueos libres en edad militar para que marcharan hacia Corinto y ordenó que liberaran y armaran a doce mil esclavos. ¿Problema? Que para pagarlo todo impusieron exacciones a todo el mundo, mujeres y hombres. Les ha llevado mucho tiempo.

—¿Y ahora?

—Puede que las cosas hayan cambiado. —Tatio se encogió de hombros—. Dieo ha torturado hasta la muerte a Sosícrates, el aqueo que nos sacó de Corinto. Por traición.

—Pobre desgraciado —dijo Alcimo.

—No va a ser una guerra limpia. —Tatio parecía entristecido, aunque no tardó en animarse—. Pero Mumio se las apañará. Al final venció contra los lusitanos, y hace falta coraje para enfrentarse a Metelo.

—Tampoco exageres —replicó Alcimo.

—Tu ignorancia me supera, hermano. —Tatio sonrió—. Los Cecilio Metelo son una de las familias nobles más poderosas de Roma. El padre de Mumio no era más que un pretor. Él ha sido el primero de sus ancestros en llegar al Senado. Hay que tener agallas para granjearse la enemistad de Metelo. Si Mumio no derrota a los aqueos, y hablo de una derrota absoluta, su carrera política está acabada.

—Ojalá supiera tanto como tú —dijo Paulo con sarcasmo—. Haber nacido y crecido en Roma, saberlo todo.

Tatio desvió la mirada hacia el mar.

—No nací en Roma.

Los otros dos aguardaron a que continuara.

—Mi padre tenía una granja en los montes Albanos. Nada del otro mundo, pero perteneció a la familia durante generaciones. Cuando volví de las batallas contra los galos, nos la habían quitado.

—¿Cómo?

—A mi padre lo habían echado unos matones de una de las fincas más grandes. Le habían pagado apenas una fracción de lo que valía.

Paulo y Alcimo permanecieron en silencio.

—Juré que compraría otra granja. —Tatio se volvió hacia sus compañeros—. Y por eso pienso luchar como un demonio. Las riquezas de Corinto comprarán esas tierras, y nada, absolutamente nada, se interpondrá en mi camino.

Fue el silencio lo que despertó a Paulo.

Los cambios de guardia nocturnas se anunciaban con un toque de trompeta, un sonido que transmitía una seguridad agradable. Incluso mientras dormían, los legionarios sabían que todo estaba en orden.

Había llegado el momento del tercer cambio de guardia, pero no habían sonado las trompetas. Los demás seguían durmiendo; uno de los sabinos roncaba. Paulo se destapó. Le dolían los hombros y las caderas de dormir en suelo firme. Con cuidado, pasó por encima de las figuras recostadas de sus compañeros.

El aire exterior le resultó fresco comparado con el ambiente viciado de la tienda. La brisa marina arrastraba aroma a tomillo de las montañas y se llevaban el hedor del campamento hacia el mar.

No había luna, pero una figura solitaria con casco relucía bajo la luz de las estrellas.

—Algo va mal —masculló Nevio.

Aguzaron el oído, pero no oyeron más que los silbidos del viento.

—No oigo nada —dijo Paulo.

—Ese es el problema. Despierta a tus compañeros. Escudos, espadas y cascos, no hay tiempo de ponerse las armaduras. Nada de jabalinas, preveo combates cuerpo a cuerpo.

El centurión dio media vuelta, y Paulo volvió a la tienda y recogió la vaina de su espada.

—¡Arriba! ¡El enemigo ha entrado en el campamento!

Se abrochó el cinturón, salió de nuevo y cogió un escudo del almacén. No era suyo, pero poco importaba. A sus espaldas, Tatio maldecía monótonamente.

—¡Trompetista!

El grito rompió el silencio de la noche y un hombre salió arrastrándose de una de las tiendas.

—Da la alarma.

Nevio estaba tranquilo, como si aquello no fuera más que otro ejercicio. Los demás legionarios ya estaban volviendo a la vida. El trompetista carraspeó, tomó aire y se acercó el instrumento a los labios. La estridente nota rebotó contra los acantilados y el resto de los soldados empezaron a salir de las tiendas amodorrados, escupiendo, tosiendo y parpadeando.

Nevio daba grandes zancadas de un lado para otro bramando órdenes.

—¡Manípulo en filas de ocho hombres de profundidad, cerrad filas, vigilad el sur! Espadas y escudos, y nada más. ¡Moveos, joder, que no tenemos toda la noche!

Apenas había espacio para que los legionarios formaran, y pronto empezaron a tropezar con las tiendas, a darse codazos los unos a los otros y a pisar las posesiones de los compañeros. Incluso había algunos que hundían las botas en los rescoldos de hogueras ya apagadas y lanzaban al aire finas nubes de ceniza. Los escudos de madera y cuero resonaban y repiqueteaban entre ellos, piedras sueltas se deslizaban a cada paso, y Nevio seguía vociferando. El alboroto amortiguaba cualquier sonido que se produjera más allá de unos pocos pasos.

Dio la impresión de que los griegos emergían en silencio de entre la bruma. Se contaban a cientos y se acercaban al campamento a toda velocidad, semejantes a una gran ola. Paulo alzó el escudo. No llevaban armas.

—Los pergamenos están huyendo —exclamó alguien.

—Pues claro que huyen —ladró Nevio—. Nuestros aliados de Pérgamo no dejan de ser unos putos griegos. ¡Preparaos para lo que sea que los persigue!

Los fugitivos se abrieron paso entre los huecos de las formaciones, aún a medio hacer, apartando a los romanos a codazos y empujones. Uno, cegado por el pánico, se abalanzó sin tino sobre el escudo de uno de los legionarios y ambos hombres cayeron al suelo. Paulo vio con el rabillo del ojo a los primeros romanos que decidieron tirar las armas y echar a correr.

—¡Mantened la posición, hijos de mala madre!

No todos obedecieron. Los aliados desaparecieron tan rápido como llegaron. Igual que una marea que se retira, se los oía atravesar el campamento como una barahúnda.

—¡Volved a formar filas!

Nevio recorría el frente de la formación, pero ya no quedaba tiempo. Los aqueos avanzaban a buen ritmo con espadas en las manos, armas griegas pesadas y curvadas. Su humanidad la ocultaban yelmos de bronce y escudos plateados. El metal destellaba bajo la pálida luz.

Aquellos soldados no eran libertos, pensó Paulo. No todos los veteranos aqueos murieron en Escarfia.

—¡Formad filas!

Pero los legionarios no formaron filas, sino que se deslizaron como por inercia hacia el refugio que ofrecían los escudos de los compañeros. El manípulo se rompió en pequeños grupúsculos que estaban demasiado juntos como para poder blandir las espadas en condiciones.

Tres de los aqueos fueron directamente a por el centurión, a quien nadie acompañaba. Nevio bloqueó el primer espadazo con la vara de vid y la madera se llevó la peor parte: se partió en dos y quedó inservible. El centurión desenvainó la espada, dio un giro y paró el segundo golpe, pero el tercero lo cogió desprevenido y el acero retumbó contra la parte trasera de su yelmo. Nevio se desplomó como un árbol talado.

Paulo dio un brinco al frente casi por instinto. El aqueo que había tumbado a Nevio estaba de espaldas, así que le bastó un tajo en uno de los muslos para que cayera al suelo, chillando. El soldado que tenía a la derecha intentó golpearle la cabeza, y ahí fue cuando entró en juego la formación que había recibido; Paulo bloqueó la hoja con un movimiento alto, giró la muñeca y desvió la espada del contrincante. Sin mirar, embistió con el escudo en la dirección del tercer atacante. No sabía qué había golpeado, pero el impacto le lastimó el brazo izquierdo y lo hizo tambalearse.

Aún sin equilibrio y sin saber bien cómo, fue capaz de colocar su hoja en la trayectoria del siguiente ataque. El hombre que tenía a su derecha era persistente y estaba sediento de sangre. Paulo no pudo ver la estocada que le llegó por la izquierda, le arrancó un trozo de escudo y lo hizo caer sobre una rodilla. En ese momento vio que Nevio se movía, pero un aqueo se preparaba, con las piernas muy abiertas y el escudo colgado a la espalda, para darle el golpe de gracia.

Protegido por la superficie curvada de su escudo, Paulo se abalanzó sobre el aqueo que tenía a la izquierda y, con toda la fuerza que tenía en las piernas, lo fue empujando hasta que dejó de notar cualquier tipo de resistencia y supo que el soldado había tropezado. Paulo se volvió justo a tiempo de desviar una estocada por la espalda. El ímpetu del golpe provocó que el aqueo se tambaleara. Paulo gritó algo incoherente, mezcla de pavor e ira, y salió disparado hacia el hombre que había junto a Nevio.

El aqueo, con la espada por encima de la cabeza y el pecho y las axilas expuestos, torció el gesto en una expresión de terror. Sabía que había estado a punto de matar a un enemigo indefenso, y ahora veía caer sobre él una furia incontrolable. Incapaz de comprender la mutabilidad de los hados, el aqueo se quedó paralizado. Paulo, con todo el peso de su cuerpo, atravesó la armadura de lino que protegía el torso del hombre, y sintió cómo la punta le quebraba las costillas y se hundía en los órganos vitales.

Paulo apartó de un empujón al soldado moribundo. Cuando sacó la espada, se produjo un terrible sonido de succión y la sangre caliente le salpicó la mano y el antebrazo. Se acercó a la figura del centurión, que gruñía de dolor. Nevio estaba tratando de apoyarse en manos y rodillas.

—No te muevas —le ordenó Paulo, aunque no tenía claro si Nevio lo había entendido.

El clamor de la batalla lo inundaba todo y retumbaba

contra las paredes de los acantilados. Paulo notó que se le acercaba alguien por la espalda, se giró y adoptó una postura de combate. Eran Alcimo y Tatio. Detrás de ellos, los sabinos estaban aniquilando a los otros dos aqueos. Uno de los sabinos portaba una espada y otro estaba aprovechando la *dolabra* para llevar a cabo una carnicería.

Y así fue como pudieron gozar de una relativa calma en el ojo de la tormenta. Los aqueos, que parecían disfrutar mucho más derribando a aquellos que al huir les ofrecían sus espaldas desprotegidas, fluían por el campamento como una marea. Y, como una marea, dejaban destrozos a su paso: los cuerpos desmadejados de los muertos, heridos sollozando, montones de armas rotas y posesiones desechadas. Entre los restos de aquel naufragio, algunos grupos de legionarios que se habían mantenido firmes y que no habían dejado de luchar permanecían a flote como rocas arrasadas por una tormenta.

Paulo tiritaba por el frío de la noche a medida que se le secaba el sudor. Llamó al grupo más cercano para que se unieran a sus amigos. Los soldados, conmocionados por la repentina oleada de violencia, agradecieron que alguien los liderara. Uno a uno, los supervivientes ensangrentados y exhaustos se fueron reagrupando.

Después de haber formado un grupo de doce, Paulo les ordenó que formaran en *testudo.*

—Defendeos por todos los flancos. Puede que esto no haya terminado.

Un legionario apareció cargando con el estandarte del manípulo. Habían asesinado al portador original, pero la presencia de la banderola les levantó los ánimos.

Nevio se las apañó para incorporarse, pero necesitó ayuda para quitarse el yelmo dentado, dejando al descubierto una mata de pelo sanguinolenta.

—Tendríamos que colocarnos contra la pared de los acantilados para que no puedan rodearnos —propuso Paulo.

Nevio trató de ponerse en pie, pero volvió a caer al suelo. Todavía no había sido capaz de hablar. Paulo ordenó a dos de los sabinos que lo ayudaran a levantarse. Eran tipos fornidos, acostumbrados a manejar ganado, y no les supuso ningún esfuerzo. Juntos, se arrastraron como ancianos hacia los acantilados.

Al sentirse bajo aquel cobijo aparente, algunos hombres soltaron los escudos y se sentaron con las manos en la cabeza. Incluso hubo algunos que, aliviados por haber sobrevivido, empezaron a charlar y a reír.

—¡Silencio entre las filas!

Los legionarios, acostumbrados a obedecer, callaron de golpe cuando Paulo habló.

—No perdáis de vista vuestras armas. Quiero que dos hombres por tienda vayan a recoger las armaduras y jabalinas de sus compañeros.

Tatio se marchó con Alcimo a comprobar qué había quedado alrededor de la ruina que debía de ser su tienda. Les llegaban sonidos de batalla procedentes del norte, perdidos en la oscuridad.

No pudieron recuperar todo el equipo entre los escombros. Aquellos que habían podido conseguir armaduras se situaron en primera fila.

—Mierda —dijo Tatio—. Vienen más.

Los recién llegados pertenecían a la infantería ligera; no llevaban armaduras, pero sí arcos u hondas, y avanzaban por el paso examinando a los romanos como animales carroñeros cerca de un corral. No estaban ahí para luchar, sino para saquear lo que pudieran.

—No creo que nos supongan ningún problema —masculló Tatio.

En cuanto acabó de hablar, apareció un oficial montado en un hermoso caballo castaño que destacaba entre tanta carnicería y comenzó a vocear órdenes. Los saqueadores lo obedecieron sin demasiado entusiasmo.

—Cerrad filas, muchachos —dijo Paulo—. Aseguraos de que los escudos se solapan.

La primera descarga no sirvió de nada. Algunas flechas y hondazos chocaron contra los bordes de los escudos, pero la mayoría fallaron, se quedaron cortos o repicaron contra las rocas. Las tropas ligeras no querían acercarse demasiado, las distancias eran engañosas en la oscuridad y era fácil errar el tiro.

El oficial aqueo no estaba precisamente satisfecho, así que empezó a jalear a sus hombres como el cazador que arrea a sus sabuesos. Con cuidado, estos dieron unos pocos pasos al frente.

La siguiente descarga sí que dio en el blanco. Los proyectiles repiquetearon contra el muro de escudos como granizo en un tejado. Uno fue capaz de atravesar la barrera y un legionario chilló de dolor; se lo llevaron al centro de la formación y otro hombre ocupó su lugar.

—¡Podemos intentar ahuyentarlos! —exclamó una voz, a la que respondió un murmullo gutural de asentimiento.

—¡Que nadie se mueva! —gritó Paulo—. Mataré con mis propias manos al primer hombre que abandone la formación.

—¿Y tú quién te has creído que eres para ir dándonos órdenes?

—Obedeced a Paulo u os las veréis conmigo. —Nevio había vuelto en sí—. Como salgáis, nos derribarán sin compasión uno a uno.

Lanzaron otra lluvia de proyectiles que golpeó a otro de los soldados.

—¡No bajéis los escudos! —gritó Nevio—. Falta poco para que raye el alba y pronto se quedarán sin munición.

La segunda predicción no se acabó de cumplir. Las flechas dejaron de caer, pero el paso estaba repleto de piedras, y los arqueros se apresuraron a recogerlas y llevárselas a los honderos.

El tiempo pasaba lento mientras los romanos seguían agachados, atendiendo a los heridos y soportando un tormento que se antojaba interminable.

—Los refuerzos llegarán al alba —prometió Nevio de nuevo—. Aguantad, no perdáis la disciplina, ya falta poco.

El centurión apenas podía sostenerse en pie. Se apoyó en Paulo y le susurró al oído:

—¿Te gustaría ocupar mi puesto, chico?

Paulo, que no tenía fuerzas ni para responder, miró de reojo el rostro resuelto y sanguinolento del centurión. Nevio le apretó los hombros y esbozó una sonrisa.

—Enhorabuena, me has salvado la vida. Me aseguraré de que te concedan la corona cívica. Siempre que sobrevivamos a esta noche.

Tal vez habían pasado dos horas, o quizá tres —¿cómo iban a saberlo?—, cuando oyeron el repique de las trompetas. Paulo se arriesgó a sacar la cabeza por encima de los bordes machacados de los escudos y vio las estrellas desvaneciéndose y las luces nacaradas de la mañana asomando por el cielo oriental.

La lluvia de proyectiles, que ya había bajado el ritmo, cesó.

Todos se animaron a asomarse. La infantería ligera huía despavorida hacia el sur, y no había ni rastro del osado oficial aqueo. Un buen caballo era un recurso inestimable en cualquier batalla.

La tierra no tardó en iluminarse y los campos masacrados se hicieron visibles. Estaban prácticamente vacíos, sin contar con los muertos y con los heridos que no podían moverse. Se oían unos ruidos similares a truenos llegar desde la costa al norte.

La infantería pesada aquea apareció atropelladamente en escena, como una manada de bestias migratorias perseguida por algún depredador. Se batían en retirada, sin preocuparse por mantener las formaciones. Los perseguían embriagadores sonidos de trompetas y gritos de guerra: las trompetas y los gritos de las legiones de Roma.

# 17

# *Patria*

609 *ab urbe condita* (145 a. C.)

Setiembre era un mes ajetreado para cualquier granjero. Paulo había estado abonando las zanjas que había cavado alrededor de las vides de las terrazas. Para estar más tranquilo, había ordenado a Eutiquio que recogiera las hojas del bosquecillo de robles y hayas que había junto a la calzada, una tarea que habría podido esperar sin problema. Todas las faenas otoñales estaban bajo control. Paulo podría haberse quedado en casa, arguyendo que le seguía doliendo el brazo derecho después de la caída que sufrió en la Roca de la Sangre, cuando el caballo se despeñó. No habría sido más que una excusa barata, puesto que ya no le daba ningún problema, pero podría haber enviado al viejo esclavo a las colinas. Sin embargo, la madre de Paulo había encontrado a otra muchacha casadera, la hija de un granjero de la zona, sobre cuyos atractivos no había escatimado ni un solo detalle. Al menos, pensó Paulo, pronto tocaría recoger las manzanas y podría disfrutar de la soledad de los huertos armado con una escalera y unas cuantas cestas.

Paulo se estaba esforzando por remover la mezcla infecta de ceniza, paja y excremento del basural cuando el mensajero vino a buscarlo. Dedicó unos instantes a lavarse en el jardín que había junto al pozo y ponerse una túnica limpia, y siguió al muchacho hasta Temesa. Poco después, se unió al resto de las eminencias y ascendieron por las colinas que dominaban Clampetia.

Era extraño que hubieran descubierto el cuerpo tan rápido. La esposa y la hija de Hircio no iban a volver a la granja hasta que acabaran las Minervales, y aún faltaban dos días. Por lo visto, uno de los esclavos de Fidubio se había topado con el cadáver mientras hacía algunos recados en los bosques cercanos, propiedad de Urso. Paulo no estaba al tanto de que Fidubio tuviera tierras en aquella zona, pero no le dio importancia. Los ricachones como Fidubio siempre andaban al acecho de cualquier terreno que se pusiera a la venta.

—Ya hemos llegado, caballeros.

El tono del esclavo era claramente inapropiado, como si hubiera guiado a un grupo de viajeros sedientos a una taberna para que bebieran algo y no a aquel horror.

La mayoría de los asistentes se quedaron a una distancia prudencial, pero Paulo se aproximó con Fidubio y Urso.

La hoguera seguía ardiendo y la brea del caldero aún humeaba. El cadáver no estaba desnudo y, sin embargo, daba la impresión de estar más expuesto que si no llevara ropa; le habían levantado la túnica hasta las axilas. Hircio estaba menos mutilado que Junio; solo le habían cortado las manos, los pies y el pene. El asesino debió de pensar que el espíritu de Hircio lo pensaría dos veces antes de buscar venganza con las orejas y la nariz bloqueadas por la brea, la lengua resecada y los ojos deshechos.

Paulo se agachó a examinar los restos, pero no encontró más heridas que la flecha que tenía clavada en la espalda.

—La flecha ya lo habría matado —afirmó Urso.

—Sí, pero no antes de que lo metieran en el caldero.

Paulo creía que Fidubio estaba en lo cierto.

—Podría haberse caído en la brea —añadió Urso.

—Pero luego tuvieron que sacarlo para mutilarlo.

Nadie contradijo a Fidubio. Paulo se levantó y se alejó. No fue el olor de la brea lo que le provocó ganas de vomitar, sino el hedor a carne quemada. Le traía recuerdos indeseados. Después de los incendios, se habían esforzado por echar abajo las murallas de Corinto y destruir la mayoría de los edificios hasta dejar poco más que un páramo. Poco después se produjo la muerte de Dieo, el general aqueo. Eso era algo por lo que prefería no mortificarse.

Paulo contempló el mar. La superficie parecía completamente en calma a aquella distancia. A sus espaldas, los demás discutían qué hacer con el cuerpo. Había arreciado un viento del suroeste que arrastraba consigo el olor salobre del mar.

Fidubio abogaba por llevar a Hircio de vuelta a Temesa y entregarle los restos a su esposa. Urso consideraba que, teniendo en cuenta el estado del cadáver, lo mejor era incinerarlo allí mismo y dar las cenizas a la familia.

Paulo cerró los ojos e inhaló el aroma limpio del mar. Estaba exhausto. Desde que había vuelto de La Sila, las Benévolas habían rondado su lecho todas las noches. Desde lo que pasó en la Roca de la Sangre, apenas si había podido dormir. Lo despertaban los resuellos de las siniestras hermanas, hijas de Urano. Durante las primeras horas de la noche anterior, cuando cuerpo y mente estaban bajo mínimos, había pensado en Orestes. Enloquecido por aquellas insaciables brujas, el matricida se había arrancado de un mordisco uno de sus propios dedos. Lo que había evitado que Paulo siguiera su ejemplo era que Orestes apenas encontró alivio después de aquello.

Los demás habían tomado una decisión. Cargarían con el cadáver de Hircio hasta Temesa y se lo entregarían a los enterradores a las afueras de las puertas de la ciudad. Ya se encargaría la familia de organizar el funeral, y dependería únicamente de ellos ver o no el cuerpo.

Paulo abrió los ojos. Las Furias eran seres implacables, como sabuesos rondando un ciervo herido. Tan solo un peligro mortal, o el mismo acto de dar muerte a alguien, parecía alejarlas de su rastro durante un tiempo.

Las Minervales de aquel año fueron bastante deslucidas, como no podía ser de otra manera después de que se encontrara la última víctima. Los oficios que tenían por patrona a la diosa habían aparcado las herramientas durante todo el día. Entre ellos se contaban carpinteros y zapateros, maestros con capas deshilachadas, tintoreros y bataneros. Estos últimos, después de un viaje temprano a los baños, no emanaban los habituales efluvios a orín rancio. Minerva también velaba por los hilados y tejidos, y sin embargo aquel día había muchas menos mujeres que de costumbre. Los hombres estaban inquietos, formaban pequeños grupos una y otra vez y charlaban en voz baja, pero con tono urgente.

Con todo, las obligaciones para con los dioses se antepusieron a las inquietudes de los hombres y, evidentemente, a los temores de las mujeres. La procesión, con imponentes vestidos blancos, había partido del templo de la Tríada Capitolina y se había abierto paso por la ciudad hasta el recinto de Minerva, en las afueras. Los sacrificios se habían sucedido sin incidentes. Las víctimas habían agachado la cabeza después de que las remojaron con agua, como si asumieran su destino. Los intestinos no habían mostrado signos desfavorables. Poco después, el aire se había cargado de aroma a carne asada y el vino había empezado a fluir. Era una lástima que el santuario del héroe de Temesa pudiera verse sin problemas al otro lado del río.

Paulo cenaba en la mesa presidencial, uno de los derechos que le otorgaba la corona cívica. Lolio estaba sentado a su lado, por la sencilla razón de tener como padre a uno de los hombres más ricos de la ciudad. Sabían lo que les esperaba, igual que el resto de los asistentes. Al menos Paulo había podido descansar; la noche anterior no se le habían presentado las Benévolas y había dormido bien.

El vino no tardó en darles coraje a los plebeyos. La comitiva que se había acercado a la mesa de las autoridades estaba encabezada por la maciza figura de Roscio. La de tabernero no era precisamente una de las profesiones más valoradas, pero Roscio era ciudadano romano y uno de los descendientes de los colonos originales. Tenía todo el derecho del mundo a actuar como portavoz del pueblo.

—La gente está aterrorizada. —Roscio no se anduvo con rodeos—. Tienen miedo a salir de la ciudad, y no hay hombre ni mujer en las granjas y aldeas que pueda dormir por las noches. Los campesinos huyen de los campos y se refugian en Temesa. ¿Qué pensáis hacer con los asesinatos?

Vibio tomó la palabra.

—Los magistrados y el consejo organizarán patrullas nocturnas y enviarán hombres armados a vigilar las campiñas.

—Y eso tendrá el mismo efecto que lo de expulsar a los bandidos. —El tabernero había bebido lo suficiente como para perder el poco respeto que pudiera tenerles a sus superiores—. No son omnipresentes, y un puñado de hombres con espadas no van a poder detener a la sombra de Polites.

La multitud coincidió con un murmullo de preocupación.

—¿Y qué pretendéis que hagamos?

Vibio solía mostrarse siempre con una media sonrisa, como si estuviera listo para mofarse de los disparates de la humanidad en cualquier momento, pero aquella noche tenía el gesto serio y la pregunta parecía sincera.

—Que arrestéis a la vieja bruja, a Kaido. Ella ha sido la que ha invocado al héroe de Temesa y lo ha sacado del mar.

Era evidente que habían ensayado aquella propuesta. Los que acompañaban a Roscio se apartaron las capas y aplaudieron vigorosamente.

—El héroe no mató a Hircio.

Paulo tuvo que levantar la voz para que lo oyeran.

—¿Y cómo puedes estar tan seguro? —preguntó Roscio con beligerancia—. ¿Acaso estabas allí?

—Lo derribaron con una flecha, igual que a Junio. Y luego hizo falta la fuerza de dos hombres para levantarlo hasta el caldero de brea hirviendo.

—El héroe tiene la fuerza de diez hombres. —El tabernero, lejos de desalentarse, estaba absolutamente convencido de sus palabras—. Debemos ofrecerle un sacrificio o, de lo contrario, las muertes no cesarán.

De nuevo, la sugerencia no cogió a nadie por sorpresa y fue recibida con bramidos de aprobación.

—¡Eso es ridículo! —intervino Urso—. Somos romanos, no griegos supersticiosos ni bárbaros. Los romanos no ofrecemos vírgenes a las criaturas del Hades.

Algunos de los asistentes se atrevieron a abuchear al venerable sacerdote.

—Si Paulo está en lo cierto... —Fidubio se detuvo a conciencia y la multitud se tranquilizó, dispuesta a escucharlo—. Si Paulo está en lo cierto, la muchacha podrá pasar la noche entera en el santuario sin que le pase nada.

—¡Es el momento de las ofrendas! ¡Una virgen para el héroe!

Al oír aquello, Paulo sospechó que aquel cántico también lo habían ensayado.

—Es imprescindible que sea la virgen más hermosa de Temesa.

Fidubio hablaba con un tono tan neutro e imparcial que bien podría haber estado discutiendo el precio del trigo.

—Minado —exclamó Lolio—. La hija de Dekis, el viejo brucio, es la mujer soltera más bella de la ciudad.

Paulo se volvió hacia su amigo, desconcertado. Habían salido de caza con Dekis desde que eran un par de mocosos.

—¡Minado! ¡Minado!

La propuesta fue recibida con gritos lascivos.

—Por Hades, ¿se puede saber qué pretendes? —le susurró Paulo a Lolio.

Su amigo se encogió de hombros.

—No le va a pasar nada. Se asustará un poco, punto. Tú te crees esos cuentos de viejas tanto como yo.

—Pero los brucios sí, y no necesitamos que nos odien todavía más —masculló Paulo.

—¿Y a quién le importa lo que pienses?

—Te rechazó, ¿a que sí?

Lolio sonrió.

—Y eso que pensé que la halagaría... Habría sido la primera vez que la muy zorra hubiera tenido a un romano entre las piernas, y no el cerdo brucio que acabe teniendo por marido.

# 18

## PATRIA

609 *AB URBE CONDITA* (145 A. C.)

Algunos hombres jamás deberían matar, y hay lugares y días que nunca deberían ser testigos de derramamientos de sangre. Los dictámenes de los dioses eran claros y las transgresiones eran un sacrilegio. Algunos sacerdotes, como los *flamen Dialis* —servidores de Júpiter—, no podían tocar el hierro y ni siquiera mirar a los hombres que portaran armas. No podía verterse sangre humana en los recintos sagrados ni tampoco en determinados festivales, como las Minervales. El requerimiento de los sacerdotes resultaba irrelevante, pero Paulo estaba dispuesto a romper los otros dos. Teniendo en cuenta sus pecados pasados, poco debería preocuparle lo que pudiera hacer. Al menos, las sangrientas acciones que pretendía llevar a cabo aquella noche deberían mantener alejadas a las Benévolas, aunque solo fuera un tiempo.

El huerto de olivos salvajes era un lugar oscuro y silencioso. Los altos troncos de los árboles brillaban con un suave destello plateado bajo la luz de la luna. Paulo estaba completamente solo. Los ciudadanos que habían encerrado a la muchacha en el templo del héroe se habían marchado. Tal vez por miedo, o avergonzados en secreto por lo que habían hecho, las eminencias de la ciudad habían abandonado a la chica a su suerte y habían puesto pies en polvorosa, descendiendo a toda prisa la colina y atravesando el río que separaba el santuario de la ciudad.

Paulo se había ido con ellos para asegurarse de que se percataran de su presencia, se había despedido y había puesto rumbo a casa. Tras esperar a que todo el mundo se retirara a sus lechos, se había vestido en silencio con una túnica oscura y se había armado. En el último instante, decidió colgarse la *dolabra* del cinturón; podía resultarle útil para lo que se proponía. Le hizo un gesto a *Niger* para que no ladrara y se quedara sentado, y se escabulló de la granja. Al llegar al río se cubrió el rostro y las extremidades con barro y, ya entre los árboles, encontró una posición estratégica en las sombras y se dispuso a esperar. Lo mejor sería entrar en el templo de madrugada, cuando la muchacha se hubiera dormido.

Una ráfaga de viento remontó el valle, atravesó las retorcidas ramas y levantó hojas caídas del suelo. La superficie de la poza del manantial se había llenado de pequeñas ondas que fluían una detrás de otra. En algún lugar de las montañas, un lobo aulló, y le respondió el perro de una de las fincas de los alrededores. La llamada fue recogida por los sabuesos de otras granjas, y se fue extendiendo de un punto a otro por las lomas umbrías del valle, hasta llegar a las profundidades de los bosques.

El viento desapareció en un abrir y cerrar de ojos, los perros dejaron de ladrar y el silencio volvió a dominar las tierras. El agua de la poza no tardó en volver a adquirir el aspecto de un vidrio negro. En la tierra desnuda que había junto a la orilla del río se veían huellas de ciervo, pero aquella noche ninguno acudió a beber.

Matar a una persona en nombre de la religión era propio de bárbaros. Los salvajes tauros del mar Negro sacrificaban a todos los que naufragaban en sus costas. Los galos en sus bosques del norte practicaban la adivinación mediante la observación de los estertores de sus víctimas. Hasta la destrucción de su ciudad el año anterior, los cartagineses sacrificaban a sus primogénitos en honor de un dios cruel.

Los romanos, sin embargo, no estaban libres de culpa. A las vírgenes vestales que rompían sus votos se las enterraba vivas, aunque podía llegar a argumentarse que se lo habían buscado ellas mismas. Pero, en tiempos de crisis, los sacrificios humanos en honor de los dioses no eran algo desconocido para los sacerdotes de Roma; solían enterrarse vivas dos parejas de hombres y mujeres, una griega y la otra gala, culpables, única y exclusivamente, de su origen.

Paulo se puso en pie sin preocuparse demasiado por sus cavilaciones. Era casi medianoche y había llegado el momento de ponerse en marcha. Ya hacía un buen rato que no oía más que silencio, así que estaba razonablemente seguro de que no había nadie entre los árboles al otro lado de la muralla perimetral, ni tampoco dentro de las defensas. Bajó con cuidado por la colina, siempre en las sombras y vigilando dónde pisaba. Sus botas de cuero suave no producían sonido alguno. Bajo la capa solo llevaba la túnica y el cinturón de la espada, y, además, había quitado todos los adornos del cinto, incluido el amuleto de la zeta, para que nada repicara ni destellara.

El muro exterior del santuario no era demasiado alto, y estaba pensado más como límite entre lo sagrado y lo profano que como barrera física. Paulo se aupó hasta la parte superior, echó un vistazo por encima y saltó al otro lado. Aguzó el oído y esperó, agachado. Un ciervo berreó en la distancia. A su alrededor, reinaba un silencio absoluto.

Avanzó velozmente entre los árboles como un fantasma, hasta dar con el enorme olivo centenario que recordaba de su niñez, probablemente más antiguo que el arcaico templo, y cuya copa sobresalía por el tejado del edificio. La capa le entorpecería la escalada, así que se la quitó, la enrolló y se la guardó bajo el cinturón.

El ascenso no fue más dificultoso que años atrás, hasta que llegó a la copa. Paulo pesaba bastante más que entonces. La rama que se extendía hasta prácticamente tocar el tejado crujió bajo su peso. Nunca había tenido problemas con las alturas, pero estaba convencido de que, si se detenía, le costaría dioses y ayuda volver a ponerse en marcha. En un momento dado, mientras avanzaba por la rama como un mono, se oyó un fuerte chasquido. La rama se balanceaba peligrosamente y empezó a doblarse. Antes de llegar al final, Paulo se precipitó hacia delante.

Cayó de manos y rodillas sobre las tejas. La superficie no estaba demasiado inclinada, pero sí lo suficiente como para que resbalara. A sus espaldas, el sombrío vacío. Había tantísima altura que, si llegaba a caer, los huesos se le romperían como mondadientes. Finalmente, sus botas dieron con el canalón y evitó el descenso. Se quedó tumbado, abierto de piernas y brazos, esperando a que el corazón dejara de martillearle en las sienes.

«¡Compórtate como un hombre!» No tuvo del todo claro si lo había dicho o no en voz alta.

El aterrizaje no había sido precisamente escandaloso, pero, en mitad de la noche, cualquier persona alerta tanto en el templo como en las inmediaciones habría oído el impacto. Era inevitable. Había visto a Urso cerrando con llave las dos puertas del santuario, y el alboroto que habría provocado si hubiera tratado de entrar por la fuerza habría sido suficiente para levantar a los muertos.

Paulo, ya más calmado, se arrastró por el tejado como un cangrejo. A cada paso que daba tenía el presentimiento de que el canalón acabaría cediendo, y si sus temores se cumplían, nada podría evitar que se precipitara al vacío. Era una buena caída. Le costaba creer que de pequeño se hubiera arriesgado a algo así. Después de lo que le parecieron siglos, alcanzó el parapeto del frontón. El alivio que lo inundó lo dejó resollando, pero no había tiempo para la reflexión. Aprovechando la sólida mampostería, prosiguió el camino hasta la cúspide.

La trampilla se encontraba justo donde la recordaba, pero estaba cerrada. Las molduras en madera que rodeaban la cerradura eran vetustas y estaban podridas. Paulo no quería recurrir a la *dolabra*, así que sacó la daga. La suave madera se desprendió en esquirlas. Apenas tardó unos instantes en poder levantar la cerradura con el cuchillo.

Las bisagras de la trampilla chirriaron sin control cuando Paulo la abrió. Esperó, con todos los sentidos aguzados. No hubo ningún grito de alerta. El silencio de la noche le retumbaba en los oídos.

Empinados escalones de piedras descendían en espiral. Los primeros apenas eran visibles; más allá, era la boca del lobo. Paulo envainó la daga y comenzó a bajar. Después de los dos primeros tramos, seguía sin ver nada. Plantó las manos en ambas paredes y tanteó el siguiente escalón con un pie. Había algo aterrador y atávico en descender a ciegas hacia la oscuridad. Avanzaba torpemente, con los músculos tensos y una sensación creciente de pavor.

Algunas veces, los castigos divinos no eran suficiente protección para las ofrendas que se almacenaban en los templos. Contaban las malas lenguas que algunos sacerdotes preparaban trampas, fosos ocultos o falsos escalones. Urso no sería de ese tipo de sacerdotes, ¿verdad? Apenas había nada de valor en el santuario del héroe de Temesa. Paulo se obligó a continuar.

El tiempo y la distancia perdieron todo significado. Siguió descendiendo más y más con pasos vacilantes, uno detrás de otro, en la más absoluta oscuridad. El ambiente era fresco y húmedo, y olía a polvo y ratones. De repente, Paulo tropezó, cayó hacia atrás y se golpeó la espalda contra los escalones. Alargó un pie para comprobar qué tenía delante, pero se había acabado la escalera; había llegado al nivel principal. Por fin estaba abajo y, sin embargo, estaba aún más asustado que antes. Tuvo que recurrir a toda la fuerza de voluntad que tenía para abandonar la seguridad de los escalones. Paulo dio un paso al frente —con un brazo extendido y los dedos de la otra mano todavía rozando la pared—, temiendo que en cualquier momento las baldosas cedieran bajo sus pies.

Cuando la mano extendida topó con unos listones de

madera, reculó como si hubiera tocado una víbora. «Compórtate como un hombre.» Esta vez sabía que no había verbalizado aquella orden. Igual que un ciego, pasó las manos por la puerta hasta localizar el pomo; no le sorprendió encontrarla también cerrada. Examinó las bisagras y descubrió que la puerta se abría hacia él. Al contrario que la trampilla, sus molduras eran firmes.

Paulo se enorgulleció de haber pensado en traer la *dolabra*. El sutil placer que le provocó el hecho de ser tan previsivo lo tranquilizó. A tientas, clavó el pico de acero en el espacio que había entre la cerradura y el marco de la puerta. Volvía a ser dueño de su propio destino. No podía abrir la puerta sin hacer ruido. No había manera de que la muchacha no supiera que venía alguien, pero no tenía adónde huir, ni tampoco dónde esconderse.

Utilizó la herramienta como palanca y apretó con todas sus fuerzas. El marco se astilló y, al segundo intento, la puerta cedió y se abrió hacia él. El crujido resonó por todos los recovecos de aquella cavernosa construcción. Paulo esperó a que volviera a reinar el silencio. Aguzó el oído, pero no oyó nada. Dejó la herramienta en el suelo y desenvainó la espada. Tal vez llegaba demasiado tarde.

Las altas ventanas que tocaban el techo dejaban entrar la luz de la luna. Después de la negrura de la escalera, la sala principal parecía estar iluminada por un sol de justicia, aunque las sombras proyectadas fueran negras como la brea. Amplias columnas ascendían hasta morir en los travesaños de los cuatro costados, lo que creaba un pasillo alrededor de los bordes. Había ofrendas colgadas de las paredes, sobre todo armas y armaduras. Los otros únicos elementos de la sala eran las estatuas: había una del héroe, más alto que cualquier otro hombre, en el centro, y estatuas de mármol más humildes entre las columnas, figuras sacadas de los mitos como el pugilista que había expulsado al héroe al mar.

Los escalones lo habían dejado junto a la puerta principal del templo. Los pasillos que partían de cada lado estaban vacíos, y tampoco había nadie en la zona central. Paulo fue primero a un lado y después al otro para echar un vistazo a los dos corredores laterales. Una vez convencido de que la muchacha debía de haberse retirado al almacén de la parte trasera, se dirigió hacia allí, dejando atrás aquella figura de culto.

Tal y como esperaba, la puerta interior no estaba cerrada. La abrió de golpe y dio unos pasos atrás. La sala no tenía ninguna ventana, así que se detuvo para que los ojos se le adaptaran a la penumbra. El almacén estaba lleno de ofrendas, no solo había estatuas que no se habían expuesto, sino todo tipo de cosas. Las más pequeñas estaban amontonadas en pilas por toda la estancia. La joven debía de haberse escondido detrás de una de las columnas.

—Minado.

El silencio era tan sepulcral que Paulo no necesitó levantar la voz. Pero no hubo respuestas.

—Sal, por favor —insistió Paulo—. No tenemos tiempo.

De nuevo, la única respuesta que obtuvo fue el silencio. Paulo arañó uno de los muros con la espada. Cuando el desagradable sonido desapareció, le llegó un ruido, tan ligero como el correteo de un ratón, desde algún lugar cercano a la puerta trasera, y Paulo se fue hacia allí sin demora. Lo que lo puso en alerta fue una veloz agitación en una atmósfera por lo demás muerta. Dio un salto hacia atrás y chocó con una pila de ánforas, de las cuales una se quebró y el resto salió rodando por el suelo. Al recuperar el equilibrio, vio la antigua espada con la que la muchacha lo había atacado. La salvaje estocada había fallado por poco.

—¡No!

Paulo siguió retrocediendo, con las ánforas crujiéndole bajo las botas. La muchacha, con los ojos inundados de terror y blanquísimos bajo la tenue luz, avanzó hacia él.

—Minado, suelta la espada.

La joven no daba signos de estar oyéndolo, pero se preparó para atacar de nuevo. Paulo dio varios pasos veloces hacia atrás.

—¡Detente! ¡No voy a hacerte daño!

—¿Y por qué llevas una espada en la mano?

—Voy a dejarla en el suelo.

Lentamente, tal como se hubiera movido cerca de un caballo desbocado, Paulo se arrodilló, dejó la espada en el suelo y se levantó. La muchacha no se movió, pero tampoco bajó el arma.

—He venido a protegerte.

—¿Con la piel oscurecida como el héroe?

—No quería que me vieran.

—¿Quién?

—Los hombres que intentarán matarte.

La punta de la espada temblaba, pero ella se mantuvo firme.

—¿Y quiénes son?

—No lo sé.

—¿Cómo quieres que me fíe de ti? —preguntó desconfiada.

—Me conoces, soy Cayo Furio Paulo, un amigo de tu padre.

—Pagas a mi padre para que te haga el trabajo sucio, para que arriesgue su vida como cebo para los bandidos. Todos los romanos tratáis a los brucios como a perros.

—Confía en mí. Sean quienes sean las personas que pretenden hacer creer que el héroe ha vuelto, vendrán esta noche. Te matarán, te mutilarán y harán que todo parezca obra del espíritu.

—Has entrado en el templo —dijo decidida—. Eso significa que podemos salir.

—No serviría de nada. La gente diría que hemos despojado al héroe de su ofrenda. A mí me encerrarían y a ti te devolverían a este mismo templo.

—Entonces..., ¿nos limitamos a esperar?

—Necesito pruebas.

Minado soltó un resoplido de burla.

—A lo mejor nos matan a los dos.

—No voy a negarte que es una posibilidad —dijo Paulo—, pero llevo un par de años demostrándole al mundo que soy duro de pelar.

La muchacha vaciló, sopesando sus opciones. Al final suspiró y, como si hubiera asumido una penosa carga, bajó el arma.

Paulo recogió su espada y acompañó a la muchacha hacia la escalera. Tras la decisión que había tomado, parecía más tranquila. Paulo le dijo que se sentara donde los escalones daban la primera vuelta. Él se quedaría justo debajo, junto a la puerta. Minado conservaba su espada, pero, si acababan con él, Paulo dudaba de que le sirviera de algo.

Antes de esconderse, Paulo se dispuso a prepararse;

buscó la *dolabra* y la dejó a mano. Acto seguido, se quitó la capa y se la enrolló en el antebrazo izquierdo, dejando que colgara uno o dos pies. Finalmente, se sentó y dejó la espada justo detrás de él, en la oscuridad. No quedaba más que esperar.

La luz que se colaba por las ventanas no permitía saber cuánto había avanzado la noche. Debían de quedar tres o cuatro horas de oscuridad. Paulo tenía la certeza de que los asesinos aparecerían.

Era extraño, pero, entre la penumbra y la tensión del encuentro, apenas había mirado a Minado. El día anterior, desde la distancia, le había parecido tan hermosa como afirmaba Lolio. Esa noche, sin embargo, solo le había visto los ojos. Aun así, la mirada es el espejo del alma y, a pesar de lo aterrorizada que estaba, la muchacha tenía los ojos de una mujer valiente e ingeniosa.

La estatua del héroe se alzaba imponente en el centro de la sala. Lo habían representado como a cualquier otro hombre, pero más robusto y fuerte que un humano. Tenía los hombros cubiertos por un pellejo de lobo, y la cabeza colocada a modo de capucha. Iba desarmado, pero los brazos musculosos y los dedos con forma de garras indicaban el destino que les esperaba a aquellos que atacara el héroe de Temesa. La inscripción del plinto no rezaba «Polites», sino «Lykas», el hombre lobo.

Los griegos llamaban a los romanos «bestias ausonias»; «ausonios» por el antiguo nombre de Italia, y «bestias» por la leyenda que contaba que a Rómulo y Remo los había amamantado una loba. Los griegos no se equivocaban. Los romanos eran, en efecto, hijos de los lobos, pero Paulo no supo hasta dónde llegaba su apetito y voracidad hasta lo que pasó en Corinto. Y quizá ni siquiera entonces, sino un poco más tarde, cuando presenció incrédulo la terrible muerte de Dieo, el general aqueo, y escuchó sus últimas palabras.

Paulo pensó en los lobos de La Sila. Acechaban entre los árboles con esos andares tan característicos, como si arrastraran los hombros, bocas abiertas de dientes blanquísimos y lenguas del color de la sangre.

Un golpe. Paulo debía de haberse quedado dormido. Minado volvió a darle una patada en la espalda. ¡Gracias a los dioses! Por el templo corría una brisa fresca que traía consigo aromas a mar y a hierbas silvestres, y los ricos olores de la noche. La puerta trasera del templo debía de estar abierta. Ya habían llegado.

Paulo agarró con fuerza la empuñadura de la espada. Tenía la palma de la mano sudorosa y el corazón en un puño. Ya no había tiempo de echarse atrás.

Al principio no oyó nada, pero no tardó en llegarle el sonido de pisadas amortiguadas desde el almacén. Los ruidos de un hombre, o quizá dos, rebuscando cuidadosamente entre la plétora de ofrendas. Tardarían poco en dirigirse al punto en que los esperaba Paulo. Le habría gustado susurrarle a la muchacha que no tuviera miedo, pero era imposible. Tendría que enfrentarse a sus temores en la más absoluta oscuridad, igual que él.

El ruido de la terracota al romperse y los crujidos de las botas al molerla hasta convertirla en polvo indicaron que los tipos habían alcanzado la puerta interior. En cualquier momento se adentrarían en la sala principal. Paulo esbozó una sonrisa, como si alguien lo hubiera liberado de una carga. Las Benévolas ya no podrían tocarlo. Vivir o morir. Cuando los demás placeres se corrompían, aquello era lo que significaba que estabas vivo.

Hubo un movimiento junto a la puerta y una figura indefinida se deslizó más allá de las columnas y las estatuas, dirigiéndose a la parte derecha. No había señales de otra persona. La figura volvió a aparecer y se dispuso a echar una ojeada al otro pasillo.

«Venga, venga —urgió Paulo en silencio—. No la vas a encontrar en ningún otro sitio, no me hagas esperar más.»

La figura emergió en el centro de la sala. Andaba con lentitud, pero se dirigía a la escalera. El suelo estaba cubierto de franjas de luz de luna y penumbra, y el hombre las fue atravesando una a una. Era un tipo alto y fornido, embutido en una piel de lobo; un simulacro más humilde de la estatua de Lykas, salvo por el ancho bracamarte griego que portaba en la mano.

Al ver abierta la puerta que daba a la escalera, la figura se detuvo.

Paulo permaneció muy quieto, casi conteniendo la respiración. Le llegó el hedor de la piel del lobo y un ligerísimo aroma a perfume.

Con cuidado, el hombre se aproximó al rectángulo negro del umbral.

«¡Aún no! ¡Aún no!» Paulo reprimió una impaciencia alimentada por el miedo. Los anchos hombros ocuparon todo el marco de la puerta.

En un solo movimiento, Paulo se alzó y embistió. El hombre lobo esquivó el golpe con una agilidad increíble para alguien de su estatura. El acero erró su objetivo por poco. Paulo saltó hacia atrás para recuperarse, y su oponente dio un golpe descendente. Paulo lo bloqueó en un estruendo de metal contra metal. La pesada espada curva casi hizo que Paulo soltara su arma, pero aprovechó la mano que tenía libre para propinarle un golpe en el pecho a su contrincante y empujarlo.

Los dos estaban agachados a un puñado de pasos el uno del otro, pero mantenían el equilibrio. Paulo no podía ver el rostro del hombre; llevaba la máscara de lobo atada bajo la barbilla, y solo quedaban al descubierto los ojos y la nariz.

El hombre se abalanzó sobre él sin ningún tipo de movimiento preliminar. Distraído por aquel feroz disfraz, Paulo tardó en reaccionar. No fue hasta el último segundo cuando se echó a un lado y sintió la perturbación en el aire y la espada silbando a poca distancia de su cabeza.

«¡Vigila la hoja! ¡Vigila la hoja!»

Paulo cargó contra el rostro de su contrincante, pero el tipo alzó la espada en el último instante. Paulo prosiguió con la ofensiva y trató de darle un tajo en el muslo izquierdo, pero el otro lo esquivó. Sin perder un momento, Paulo intentó darle una estocada en la ingle, que el hombre, sorprendentemente, desvió con su arma.

Era un individuo rudo, rápido y fuerte, familiarizado con la violencia, pero no un espadachín entrenado. Probablemente contaba con un cómplice aún oculto, así que Paulo debía terminar con él lo antes posible.

Como si le hubiera leído el pensamiento, el tipo dio unos pasos atrás.

—Es más difícil combatir contra un hombre que asesinar a una muchacha —se mofó Paulo—. Y ya ni te digo si eres un cobarde.

El hombre dio otro paso atrás.

—¿Lo que te cae por las piernas es orina? —lo incitó Paulo—. Tendrías que haber huido.

Rápido como un rayo, el tipo se abalanzó sobre Paulo para propinarle un golpazo en la cabeza. Este lo bloqueó con la hoja de su espada y giró la muñeca. Aprovechó el instante para agarrar el codo de su contrincante con la mano izquierda y le dio un rodillazo en el antebrazo. El hombre gritó de dolor y dejó caer el bracamarte, que repicó con fuerza contra las baldosas.

Estaba desarmado y dolorido, pero aún le quedaban fuerzas. Le clavó a Paulo las uñas en el rostro; erró los ojos, pero le arañó las mejillas. Paulo retrocedió, y el hombre aprovechó para volverse y echar a correr.

Paulo salió detrás de él, atravesaron las columnas y llegaron a la sala principal. El tipo solo le llevaba un par de pasos de ventaja.

En ese momento un proyectil rasgó una oreja a Paulo, que reconoció el silbido de una flecha. Allí era un blanco fácil. Se apresuró a deslizarse hacia uno de los lados y se escondió tras uno de los pilares, pero no se detuvo, sino que se escabulló hacia la puerta.

Durante un segundo, se preguntó si la muchacha lo confundiría con los otros. Ella seguía con la espada en la mano. En vez de atacarlo, le susurró:

—¿Qué hacemos ahora?

—Escuchar.

Las voces graves de dos hombres les llegaban desde al almacén. No eran capaces de detectar palabras concretas ni acentos.

Luego, silencio.

A Paulo se le amontonaban y solapaban los pensamientos en la cabeza: «Nos quedamos aquí y vigilamos o los perseguimos, porque de todos modos no van a poder acertar en la penumbra... No, mejor nos resguardamos en la escalera, no se ha inventado flecha que pueda ascender por una escalera de caracol...».

El templo seguía sumido en el silencio.

—¡Por la escalera, venga!

Paulo no esperó a cerciorarse de si ella lo había oído y le había obedecido, sino que se lanzó a gatear por los escalones. Ascendieron en espiral en la más absoluta oscuridad, como un lirón en un tarro, hasta que vieron un resquicio de luz sobre sus cabezas. Vio las piernas de la muchacha desaparecer por la trampilla y, acto seguido, él mismo se arrastró hasta el exterior.

El aire nocturno se abalanzó sobre ellos como una fuente de agua fría: limpio y embriagador.

Paulo echó un vistazo a los alrededores.

—¡Allí! —exclamó ella, y señaló con el dedo.

Se entreveían dos figuras entre los olivos silvestres, una robusta y alta, y la otra más esbelta y achaparrada. Las dos se alejaban en dirección a las montañas.

# 19

# *Patria*

609 *ab urbe condita* (145 a. C.)

¿Y si los criminales decidían volver con refuerzos? ¿Y si había más de dos en el templo? Podría haber un tercer hombre —si no más— en el almacén y estar ahora mismo esperándolos a los pies de la escalera.

—Quédate aquí.

Paulo sabía qué debía hacer, y no quería que la muchacha se diera cuenta de lo asustado que estaba.

—No, voy contigo.

No se lo discutió, puesto que una parte de él sintió cierto alivio. La batalla en el istmo de Corinto le había enseñado que era infinitamente más complicado volver a lanzarse a la batalla. Algunas veces, la camaradería era lo único que te animaba a poner tu vida en riesgo una segunda vez. No era más que una muchacha, pero iba armada y aquella noche le había demostrado la compostura y el coraje que poseía.

Paulo volvió a bajar lentamente por la escalera de caracol con una mano agarrada a la espada y la otra plantada en el muro exterior, tanteando con el pie cada escalón antes de dejar caer todo el peso de su cuerpo. De nuevo, la impenetrable negrura y las angostas paredes del templo lo angustiaban. Seguía creyendo, por algún motivo irracional, que de un momento a otro las piedras cederían bajo sus pies. Además, una parte de sí mismo esperaba sentir, sin previo aviso, el dolor punzante de una estocada invisible.

Lo único que oía eran los ruidos de su descenso furtivo y los sonidos que a sus espaldas producía la muchacha. Si algún otro enemigo rondaba por el templo, estaría más que alertado de su llegada.

Finalmente alcanzaron el pie de la escalera. Gracias a la luz de la luna que se filtraba por las altas ventanas de la sala principal, Paulo vio que no había nadie esperando a emboscarlos. Se detuvo a recuperar el aliento. Era una noche fría, pero tenía el cuerpo empapado de sudor.

—¿Y ahora qué? —preguntó ella casi impaciente.

—Sígueme.

Paulo y la muchacha rodearon los cuatro costados de la columnata de la sala. Él quería asegurarse de que ningún enemigo podría asaltarlos por la espalda. Una vez satisfecho, se acercó a la puerta del almacén.

Era imposible evitar los fragmentos de terracota del suelo de la entrada. Escudriñó la impenetrable oscuridad; los montones de ofrendas podrían ocultar a un hombre. De hecho, parecían moverse cada vez que los miraba.

«Compórtate como un hombre —se ordenó—. No permitas que la muchacha te crea un cobarde.»

—Quédate aquí —masculló.

Esta vez la chica le obedeció.

Los restos de ánfora se quebraron bajo las botas de

Paulo cuando entró en el almacén. La miríada de ruiditos provocó un alboroto inexplicable en aquel espacio diminuto. Después de dejarlos atrás, siguió avanzando de puntillas, preparado para saltar de una pila tambaleante de regalos para los dioses a otra. Iba cambiando de dirección en los pasillos que dividían las ofrendas y que parecían formar un laberinto en miniatura, aunque, al contrario que Teseo, él no contaba con ningún hilo que lo guiara.

Tardó poco en cerciorarse de que estaban solos. Probó a abrir la puerta trasera y la encontró ya abierta.

—Ayúdame a mover esa mesa.

Arrastraron juntos el pesado mueble y lo usaron para atrancar la puerta. Un grupo de hombres decididos podría abrirse paso hasta el templo, pero les costaría no llamar la atención.

—¿Qué pasa con la puerta de la entrada? —preguntó la joven.

Volvieron a la sala principal y comprobaron que, efectivamente, la puerta seguía cerrada. Estaba demasiado lejos del almacén para mover hasta allí un pesado mueble. Paulo regresó al almacén a por un ánfora, la reventó contra las losas junto a la puerta y esparció los fragmentos con un pie.

Sin mediar palabra, ambos se aproximaron a la estatua del héroe en el centro de la sala, se sentaron y recostaron la espalda en el plinto. Desde allí podían vigilar la puerta principal.

—¿Por qué has venido? —preguntó ella.

Contarle la verdad habría sido demasiado confuso, quizá incluso aterrador: las Benévolas me persiguen porque hice algo terrible, y esto es lo único que las aleja temporalmente de mis pasos; quizá, como los hombres de las pieles de lobo, he desarrollado cierto gusto por matar.

—Era lo correcto —respondió.

La muchacha pareció aceptar la respuesta.

—No eres como los demás romanos.

—Los brucios nos odiáis.

—Por supuesto que os odiamos. —Hablaba sin ningún tipo de rencor, como si se lo estuviera explicando a un niño—. Masacrasteis a nuestros abuelos y nos arrebatasteis nuestras mejores tierras. Todavía hoy seguimos sin ser ciudadanos de pleno derecho en nuestra propia patria. Nuestros hombres deben servir en los ejércitos que enviáis a llevar la ruina a otros pueblos.

Es nuestra naturaleza, estuvo tentado de decir, como lo que se cuenta en la fábula del escorpión y la rana. Pero prefirió no hablar.

—Oniro me dijo que no eras tan malo como el resto.

—¿Conoces a Oniro? —dijo Paulo sorprendido.

—Es mi primo.

Paulo jamás habría pensado que el sirviente del campamento y el padre de la muchacha pudieran tener alguna relación. Había servido con Oniro en el este y había salido a cazar cientos de veces con Dekis, sin embargo, se dio cuenta de que apenas los conocía. Sí, uno era mayor y fornido, el otro joven y esbelto, pero, aparte de eso, no podía ni imaginarse cómo serían. Una inquietante sospecha asomó por los márgenes de sus pensamientos.

—Tú no eres como tu amigo Lolio —añadió.

—No es tan malo como parece.

—Eres demasiado confiado —aseguró ella—. Es una persona egoísta y cruel.

Paulo se acordó de lo que Lolio le había dicho sobre la muchacha y no respondió.

Siguieron sentados en silencio, uno al lado del otro. Paulo sentía el calor que emitía el cuerpo de ella, olía su suave aroma. Quería rodearla con el brazo, pero mantuvo la distancia. Su propio cuerpo hedía a sudor y al olor acre del miedo.

—No estás casada —dijo Paulo. La mayoría de las mujeres se casaban a los catorce años; Minado estaba a punto de cumplir veinte.

—Ni siquiera vosotros, los romanos, obligáis a las mujeres a casarse contra su voluntad.

Esbozó una sonrisa que dejó al descubierto unos dientes blanquísimos.

—¿No deseas casarte?

—Alguien tiene que cuidar de la casa y de mi padre. Mi madre murió.

—En algún momento tendrás que seguir con tu vida.

—Mi padre está ahorrando para comprar un sirviente. El dinero que le diste por atrapar a los bandidos ha sido de ayuda.

—Me alegro de que los romanos seamos útiles alguna vez.

—Y también fuiste generoso con el botín que le entregaste a Oniro.

Paulo emitió un ruidito neutro. Le había hecho prometer a Oniro que no diría nada de aquel regalo, pero la muchacha era la prima del sirviente del campamento.

Permanecieron sentados durante el resto de la noche, arropados por cierta afabilidad. Charlaban de vez en cuando, pero las más de las veces callaban. Cuando Paulo se volvía hacia ella, la muchacha levantaba la barbilla, sin vanidad, y le clavaba la mirada. Arropados por la penumbra, Paulo pensó que era la criatura más hermosa que había visto en su vida.

Cuando el cielo visible a través de las altas ventanas se tornó del azul agrisado de las palomas, Paulo se puso en pie y recogió la *dolabra* y el arma que había soltado el atacante, pero le costó mucho más dar con la flecha que le habían disparado. Volvió a sentarse y le tendió la mano, con la palma hacia arriba, a la muchacha. Ella, sin vacilar, se la cogió. Tenía unas manos pequeñas y secas, encallecidas por años de duro trabajo. Paulo lo consideró un extraño momento de paz.

Al alba, oyeron que la procesión se aproximaba mucho antes de que introdujeran la llave en la cerradura. Esperaron sentados mientras las hojas de la puerta principal se abrían de par en par. A Paulo le agradó la consternación de la multitud. Se produjeron resoplidos de sorpresa, y dos de los hombres de la comitiva dieron algunos pasos atrás. Fuera lo que fuera que esperaban encontrarse, no se había cumplido.

No faltaba nadie: Fidubio y su enorme guardián, Crotón, el sacerdote Urso, Lolio y su padre, Roscio y su joven amante, los magistrados y, en definitiva, la flor y nata de la ciudad. Todos pisotearon los fragmentos quebrados del ánfora rota.

Paulo, sin soltarle la mano a Minado, se puso en pie y la ayudó a levantarse.

—¿Qué haces tú aquí?

Paulo ignoró la pregunta de Fidubio.

—Anoche vinieron dos hombres. Ni rastro del demonio.

—¿Quiénes eran?

—No lo sé. El tipo contra el que combatí llevaba una máscara de lobo.

—¿Qué aspecto tenían?

Fidubio estaba impaciente.

—Estábamos a oscuras y vestían disfraces. Cuando se marcharon, me pareció que uno era más alto que el otro. El más robusto dejó caer esto.

Paulo mostró la espada y Vibio se la arrebató de las manos. El refinado desinterés del que habitualmente hacía gala el padre de Lolio había desaparecido, pero, tras darle unas vueltas a la espada, lo recuperó.

—Una *kopis*, una antigua arma griega, reliquias de la guerra contra Aníbal. Hay una cantidad indecible en Temesa; prácticamente todas las granjas tienen alguna. Hay quien las utiliza para cortar el heno.

—Y también dejaron esto.

Roscio fue quien cogió la flecha de manos de Paulo. El tabernero la observó con atención.

—Esto es obra de Albino, el flechero que vive cerca del foro. Todo el mundo compra allí las flechas. Plumas de ganso, de las más caras.

—Entraron por la puerta trasera. —Paulo se giró hacia Urso—. ¿Cuántas llaves existen?

El sacerdote dio un respingo, como si se sintiera acusado.

—Tres —respondió con sequedad—. Yo tengo una, y mi asistente, otra.

El aludido dio un paso al frente. Sobrecogido por la situación, no fue capaz de decir nada, sino que se limitó a enseñar una llave.

—La tercera está colgada en el senado.

Todo el mundo sabía que la curia estaba siempre cerrada. Solo los consejeros y un puñado de esclavos públicos de confianza tenían acceso.

Roscio no pudo contenerse más.

—Pero vamos a ver, si no ha sido el espíritu, y es imposible que haya sido obra de los bandidos...

No hizo falta que terminara la pregunta. Vibio se enderezó, como si se estuviera dirigiendo a un tribunal.

—Tanto Junio como Hircio eran ciudadanos romanos. Los brucios nunca han aceptado su derrota. Quieren recuperar sus tierras. Tenemos al enemigo delante de nuestras narices.

Paulo levantó la mano de Minado.

—Anoche, la víctima habría sido una brucia.

—Un sacrificio necesario para seguir con su campaña de terror —contestó Vibio con desaprobación. Sus palabras no convencieron a todos los presentes.

—Otro culto del este —dijo Roscio—, como las bacanales que prohibió el Senado de Roma. O las supersticiones letales de los judíos. O de los cartagineses, un pueblo que sacrifica a sus propios retoños. Había miles fuera de Cartago cuando la ciudad cayó. Buscan venganza.

—No tenemos pruebas de ningún culto extranjero en Temesa —respondió Urso.

Las palabras del sacerdote estaban cargadas de autoridad, pero algunos de los hombres se miraron mutuamente de reojo. Todo era posible con las gentes del este.

Lolio dio un paso al frente con la ligera suficiencia que lo caracterizaba y que raramente necesitaba.

—Las dos víctimas eran terratenientes. Sus muertes podrían estar instigadas por la envidia de pobres sin tierras.

—Algunos sabuesos acaban desarrollando un gusto

por la sangre —dijo Fidubio—. Y a algunos hombres les pasa lo mismo.

Lolio miró a Fidubio.

—Sea quien sea, esto no termina aquí.

—Por hoy, sí —intervino Paulo—. Voy a devolver a la muchacha con su padre. Y debéis liberar a Kaido. La anciana no ha invocado al héroe.

La muchedumbre se separó en dos cuando Paulo y Minado salieron del templo agarrados de la mano. Algunos de los presentes los atravesaron con la mirada. Sabían que Paulo había cambiado desde que había vuelto del este, y que había matado a varios hombres. Este no tardó en darse cuenta de que era uno de los sospechosos, y que quizá lo había sido desde el principio. Solo él y la muchacha podían confirmar lo que había pasado allí la noche anterior. Los demás solamente contaban con su palabra.

# 20

# *Patria*

609 *ab urbe condita* (145 a. C.)

Había pasado casi un mes desde aquella noche en el templo y no se habían producido más asesinatos. Habían circulado una o dos historias sobre avistamientos de hombres salvajes ataviados con pieles de lobo que deambulaban por los pastos remotos de las profundidades de La Sila. Pese a que ambos relatos, después de ser investigados por los magistrados, no resultaron ser más que rumores infundados, no podía negarse que eran producto del miedo palpable que seguía paralizando a las gentes de Temesa. Nadie, si podía evitarlo, se adentraba en los lugares más alejados, y mucho menos al caer la noche.

Una batida de caza, sin embargo, era justo lo opuesto a una búsqueda en solitario. Se había avistado a un monstruoso jabalí en las tierras de Vibio, cerca de la cuenca alta del río Aquerón. Cuando Lolio fue a pedirle a Paulo que se les uniera, al principio este no se entusiasmó con la idea. Era octubre, los días cada vez eran más cortos y había mucho trabajo por hacer. Era el momento de la vendimia y las peras estaban listas para que las recogieran. Cuando no trabajaba en los campos, Paulo había hecho todo lo posible por pasar tiempo con Minado.

El padre de la muchacha le había dado las gracias con muchas formalidades cuando la devolvió ilesa a su minifundio. Sin embargo, desde entonces el viejo Dekis se había mostrado extrañamente distante, aunque ni de lejos lo suficiente para dar credibilidad a la sospecha que había cruzado la mente de Paulo en el templo. Pese a que la posibilidad de que el cazador brucio quisiera ver muertos a Junio e Hircio no era inimaginable, sí era inconcebible que hubiera planeado la muerte de su única hija. Quizá su frialdad tan solo indicaba, y con razón, que el anciano culpaba a los romanos del calvario de su hija, y una parte de la culpa se la atribuía, por algún motivo, a su salvador. Fuera como fuera, Paulo prefirió dejarlos en paz.

Estar sentado con ella por las noches, observando a los murciélagos revoloteando por el río, le supuso a Paulo una felicidad desconocida para él durante aquel último año, o quizá desde siempre. No la tocaba, claro, por mucho que lo deseara; el comportamiento de Lolio no abandonaba del todo sus pensamientos. A veces ella le cogía la mano y charlaba sobre su familia y amigos, y le contaba historias sobre las gentes de la ciudad para entretenerlo.

—¿Conoces a Zenón, el crío que sirve a Roscio y que se pasa el día retocándose el pelo con un dedo? No es feliz con el tabernero. Hay quien dice que ahora también es el amante de Crotón, ese bruto que protege a Fidubio. Crotón vive solo en las afueras de la granja, así que puede dar rienda suelta a sus vicios sin que nadie lo moleste. Pero Roscio también es un animal. Esto no puede acabar bien.

—¿Cuántos años tienes?

—Diecinueve.

—¿Y cómo puede saber una muchacha de diecinueve años tales cosas?

Minado soltó una carcajada.

—La gente habla, y vuestras criadas y sirvientes no son ninguna excepción. Los romanos os preocupáis tanto de lo que decís delante de vuestros sirvientes brucios como ellos delante de su ganado. Os conocemos más que vosotros mismos.

Hablaba con una alegría desenfadada. Paulo, por lo general, la escuchaba en silencio. Quería hablar con ella, contarle lo de la muerte de Dieo, el aqueo, y sobre todo lo que hizo en Corinto. Pero calló. Aunque lo que le contara no la repugnara, tampoco lo entendería. Nadie que no hubiera estado allí podría entenderlo. Además, le pareció injusto compartir esa carga con ella.

Paulo era más reacio a privarse de una noche con Minado que a dejar en manos del viejo Eutiquio la vendimia, pero Lolio había insistido mucho, y por lo visto su padre había sido el primer interesado en que se uniera a la batida. Vibio quería hablar con él en privado de una cuestión importante, y parecía que Fidubio también. Paulo se había hecho rogar; le gustaba la caza y le intrigaba ese asunto tan importante que querían compartir con él. Tenía sus sospechas, y le interesaba comprobar si eran ciertas.

La batida de caza había cruzado el río y subido a las montañas el día anterior. Habían seguido el curso de un arroyuelo que moría en el Sabutus. Sus aguas eran grises como las rocas, y los árboles que se retorcían sobre la superficie formaban ángulos imposibles. Las condiciones de los senderos eran duras, pero todos iban a pie. Vibio y Fidubio marcaban el paso. A pesar de su elegancia urbanita, Vibio era igual de determinado y resistente que Fidubio. Los años no habían podido con ninguno de los dos, y seguían manteniendo la dureza de un roble. A los sirvientes les había costado algo más seguirles el ritmo, aunque, claro, iban cargados con el equipaje.

Por la tarde pusieron los pies en las campiñas de la cuenca alta del Aquerón, una tierra de amplios pastos abiertos que, sin embargo, siempre estaban rodeados de árboles y dominados por los picos de las montañas. Acamparon al abrigo de un encinar, comieron y conversaron, pero nadie sacó ningún tema relevante.

Paulo durmió como un tronco. Las Benévolas no se le habían vuelto a aparecer desde la noche que pasó con Minado en el templo. Por la mañana, le preocupó estar usando a la muchacha como talismán para mantener a las ancianas alejadas. Inconscientemente, tocó el amuleto con forma de zeta que le colgaba del cinturón.

Al alba, todos comieron gachas y bebieron un poco de vino caliente. Aquello no era una escapada de nobles sibaritas, sino de hombres con los pies en la tierra, y el otoño había traído consigo un frío cortante. Cuando acabaron, uno de los pastores de Vibio los condujo al valle donde solía verse al jabalí y soltaron a un único sabueso. La perra espartana, leonada y despierta, había recorrido la zona a buen ritmo con la nariz pegada al suelo. Había captado varios olores. Cuando detectó el más reciente, los demás la siguieron en fila india. No tardaron en ver señales de la presencia del jabalí: ramas rotas y marcas de colmillos en los árboles.

La perra acabó en unos matorrales cerca de un pequeño afluente del Aquerón. Los jabalíes adoraban esos lugares: agua en abundancia, ambientes cálidos en invierno y frescos en verano. La perra, fiel a su entrenamiento, no se metió en el sotobosque, sino que se limitó a ladrar. Un cazador la avisó con un silbido y la ató con los demás sabuesos a una buena distancia de la guarida.

Los ladridos no habían incitado al jabalí a salir, así que la caza se preparó en silencio. Las redes se repartieron por una de las angosturas del valle, y las mallas se lanzaron por encima de algunas de las ramas de los árboles cercanos, con las anillas bien agarradas al suelo; cubrieron el interior con ramitas y palos para que el jabalí desbocado tuviera la impresión de que se trataba de un terreno sin dificultades. Los volantes se ataron a las ramas más rígidas, e incluso los lugares más abruptos se cubrieron con maleza para que el jabalí no pudiera huir por ningún lado.

Vibio, Fidubio y un par de cazadores se colocaron detrás de las redes. Contaban con arcos, jabalinas y lanzas. Los cazadores más jóvenes formaron una fila justo encima del matorral. Paulo estaba en el centro, con Lolio a su izquierda y un muchacho llamado Solino a la derecha. Había otros dos que, como Solino, tenían algún parentesco con los ancianos terratenientes y aguardaban en los flancos. El resto de los cazadores se situaron respetuosamente en la parte de atrás, a unos pocos pasos de los demás. Paulo se percató de que tenía a Crotón, el desagradable guardián de Fidubio, justo a su espalda.

—¿Listos para la guerra?

Paulo se tragó el desprecio que le merecían las palabras de Lolio. Cazar a un jabalí salvaje entrañaba sus peligros, pero distaba mucho de ser una guerra. No había nada comparable a las guerras. Lolio no sabía de qué hablaba.

—¡Listos! —corearon los demás.

El viejo Dekis trajo a los sabuesos. Poco importaba lo que pensara el brucio acerca de Lolio; necesitaba dinero para comprar un sirviente, y Vibio pagaba bien.

Los perros provenían de Molosia: ocho leviatanes negros. Guardaban silencio pero se movían impacientes, con los dientes al descubierto y los ojos fuera de las órbitas. Llevaban collares tachonados de hierro que resultaban útiles contra los lobos, pero que apenas ofrecían protección contra los colmillos de un jabalí. Tan grande era la fuerza de los jabalíes que, si se los provocaba, los colmillos se les ponían al rojo vivo, hasta el punto de chamuscar la piel de los sabuesos cuando erraban una embestida. Si dejabas un pelo encima de un colmillo poco después de que el jabalí hubiera muerto, veías cómo se marchitaba por el calor.

—Suéltalos, Dekis.

Estaban sujetos con correas extensibles, así que apenas costó soltarlos. En cuanto se sintieron libres, aullaron y se apresuraron hacia la maleza. Paulo los oía rebuscar, hasta que percibió una criatura mucho mayor destrozando los arbustos a su paso.

Jamás había visto a un jabalí tan enorme; era como una criatura salida directamente de los mitos. Un sabueso perdió los nervios y, olvidando toda precaución, atacó de frente. Al jabalí le bastó una sola sacudida de la monstruosa cabeza para echarlo a un lado con una terrible herida carmesí en el costado. Los demás se le acercaron con mucha más cautela, corriendo a su alrededor, gruñendo y propinándole dentelladas. El jabalí echó a correr colina abajo, exhibiendo unos andares firmes y veloces. Los sabuesos le pisaban los talones, y los cazadores les iban a la zaga.

Se trataba de un jabalí adulto, experimentado y astuto, unas características que dejó patentes cuando se detuvo un instante para no caer de lleno en una de las redes y se volvió para enfrentarse a sus torturadores. No tardaría en mutilar más sabuesos. Dekis hizo sonar el cuerno de caza para que se alejaran y se resguardaran tras la fila de cazadores.

Los ojillos porcinos de la bestia observaron a las figuras enclenques de los cazadores con malicia.

Uno de los ancianos apostados tras la red disparó una flecha que cayó lejos. Alguien voceó una advertencia y no siguió ningún otro proyectil. Era obvio que corrían el riesgo de darles a los cazadores más jóvenes.

El jabalí, después de realizar un cálculo impropio de una bestia, escogió a su primera víctima. Su aceleración era impensable en un animal de su calado. Agachó la cabeza y cargó contra Solino. El joven lo esperó con gallardía y la lanza en ristre, pero mal posicionado. La punta de la lanza se clavó en una de las escápulas del animal, pero no consiguió detenerlo. El mango del arma se retorció y se partió. Un segundo más tarde, el jabalí embistió a Solino y lo tiró al suelo. La bestia comenzó a dar vueltas sobre sí misma; el deseo de huir dio paso a las ansias de matar.

Solino se intentaba levantar con dificultades.

—¡Quédate en el suelo! —gritó Paulo—. ¡Túmbate! ¡Hunde las manos en la tierra!

Solino se dio la vuelta y se agarró al suelo.

Como era de esperar, el jabalí trató de levantarlo con los colmillos. Si lo conseguía, nada podría impedir que lo masacrara. Paulo miró a los que tenía más cerca. Ni Lolio ni Crotón hicieron ademán de moverse.

—¡Alejadlo de él! —gritó.

Sin embargo, los dos permanecieron inmóviles. Lolio torció el gesto en una expresión de miedo y entusiasmo. Crotón estaba impasible.

Al no poder arrancar a su objetivo del suelo, el jabalí empezó a pisotearlo. Paulo echó a correr hacia la bestia gritando. Los ojos del puerco se volvieron hacia el molesto desconocido. Paulo hizo ademán de lanzar la jabalina, lo que bastó para provocar a la bestia, que bajó los colmillos y cargó contra él.

«Coloca la mano izquierda en la parte superior de la lanza y la derecha por debajo.» Las instrucciones que recibió en su infancia inundaron la mente de Paulo. La izquierda guiaba el golpe; la derecha lo impulsaba. Pie izquierdo seguido de la mano izquierda, mientras la derecha agarra con firmeza. Piernas dobladas y tensadas, a la misma distancia que en el pugilato.

«Míralo a los ojos. ¡Míralo a los ojos!»

El jabalí se le echó encima, sacudiendo la cabeza. Paulo movió inmediatamente la mano izquierda, guiando la punta de la lanza.

«Clávasela en los omóplatos, atraviésale la garganta.» Los pensamientos guiaban las acciones. Fue un golpe limpio, casi perfecto, y aun así empujó a Paulo tres o cuatro pasos atrás. Y el jabalí no estaba muerto. Cegado por la agonía que estaban sufriendo sus órganos vitales, la bestia aprovechó las fuerzas que le quedaban para arrastrarse a lo largo del mango de la lanza, arrancando con los dientes esquirlas de la dura madera de cornejo. La bestia alcanzó las alas del arma, y Paulo sintió su cálida respiración.

Entonces alguien le clavó otra lanza justo detrás de la escápula derecha. Solino había defendido su honor; se había puesto en pie y se había acercado de nuevo al animal. Con un último estertor y un gran espasmo, al jabalí le flaquearon las patas y cayó muerto al suelo.

Los cazadores, sirvientes y pastores habían preparado una gran hoguera y descuartizado el jabalí. El animal ya daba vueltas sobre un espetón que habían traído con ese propósito. Los líderes de Temesa habían hecho una ofrenda a las deidades de los bosques y descansaban reclinados sobre unas alfombras, alejados del resto.

Paulo, eufórico y tremendamente aliviado, trataba de no pasarse de la raya con la bebida. Lolio no paraba de hablar.

—¿Qué clase de placer puede obtener el hombre civilizado cuando una noble bestia se ve atravesada y ensartada por una lanza de caza? ¿Cazamos por provecho o por placer? Si es por provecho, la razón es innoble. Si es por placer, lo suyo es asistir al circo y protegerse las piernas, en vez de desgarrártelas con todo tipo de arbustos mientras gateas por las zonas agrestes.

Fidubio no estaba dispuesto a consentir aquellas disquisiciones.

—La caza es un acto de coraje, mejora la salud, los músculos y la circulación. La heredamos directamente de los antiguos héroes de Roma. Hoy día los ricachones que no tienen nada mejor que hacer construyen cotos cercados y aniquilan animales que prácticamente están domesticados. Y los que se llevan la palma son aquellos que toman asiento para ser testigos de cómo esclavos entrenados masacran bestias para entretener a la plebe. Pero no hemos perdido todas las virtudes de nuestro pueblo. Escipión, el conquistador de Cartago, se labró un nombre como cazador.

Lolio frunció el ceño por las críticas implícitas hacia su persona.

La carne, una vez trinchada, se sirvió en rebanadas de pan. El aroma hacía la boca agua, y el gusto no se quedaba atrás. Paulo creía no tener hambre, pero en ese momento estaba famélico. Dejó a un lado la etiqueta y se zampó su parte como si estuviera de vuelta en el campamento de la legión.

Vibio volvió su ancho e inteligente rostro hacia Paulo.

—Vivir con una mujer es un infierno, pero vivir soltero es aún peor. —Esbozó una sonrisa cortés—. ¿Has pensado ya en desposar a alguna muchacha?

Paulo alzó la vista mientras la grasa del jabalí le goteaba por la barbilla.

—Mi primo, el de Terina, tiene una hija. No está demasiado lejos —prosiguió Vibio.

Paulo se limpió la boca en una servilleta.

—La propuesta me honra, pero ya tengo a una posible esposa en la mente.

Vibio asintió con respeto y Lolio dejó escapar una risita. Paulo sintió el impulso de darle un puñetazo a su amigo. Fidubio trató de esbozar una sonrisa afable que no acababa de encajar en su aspecto grave y circunspecto. Tenía una boca demasiado pequeña para el tamaño de su cabeza.

—El prefecto de los brucios visitará Temesa en diciembre. Me honra decir que Lucio Aurelio Orestes ha ido a cenar a mi casa algunas veces.

Fidubio continuó hablando, pero Paulo no lo escuchaba. Tenía ganas de volver a ver a Orestes, y Nevio estaría con él, comandando a los soldados de su guardia personal. No veía el momento de reunirse con el viejo centurión, de charlar con un compañero con el que había compartido tanto en la campaña aquea. No faltaba demasiado para que llegara diciembre.

—Paulo...

—Disculpa, estaba en las nubes.

Si Fidubio se había ofendido, no lo mostraba con su pétrea mirada.

—Decía que Orestes, como antiguo comandante tuyo, seguro que se alegraría si te animaras a unirte a nosotros.

—Es muy amable por tu parte —respondió Paulo.

«E inesperado —pensó—. Y desalmado. Me culpas de la muerte de Alcimo. ¿Acaso mis contactos con un hombre poderoso son más importantes que el duelo por tu hijo?»

Fidubio no había terminado:

—Dentro de tres años, los censores de Roma volverán a subastar los derechos de recolección de brea y madera en La Sila. Ya sabes que Vibio y yo tenemos contratos durante cinco años de las zonas que rodean Drys y el paso de Labula. Obviamente volveremos a pedirlas, pero también les hemos echado el ojo a los bosques de Sestión. Necesitaremos fondos, y hemos pensado en que participes con nosotros.

—Y no nos engañemos —Vibio era educado incluso cuando interrumpía a los demás—, en Roma ya dan por supuesto que Lucio Mumio será nombrado censor. El general que te otorgó la corona cívica podría mirarse con cariño cualquier oferta que te incluya.

—No estoy seguro de disponer de tal cantidad de dinero —dijo Paulo.

Vibio sonrió, lo que dejó al descubierto unos dientes blanquísimos.

—Corinto era la ciudad más próspera del mundo. Tan solo un necio habría dejado escapar la posibilidad de enriquecerse, y nadie aquí te toma por un necio, mi querido Paulo.

Paulo dio un sorbo a su bebida.

—Tres años es mucho tiempo.

—Sí, pero siempre hay posibilidades de negocio esperando —respondió Fidubio—. Nadie duda de que los asesinatos son una tragedia, pero han provocado que se desplomen los precios de las tierras. Marcelo tiene buenos campos en los altos del Sabutus, cerca de los tuyos. No ha nacido para trabajar la tierra, y apenas le importa a nadie; no tiene familia ni casi amigos, si es que tiene alguno. Si se lo persuade correctamente podría venderlas por un precio razonable. Si un veterano como tú se lo propone..., digamos..., a la fuerza, estaríamos encantados de dividir la granja en tres partes.

—No, no lo veo.

Quizá Paulo respondió demasiado rápido, pero la mera idea lo había horrorizado.

# 21
## *Militia*

Un año antes
608 *ab urbe condita* (146 a. C.)

El día que siguió a la emboscada en los acantilados Blancos fue el peor que Paulo había vivido, y no por culpa del enemigo; los aqueos habían huido despavoridos hacia el sur, completamente derrotados por el momento. No: fue por el miedo a que los diezmaran. La legión estaba rota y casi todos los soldados habían puesto pies en polvorosa. La noche había sido tan caótica que era difícil saber a quién culpar o no de deserción. Llamaron a filas a una de las legiones que se había dispersado. Tras una reprimenda feroz, apartaron de la hilera a uno de cada diez hombres. El comandante tomó un garrote, se paseó entre los soldados y fue marcando con un ligero golpe a los condenados. La mayoría de ellos se quedaron paralizados, pero hubo unos cuantos que, para su desgracia, trataron de huir. Se les dio caza por el campamento con palos y piedras. Sus propios compañeros de tienda fueron los encargados de apalizarlos hasta la muerte.

La legión se había retirado hasta Megara, y en aquel

momento se preparaba para enfrentarse a su destino. Paulo pulía las anillas de su cota de malla con arena. Casi todos los legionarios estaban enfrascados en el mantenimiento de su equipo, como si eso pudiera servirles de algo. Tatio, cruzado de piernas y limpiando su casco, pidió una bebida. A pesar de que los sirvientes del campamento no corrían riesgo de que los diezmaran, no estaban menos nerviosos que los soldados. Oniro estaba tan inquieto que vertió parte del vino sobre la túnica de Tatio.

—Pero ¡serás estúpido...!

Tatio se puso en pie de un salto. El primer puñetazo acertó al brucio en la boca. Oniro se tambaleó y se cubrió la cabeza, pero Tatio siguió propinándole golpes.

Paulo se levantó tras unos instantes de conmoción y agarró a su amigo. Tatio se dio la vuelta. El puñetazo en el ojo cogió por sorpresa a Paulo. Tatio, con los ojos fuera de las órbitas, lo tenía cogido por la garganta y le estaba hundiendo los dedos en la carne, ahogándolo.

—¡Basta!

Alcimo los separó, pero Tatio seguía rojo de ira.

—Somos hermanos —exclamó Alcimo—, y nos enfrentaremos juntos a lo que sea.

La locura desapareció del rostro de Tatio.

—Lo siento —dijo avergonzado—. Si nos diezman y me eligen a mí, seguro que eso os motivará.

Los demás no rieron ante aquel intento de broma. Sonó la trompeta: había llegado la hora. Los soldados se ayudaron mutuamente a armarse.

Paulo se colocó en la primera fila de los *hastati* junto con Alcimo y Tatio. El centurión Nevio estaba justo delante de ellos. El viento levantaba pequeños remolinos de polvo en la plaza de armas. A Paulo le dolía el ojo izquierdo; se le había empezado a inflamar.

El cónsul Mumio se unió a Orestes en la tribuna. La tensión era casi tan insoportable como el silencio. Mumio se dirigió a los legionarios con respeto; no mencionó los quinientos escudos que habían sido abandonados en pleno ataque de pánico y que los aqueos habían recogido. La derrota parcial había sido la voluntad de los dioses. Los soldados, a oscuras y confundidos, no habían tenido la posibilidad de formar escuadrones, pero sí había habido actos individuales de heroísmo. Poco después de comenzar, se ordenó que Paulo y otros tres legionarios que no conocía subieran a la tribuna. Ante el resto de la legión los coronaron a los cuatro con las ramas de roble que simbolizaban la corona cívica por haber salvado a un compañero de armas. El cónsul los alabó como ejemplo para todos los demás. Gracias a soldados como ellos, la legión saldría victoriosa de la futura contienda. Como muestra de su confianza, y para recuperar su reputación, Mumio anunció que él mismo lideraría la ofensiva sobre Corinto.

Dos días después marcharon hacia el sur, por el lado este del istmo, y dejaron atrás los acantilados Blancos. No había casi nada que ver, salvo las cenizas de las piras; se habían incinerado cuerpos de romanos y aqueos por igual. Apenas quedaba nada más. Alguien había limpiado por completo el campo de batalla. Grecia era una tierra pobre y dura, y para los campesinos de la zona hasta una hebilla rota o una espada hecha añicos tenía valor.

La legión precedía a la infantería pesada, pero, tal como dictaba la prudencia militar, las tropas ligeras llevaban la delantera. Si se producía otro ataque sorpresa, los primeros en recibir el golpe serían los arqueros mercenarios de Creta y los jinetes del reino aliado de Pérgamo. En definitiva, tropas prescindibles. Sus muertes servirían para que los ciudadanos romanos de la legión pudieran prepararse.

Anduvieron el camino en etapas cómodas. Durante la primera noche de campamento, los ánimos de la legión estaban por las nubes. Lejos de que los diezmaran, ni siquiera tuvieron que conformarse con el pan de cebada de las raciones de castigo. Los legionarios que pintaron sus nombres sobre los escudos de repuesto que habían conseguido apresuradamente se tomaron de buen humor las bromas de sus compañeros. Incluso Nevio parecía aliviado. Los hombres de los demás manípulos se habían acercado a Paulo más que de costumbre, como si la gloria de la corona cívica pudiera beneficiarlos.

Por la mañana, poco después de desmontar el campamento, les llegaron nuevas de la primera línea: los aqueos estaban en el istmo, listos para el combate. Los legionarios entonaron una canción mientras ayudaban a los otros a armarse.

Seguían cantando cuando llegaron a la llanura.

*Despierta, cuidado, el enemigo se te acerca;*
*prepara una emboscada y ganará la reyerta.*
*Piensa y estudia cómo vencer al contrincante;*
*no descanses, queda poco tiempo por delante.*
*Marcha, intercéptalo, dispón recursos y hombres,*
*flanquea al invasor y sálvanos de la hecatombe.*

La legión torció hacia el oeste y se detuvo a unos quinientos pasos de las brillantes aguas del golfo de Corinto. La caballería y los cretenses habían formado una barrera al sur, y el polvo que habían levantado oscurecía la vista del enemigo.

Se vocearon órdenes, sonaron trompetas y se inclinaron estandartes. La legión giró a la izquierda y adoptó la formación de batalla. La maniobra fue como la seda. Los dioses habían sido testigos de lo mucho que habían practicado. Paulo estaba en primera fila, cerca del extremo derecho, la posición de los mayores honores y peligros. Los sabinos ocupaban las tres primeras posiciones de la fila de su izquierda; Alcimo y Tatio estaban a su derecha. Nevio, como siempre, repasaba la formación con aires de grandeza.

La legión se había dispuesto en tres filas, cada una formada por diez manípulos, con los *hastati* delante. En todas las filas había espacios libres entre cada manípulo y sus vecinos, casi tan anchos como el propio frontal. Los *principes* ocupaban los espacios que habían dejado los *hastati* justo detrás de ellos; los *triarii*, los de los *principes*. Aquella formación cuadriculada recordaba a las piezas sobre el tablero del juego del *latrunculi*. Las tropas ligeras que conformaban los *velites* habían avanzado hasta algún punto indeterminado de la nube de polvo, junto con los cretenses y la caballería.

Se ordenó que la legión formara en filas de dieciséis hombres de profundidad, el doble de lo normal, para que la caballería tuviera espacio de sobra para girar y moverse por la estrecha llanura del istmo. Ninguno de los manípulos tenía tanta capacidad. Las formaciones de *hastati* y *principes* deberían haber incluido ciento veinte hombres, y los *triarii*, sesenta, pero habían pagado el precio de la ardua marcha y los acantilados Blancos, y no había manípulo que no estuviera falto de fuerzas.

Paulo, aunque no pudiera verlo, sabía que aquella formación se repetía a lo largo de todo el ejército. La legión ocupaba un cuarto de la línea de batalla. A su izquierda esperaba la otra legión de ciudadanos romanos y, más allá, las dos legiones de aliados italianos, que, según las listas oficiales, contaban aproximadamente con dieciséis mil guerreros. La infantería de los aliados pergamenos había rendido tan mal en los acantilados Blancos que la relegaron a vigilar el campamento.

Una oleada de vítores recorría las tropas, y de entre la neblina emergió Mumio con sus ayudantes. Los libros de historia griegos afirmaban que los generales siempre dirigían un largo discurso cargado de retórica a todo el ejército. A la hora de la verdad, la distancia y el tiempo eran un obstáculo. ¿Cómo iban a poder oírlo todos los soldados? ¿Y acaso el enemigo esperaría de brazos cruzados? Pero la literatura no solo servía para reflejar la realidad, sino que daba forma a las expectativas. Lo más probable era que Mumio ya hubiera arengado a las otras tres legiones.

El cónsul, montado en un magnífico semental gris conforme a su cargo, señaló al enemigo. El gesto perdió algo de fuerza por culpa de la nube de polvo que lo ocultaba.

—Soldados, algunos de vosotros habréis oído que una falange de picas es imparable en un terreno llano como este en el que nos encontramos. Paparruchas. Una falange solo es una formación formidable cuando se mantiene unida. Cuando lancéis vuestras jabalinas, serán esos pilums los que romperán las filas enemigas, y en ese momento el enemigo estará indefenso. Sus espadas cortas no servirán de nada contra nuestros sólidos escudos. Sus rodelas de pacotilla no podrán soportar una estocada de vuestras espadas. ¡Los dispersaréis como el viento al arrastrar hojas o al levantar la paja de un tejado!

Paulo oía perfectamente desde la primera fila, pero no las tenía todas consigo.

—Nuestra caballería quintuplica a la del enemigo. Cuando hayamos expulsado a sus jinetes del campo de batalla, su infantería se verá rodeada. No existe falange que haya resistido a un embate por los flancos o por la espalda.

Eso levantaba más los ánimos.

—Se trata de los mismos aqueos que Metelo derrotó en Escarfia y Queronea. Están acostumbrados a la derrota porque, sencillamente, son griegos. Nosotros somos romanos. La diferencia es que, presos de la desesperación, han formado sus filas a partir de esclavos, no de hombres libres. Un esclavo no debería esperar la mano de su maestro. Una vida de servidumbre, acostumbrada al mordisco de los látigos, no prepara a un hombre para la batalla. ¡Jamás se acercarán al acero!

Los legionarios jalearon con vehemencia aquellas palabras.

—Nunca olvidéis que luchamos por una causa justa. Los aqueos le declararon la guerra a Esparta, y nosotros nos debemos a la promesa sagrada de proteger a nuestros aliados. ¡Los dioses están de nuestro lado!

Los soldados recibieron aquello con menos entusiasmo. Los espartanos no les importaban lo más mínimo. Mumio hizo que el caballo cabriolara para adoptar una postura marcial y terminar el discurso.

—Lo único que nos separa de Corinto y de sus ríos de

plata y oro son una panda de esclavos y de griegos afeminados. ¡Barredlos y el botín será vuestro! ¡No habrá ni un solo soldado de las legiones que no vuelva a Italia convertido en un hombre rico!

Mumio atravesó los manípulos y volvió a su posición, rodeado de vítores que alcanzaban los cielos.

—El oro y la plata no sirven de nada en el Hades —masculló Alcimo.

—No te separes de mí y ningún griego te matará —le dijo Tatio—. Nada ni nadie va a impedirme disfrutar de las riquezas de Corinto.

Las trompetas resonaron y la caballería pergamena tomó posiciones en el flanco derecho con un estrépito de cascos. En cuanto se apartaron y la nube de polvo empezó a difuminarse, los soldados enemigos fueron apareciendo poco a poco. Un bosque de lanzas, con las puntas brillando bajo el sol, sobresalía por encima de los remolinos de polvo. También podían verse destellos de escudos y armaduras entre la ligera polvareda. Poco después, como si del aliento de un dios se tratara, arreció una brisa del oeste que se llevó consigo la nube y dejó al descubierto al enemigo.

Se oyeron numerosos suspiros entre los legionarios. La falange se encontraba a unos cuatrocientos pasos, en uno de los extremos de una suave pendiente del terreno que no habían visto hasta entonces, y se extendía a lo largo de más de media milla. Era una formación sólida y profunda, como una monstruosa bestia armada, que llegaba hasta el golfo Sarónico. Los escudos de aquellos que estaban delante de las legiones resplandecían bajo los rayos del sol.

A Paulo le dio un vuelco el corazón y sintió náuseas.

No había fuerza en la Tierra que pudiera atravesar aquella masa de hombres armados. Había miles y miles de soldados. Avanzarían y ensartarían a los romanos en aquellas largas picas como si fueran perdices.

Uno de los sabinos gimoteaba de miedo; tenía la entrepierna de la túnica húmeda, y la orina le corría caliente por las piernas. Un legionario de las filas posteriores devolvió, y a Paulo se le revolvió el estómago por el olor a vómito.

—¿Se puede saber qué cojones os pasa? —vociferó Nevio. El golpe en la cabeza que se había llevado en los acantilados Blancos no había tenido efectos duraderos, y tampoco le había suavizado el carácter—. ¿Qué esperabais? ¿Un rebaño de ovejas?

—No son esclavos —dijo Alcimo.

—¿Y qué importa quiénes sean sus padres? —rugió Nevio—. Son griegos, y van a morir. ¿Y sabéis por qué van a morir? ¡Porque os he entrenado yo!

El centurión señaló al enemigo con el pulgar.

—¿Veis las puntas de las lanzas meciéndose como un campo de trigo? Los hombres que las sostienen están temblando. ¡Los habéis acojonado! Saben los dioses por qué... —añadió.

La última frase rompió el encanto y los hombres rompieron a reír.

—Dejad los escudos en el suelo, apoyados en las piernas. No quiero que mis delicadas mujercitas se cansen antes de tiempo —dijo Nevio—. Si alguien lleva vino en su pellejo, que lo pase entre las tropas. A la infantería ligera le queda una hora o más de pavoneo.

Ahora que la polvareda había desaparecido, Paulo vio una hilera de carros detrás de la falange aquea, rodeados por las diminutas siluetas de mujeres y niños. ¿Estaban los aqueos tan convencidos de su victoria que habían traído a sus familias para que fueran testigos de su triunfo?, ¿o es que sus líderes creían que lucharían con más bravura bajo la mirada de sus seres queridos? Fuera como fuera, estaban bloqueando la única vía posible de retirada. Era de locos.

Alguien le alcanzó a Paulo un odre. El vino no estaba aguado y le quemó la garganta cuando se lo tragó, pero le calentó el estómago. No estaba dispuesto a dejar a su suerte a Nevio y a sus compañeros.

La predicción del centurión no iba desencaminada. Las tropas ligeras de ambos bandos pululaban por la hondonada en grupos de dos o tres hombres, corriendo hacia delante, esquivando, agachándose y retirándose, con los soldados de las jabalinas al frente y los arqueros unos pasos por detrás. Los proyectiles cortaban el aire, pero pocos acertaban, y nadie llegó a entablar combate cuerpo a cuerpo.

—Vamos allá —anunció Nevio.

Por la derecha les llegó un estruendo de trompetas y de cascos de caballo. Como si hubieran sellado un pacto tácito, la caballería de los aqueos y la de los aliados de los romanos comenzaron a avanzar en la misma dirección. Al principio cabalgaron al paso, escuadrón tras escuadrón, de una forma ordenada y con vistosos ropajes. Era obvio a simple vista que los jinetes aqueos estaban en clara desventaja.

Las trompetas tocaron una nota aguda y los jinetes arrearon a las bestias. El suelo temblaba bajo los miles de cascos de caballos galopando. El aire se llenó de gritos y del tintineo de los equipos.

Paulo sintió que el tronar de la carga le reverberaba en el pecho y se dio cuenta de que estaba conteniendo el aliento.

Un instante antes del choque, antes de que la primera fila de jinetes y sus monturas se enfrentaran a la muerte, vieron que los aqueos tiraban de las riendas de sus monturas. Los caballos derraparon, algunos chocaron entre sí, varios se desplomaron, y un puñado de hombres cayeron al suelo. En apenas unos segundos, el orgulloso escuadrón se convirtió en un rebaño desbocado que huía por donde había venido.

Los legionarios prorrumpieron en un rugido a pleno pulmón.

Los aqueos esquivaron a la falange por los flancos, y los aliados de Pérgamo se apresuraron a perseguirlos, tirando a los rezagados de sus monturas.

El rugido de los legionarios se debilitó. Los jinetes pergamenos no aligeraron la marcha. La legión se sumió en el silencio. Toda la caballería —enemiga y aliada— se alejó hacia el sur hasta perderse de vista.

—Putos griegos —dijo Tatio—. No valen ni como aliados ni como enemigos.

—Puta caballería —exclamó Nevio—. Una vez que carga, es imposible recuperarla. Nuestro gozo en un pozo. No importa. Ahora es cuando nos toca ganarnos el jornal.

Los arqueros cretenses se escabulleron por los espacios entre los manípulos. A fin de cuentas, eran mercenarios, solo les importaba el pago y no tenían ninguna intención de verse en mitad de las líneas de combate. Los *velites* de la legión corrieron a ocupar el campo que habían abandonado los jinetes. La infantería ligera aquea avanzaba en paralelo. No cabía duda de que tenían intención de continuar con su cuestionable escaramuza.

—¡*Hastati,* formad filas! —ordenó Nevio.

Las filas traseras de los *hastati* no esperaron a que los trompeteros repitieran la orden para ocupar los espacios que separaban a los manípulos. Apenas unos instantes después, una fila continua de *hastati* se dispuso a hacer frente a la falange. Sin embargo, Paulo echó un vistazo por encima del hombro y se percató de lo frágil y exigua que era la formación romana. Habría dado lo que fuera por unirse a los *principes* o los *triarii,* a salvo tras la línea delantera.

Las trompetas romanas dieron la orden: preparaos para avanzar.

—Bueno, muchachos —gritó Nevio—, silencio en las filas. Atentos a las órdenes. Nadie lanza un pilum hasta que yo lo diga. Entonad el grito de guerra cuando los tengáis justo enfrente.

Los hombres asintieron de mala gana. Paulo confiaba en que el entrenamiento lo sacara de aquella situación, y rezaba a los dioses por que sus compañeros de armas no cayeran en batalla.

—¿Listos para la guerra? —La voz de Nevio sobrecogió a todo el manípulo.

—¡Listos! —respondieron los hombres al unísono.

Tres veces se repitió la pregunta y la respuesta. Paulo sintió cómo se le erizaban los pelos de la nuca.

—A paso militar lento, ¡adelante!

El terreno se inclinaba un poco, pero no era difícil mantener la posición. Paulo no oía más que el tintineo y el estrépito de las armaduras en movimiento. Vio una golondrina sobrevolando a poca altura el campo de batalla. Aquel día muchos hombres sufrirían y perderían la vida, pero eso era algo ajeno a la grácil ave.

La falange aquea también había comenzado a moverse muy lentamente, poco más que arrastrando los pies, y se acercaba ya a la suave hondonada. Puede que el acercamiento fuera fatigoso, pero también silencioso y, en cierta manera, inexorable. Las dos fuerzas colisionarían en el centro del delicado valle.

Trescientos pasos, doscientos. «Dioses del panteón —pensó Paulo—, ¿cómo es posible que haya quien aguanta esto más de una vez?» Reprimió la urgencia de romper la fila, echar a correr y acabar con todo como fuera. A su lado, uno de los sabinos blasfemaba continuamente con voz queda.

Cuando estuvieron a unos ciento cincuenta pasos, los aqueos se detuvieron. A lo lejos se veían oficiales tratando de alinear a las tropas. No debía de ser nada fácil moverse en formación cargado con una pica parecida a una pértiga de veinte pies o más.

Los romanos mantuvieron un ritmo lento y estable.

Cuando apenas los separaban cien pasos, los aqueos bajaron las lanzas. Las puntas de las primeras filas sobresalían como las ramas de un seto. Las filas traseras las sostenían sobre las cabezas de los que tenían delante. La falange reanudó su firme marcha.

Los aqueos estaban completamente apiñados, mucho más que los romanos. A Paulo lo separaban prácticamente seis pies de los hombros de los compañeros que tenía a cada lado. Él solo tendría que enfrentarse a dos hileras de soldados enemigos y a las puntas de diez lanzas. Observó los rostros de los aqueos que iban al frente. Llevaban los cascos bien ceñidos, y solo podían verse sus ojos y narices. Sus miradas no revelaban ni un ápice de humanidad.

Cincuenta pasos.

—¡Preparad el primer pilum!

Paulo transfirió la jabalina más ligera de las dos que llevaba a su mano derecha. Siguió agarrando la más pesada con la mano izquierda, donde también tenía el escudo.

Treinta pasos.

—Y... ¡soltad!

Tres pasos rápidos, cuerpo de lado, brazo derecho hacia atrás... y Paulo lanzó el pilum. Sin dejar de seguir la trayectoria con la vista, preparó el proyectil pesado. La lluvia de jabalinas cayó con fuerza sobre la falange. Paulo no vio dónde fue a parar la suya, pero algunos aqueos fueron cayendo al suelo, y alguien soltó una de las picas.

—¡Segundo pilum, venga!

Tres pasos más, movimiento completo con el brazo derecho, recuperar el equilibrio y desenvainar la espada.

Estaban más cerca, las jabalinas pesaban más y otro montón de aqueos se desplomó al suelo, pero no los suficientes. En absoluto. Empezaron a aparecer huecos entre la hilera de lanzas, pero se llenaban rápidamente cuando otros hombres se apresuraban a ocupar el lugar de sus compañeros caídos. Mumio se había equivocado. Los pilums no habían podido romper la barrera de acero que protegía a los aqueos.

—¡Desenvainad espadas! ¡Cargad!

Fue como correr contra un muro. Las puntas de las lanzas se incrustaron en la madera y el cuero del escudo de Paulo, y lo obligaron a detenerse. Con el escudo bajo, cuyo borde prácticamente tocaba el suelo, se acuclilló. La punta de una pica le hirió en el hombro, pero Paulo la rechazó con la espada. La hoja le hizo una muesca a la madera, pero no atravesó el mango. Otra lanza cayó justo debajo del escudo y por poco no le dio en una de sus botas.

Se oyó un chillido inconcebible, como el de un cerdo en el matadero. Uno de los sabinos se aferraba a la pica que le había perforado el estómago. El legionario que tenía justo detrás tropezó con él y recibió un golpe mortal en la garganta.

Paulo observaba la escena horrorizado, un momento de descuido que casi le cuesta la vida. Alguien lo embistió con una fuerza sobrehumana, y la lanza atravesó su escudo. La punta, afilada como una chuchilla, estuvo a un palmo de darle en el rostro. Acto seguido, comenzó a luchar como un demente. El miedo había dejado paso al deseo de sobrevivir. Cortó la porción de la lanza que asomaba por el escudo antes de agacharse e intentar levantar las picas y apartarlas de su camino. Volverse y echar a correr solo serviría para servirle en bandeja al enemigo su espalda indefensa. Sería como invitar a la muerte. La única vía de escape era a través de los que tenía delante.

—¡Tres pasos atrás!

Aquellas palabras no significaban nada para Paulo. Aprovechando el escudo como ariete, trató de abrirse paso hasta el furioso corazón de las picas. Retorciéndose y girándose, esquivando las puntas de las lanzas, fue adentrándose más y más en la falange.

Una mano firme lo agarró de la cota de malla y lo arrastró hacia el exterior.

—Mierda, ¿estás sordo, muchacho? —Nevio siguió tirando de él—. Mis órdenes se obedecen.

Seis o siete pasos separaban el muro de picas de la exhausta fila de legionarios. Los dos bandos habían hecho un alto. Los oficiales aqueos vociferaban, reorganizaban a sus hombres y trataban de que reunieran el coraje suficiente para seguir avanzando y volverse a meter en la tormenta de espadas y escudos. El descanso duraría poco.

Paulo se enderezó y resbaló. Tenía barro bajo las botas, pero no había llovido. Era barro rojo. El suelo estaba calado de sangre. Paulo apenas se aguantaba en pie y le temblaban las extremidades. Sabía que no podía enfrentarse de nuevo a algo así. Echó un vistazo a Tatio, a su derecha, y vio que el frenesí del combate desaparecía del rostro de su amigo. Alcimo no tenía mejor aspecto. Continuaban vivos, pero estaban para el arrastre. Esta vez no les quedaba otra que echar a correr.

—Se acabó lo que se daba, muchachos —exclamó Nevio—. Preparaos para la retirada; nuestra batalla ha terminado.

# 22

# *Militia*

608 *ab urbe condita* (146 a. C.)

—Y... ¡corred!

Por extraño que pudiera parecer, resultaba mucho más complicado echar a correr que seguir enfrentándose cara a cara al enemigo. Correr implicaba darle la espalda y, por tanto, dejar al descubierto los omóplatos ante un posible embate mortal. Apenas unos pocos pasos los separaban de las perversas puntas de las lanzas; cargar hacia delante sería pan comido para los hombres que las portaban. Nadie lo pensaba dos veces antes de apuñalar a quien huía. Sería incluso más sencillo que arponear a un pez.

—¡Retirada!

Paulo miró de reojo a Alcimo y Tatio. No le cabía duda de que estaban tan aterrados como él. Ninguno era capaz de reunir el coraje necesario para moverse.

Nevio atizó a Paulo en los hombros con la vara de vid.

—Me cago en mi vida, ¿estás sordo? ¡Os he dado una orden!

El golpe le había escocido. Paulo dio media vuelta y

echó a correr, seguido de Alcimo y Tatio. Los primeros pasos fueron los más difíciles. Esperaba en cualquier momento el dolor punzante de una de las picas de los aqueos atravesándole la cota de malla, hundiéndosele en el cuerpo y saliéndole por el pecho.

En el campo de batalla reinaba el desorden. Los legionarios se apiñaban los unos con los otros, se bloqueaban el paso. Huían como un rebaño de animales asustadizos pero torpes con un león pisándoles los talones. Paulo tropezó y estuvo a punto de perder el equilibrio. Alcimo debía de haber envainado la espada, porque agarró a Paulo por el cinturón y lo levantó violentamente.

Correr cargando con el peso del escudo era un infierno. Paulo tuvo el impulso de lanzarlo, pero sabía que, si lo hacía, habría de enfrentarse a la ira de Nevio. La corona cívica le serviría de poco frente al castigo del centurión. Continuó renqueando con el mamotreto rozándole el brazo y golpeándole las piernas.

No tardaron demasiado en verse rodeados por dos manípulos de *principes*. Los aqueos no los habían perseguido. Paulo estaba a salvo. Gracias a los dioses se había librado de la muerte... por ahora.

Los *principes* no les reprocharon nada. Los veteranos no eran ajenos a la guerra, y sabían lo que estaba pasando. Quizá tenían la esperanza de no tener que entablar batalla, pero en sus rostros se veía que estaban listos para la desalentadora tarea que les aguardaba.

El alboroto fue muriendo y la estampida se relajó. Paulo echó la vista atrás. Las filas traseras de los *principes* ya se habían puesto en marcha para ocupar los espacios y presentar al enemigo una nueva e íntegra línea de soldados.

Los *hastati*, seguros por el momento, se apresuraron a colocarse entre los *triarii*. Siguieron avanzando unos trescientos pasos o más hasta superar la tercera fila de veteranos. Paulo sentía que una parte de él le impelía a no detenerse, a seguir corriendo de vuelta al campamento, a Megara, a donde fuera menos allí.

—¡Reagrupaos bajo los estandartes!

Paulo no reconoció al centurión que dio la orden, pero se dio cuenta de que los manípulos de *hastati* estaban entremezclados. Vio el estandarte lupino de Nevio a su izquierda, a una distancia considerable. Él y sus amigos se dirigieron hacia allí torpemente, como viejos esclavos que han trabajado demasiado y que han recibido más palizas de las que podían soportar. Cuando llegaron, Paulo soltó el escudo y la espada, se inclinó y vomitó. Había desayunado —no les habían informado de que tendrían que combatir hasta que abandonaron el campamento—, pero en aquel momento solo soltó bilis. La notó líquida y ácida en la boca, y sintió una quemazón en la garganta.

Tatio le alcanzó un pellejo con vino. Se enjuagó la boca y escupió antes de dar un largo sorbo. De repente se sintió hambriento, y Alcimo le alargó un poco de cecina. Paulo la mordió como un animal y se la tragó sin apenas masticarla, igual que *Niger* en la granja.

El estridente toque de las trompetas los obligó a centrar la atención en el frente. Los *principes* estaban a punto de entrar en acción. Dos lluvias de pilums —en una sucesión mucho más rápida y organizada que la de los *hastati*— cayeron sobre los aqueos, pero no pudieron juzgar si habían tenido éxito. Las espaldas de los *principes* y las largas plumas que coronaban sus yelmos bloqueaban la visión sobre la falange enemiga.

De hecho, cada vez costaba más ver lo que estaba pasando. Seguía soplando una brisa del este, pero había amainado. Había pasado de llevarse el polvo a formar espesas nubes que barrían el campo de batalla. Tan solo en el flanco derecho, donde soplaban los vientos provenientes del golfo de Corinto, podía verse algo con claridad. La infantería ligera de ambos bandos mantenía un desordenado simulacro de combate; se habían quedado sin jabalinas, y eran pocos los hombres que, de vez en cuando, avanzaban y lanzaban algunas piedras que apenas costaba esquivar. No parecía que hubieran acertado a nadie. Todos sabían que la batalla se decidiría en otra parte, y probablemente consideraban que no tenía ningún sentido poner sus vidas en riesgo.

—En pie, muchachos. —A Nevio no parecía haberle afectado la carnicería, y bien podría haber estado disfrutando de una obra en el teatro—. Formad filas.

Los *hastati*, aún conmocionados por lo que habían vivido, se reagruparon con rapidez. Nevio se encargó de pasar lista sin consultar ningún registro escrito; conocía el nombre de los ciento veinte hombres del manípulo. Sabía quién había estado presente aquella mañana y a quién debía contar entre los caídos. A pesar de la brutalidad del combate, solamente faltaban diez hombres —entre ellos, los tres sabinos— y únicamente cuatro estaban demasiado heridos como para continuar. A los últimos los ayudaría alguien a llegar al puesto de socorro de la retaguardia.

Los *principes* seguían enfrascados en la batalla. El alboroto del combate sonaba extrañamente amortiguado, como el de una tormenta lejana. Si no eran capaces de romper la falange, todo dependería de los *triarii*.

Paulo cayó en la cuenta de algo y sintió arcadas. Las tres filas de la legión romana, el sistema militar de reservas, eran la estratagema perfecta para un general. Si el enemigo rompía filas y hostigaba a los que se retiraban, serían muchos los legionarios que morirían; hombres como Paulo caerían derribados mientras huían. Pero era el pequeño precio que había que pagar por la victoria. El enemigo avanzaría como una turba desestructurada y serían un blanco fácil para la siguiente hilera de romanos que esperaría con disciplina en sus manípulos. Si el enemigo mantenía las filas, justo como en aquel instante, tendrían que armarse de valor para volver al combate, y no una, sino dos veces.

Paulo dudaba de que Nevio, o quien fuera, pudiera obligarlo a adentrarse de nuevo en la tormenta de lanzas. Al Hades con las pretenciosas peroratas sobre la verdadera virtud romana y la hombría innata de los hijos de Rómulo. El coraje era como los silos de una granja; la cantidad de grano que contenían era limitada. Podías ir sacándolo poco a poco, pero nunca recuperarlo. Tarde o temprano se acabarían las reservas. Y nunca podías predecir cuándo.

—Mierda —masculló Tatio.

Los *principes* se estaban retirando. Los aqueos debían de haber vuelto a mantener su disciplina, y no parecía que los persiguieran. Los *principes* se estaban reagrupando frente a los *hastati*, y los *triarii* empezaban a situarse en la fila continua.

—Si la puta caballería no la hubiera cagado... —dijo Tatio—. Hace una hora que esto podría haber terminado.

—Coraje, muchachos —exclamó Nevio—. Todavía no hemos acabado.

—Pero ya solo quedan los *triarii* —contestó Tatio. Aquella frase se había convertido en un dicho: la tercera y última tirada del dado. Un todo o nada.

Los *triarii* estaban pertrechados con lanzas, no con jabalinas. Con un grito valiente, levantaron las armas y cargaron. El ruido de la refriega resonaba por el istmo como el estallido de un trueno.

Los *triarii* sabían lo que hacían. No era la primera vez que veían de cerca el acero, pero los enemigos los superaban con creces en número y sus lanzas fueron aplastadas por las picas aqueas. Paulo sabía que no podrían ganar esa batalla.

—Señor.

Nevio analizaba el combate mientras se golpeaba el muslo con la vara de vid, como si tratara de exorcizar algún espíritu o sacarse de la cabeza un pensamiento obsceno.

—Señor.

—¿Qué demonios quieres, Paulo?

—Señor, podríamos intentar hacer lo que la caballería no hizo.

Al Hades con su falta de coraje. O se ponían en marcha o acabarían todos muertos en aquella llanura batida por el viento entre dos mares.

—¿Cómo?

—Ordena a los manípulos de *hastati* que los rodeen por la derecha. Eres un centurión veterano, los demás te seguirán. La infantería ligera aquea no tiene nada que hacer contra nosotros. El mismísimo general dijo que no existe falange que pueda soportar un ataque por los flancos.

—Estamos aquí para obedecer órdenes. En eso consiste la disciplina romana. Jamás abandonamos las filas.

Esa es la razón de nuestras victorias. Mumio nos ordenó que nos mantuviéramos firmes y lucháramos.

—Pero, señor...

—¿Te crees más listo que el cónsul?

—No, señor, pero la polvareda... El general no puede ver nada. No tiene ni idea de lo que está pasando.

Nevio le dio la espalda a Paulo y observó la nube de polvo que cubría las líneas de combate. Las hileras traseras de los *triarii* se estaban replegando lentamente. No estaban listos para darse la vuelta y correr, pero los estaban obligando a retirarse poco a poco.

—¡Joder! —gritó Nevio—. ¡Derecha! ¡Formad una columna!

Le bramó al centurión del manípulo de la izquierda que los siguiera y que se lo comunicara al resto de las formaciones.

Paulo sintió algo cercano a la alegría por el simple hecho de actuar en vez de limitarse a observar con impotencia.

Nevio se dirigió a él a apenas un palmo de su rostro:

—Si esto no funciona y nos castigan por desobedecer las órdenes y romper las filas, me aseguraré de que te ejecuten conmigo.

Antes de que Paulo pudiera pensar una respuesta, Nevio salió disparado hacia el frente de la columna.

—¡A paso ligero, adelante!

No había tiempo que perder. Los *triarii* podían desmoronarse en cualquier momento. La columna torció a la izquierda poco antes de llegar al borde de las azulísimas aguas del mar. Paulo estaba entusiasmado, pero también extenuado. Un último esfuerzo decidiría el desenlace de aquel día.

Los *velites* prorrumpieron en más que vítores cuando los vieron acercarse. La mayoría se unió a la columna. La infantería ligera aquea los observó brevemente antes de echar a correr hacia el sur.

—¡No os paréis! —voceaba Nevio—. ¡Paso ligero!

Ya habían superado la línea de combate, y los aqueos de las filas posteriores los miraban atónitos. Los combatientes del frente estaban demasiado ocupados intentando sobrevivir.

—¡Alto! —La distancia que los separaba del flanco de la falange podría haberla superado un crío lanzando un palo—. ¡Izquierda!

Paulo sintió como si le ataran con fuerza una soga alrededor del pecho. Cada respiración era como inhalar humo.

—¡Espadas! —gritó Nevio—. ¡Apuntad a la cabeza o a la entrepierna!

Paulo se dio cuenta de que no llevaba la espada en la mano —debía de haberla envainado sin darse cuenta—, así que la sacó de su funda.

—¡Cargad!

Las filas exteriores de los aqueos intentaron girarse y preparar las picas para enfrentarse a aquella amenaza inesperada, pero los larguísimos mangos no hacían más que chocar entre sí.

Paulo echó a correr con los demás.

Solo tenía dos puntas de lanza apuntándole, que paró con el escudo y desvió a un lado. Sin embargo, en ese momento una tercera pica lo golpeó en el pecho y Paulo se dio la vuelta. Ya no podía avanzar más.

Una espada cayó con fuerza y partió la punta de la pica que atosigaba a Paulo. Tatio soltó el escudo, se escabulló entre la maraña de lanzas y, al levantarse, apuñaló en la ingle al aqueo que tenía más cerca.

—¡Conmigo! —gritó Tatio.

Paulo, recuperado ya del aturdimiento, apartó de un porrazo las otras dos picas y se adentró en el fragor de la batalla.

Un aqueo soltó la lanza y buscó a tientas su espada, pero Paulo le hundió la punta de la espada en el rostro. Con un rápido revés, derribó a otro de los griegos.

Tatio luchaba como un poseso. Se había plantado en medio del enemigo y blandía la espada como un relámpago. Paulo trató de llegar hasta él, pero otro aqueo se interpuso en su camino. Con dos sablazos, el romano consiguió convertir el escudete en esquirlas de madera. Los adornos de plata no ofrecieron resistencia alguna. El general tenía razón: cuerpo a cuerpo, los aqueos no tenían nada que hacer contra el armamento romano.

El soldado griego no tardó en rendirse y dejó caer los brazos. Alcimo lo atacó por la derecha y le desgarró el muslo. El aqueo cayó de bruces y Paulo lo remató con un golpe en la nuca.

Todo acabó en un abrir y cerrar de ojos. La falange aquea se derrumbó como un gran árbol consumido por las termitas. Los que antes habían sido estoicos soldados dejaron paso a una multitud aterrorizada que hacía lo posible por escapar, empujándose y arañándose mutuamente. Miles de hombres huían despavoridos hacia el sur, pero se toparon con los carros de las mujeres y los niños. La masacre estaba servida.

Paulo permaneció muy quieto, con la mente en blanco. Se apoyó en el borde del escudo, puesto que era la única forma de poder mantenerse en pie. No se había dado cuenta de que le habían hecho un corte en el muslo. Tenía la espada, las manos y los antebrazos cubiertos de sangre y vísceras. Así que aquello era lo que llamaban gloria...

Tatio se arrodilló y rebuscó en el cadáver que Paulo había masacrado.

—Ese era mío —señaló.

—Vas tarde, hermano —respondió Tatio—. Tú tienes una granja a la que volver. La riqueza de los aqueos me va a servir para que yo me agencie una. Mis necesidades son más acuciantes que las tuyas.

# 23

# PATRIA

609 *AB URBE CONDITA* (145 A. C.)

El listón de la reja era de roble: el timón, de encina, y las orejeras y la esteva, de olmo. Paulo estaba arando el campo superior, el que había más allá de las montañas en uno de los extremos del Sabutus. Al tratarse de una colina, debía conducir el arado por una pendiente pronunciada, con la reja cambiando continuamente de dirección. Los surcos le estaban quedando limpios y rectos. Aquella disposición de filas ordenadas le recordó la falange aquea en el istmo antes de que se viniera abajo presa del pánico, pero no era un recuerdo que lo fatigara. Era mucho mejor pensar en la batalla que en lo que sucedió después.

La hoja metálica de la reja se atoró en una gruesa raíz y los animales se detuvieron. Se trataba de un par de bueyes nuevos; tenían nueve años, estaban en la flor de la vida, y acostumbrados como nadie al yugo y a la compañía del otro. No se pelearían en los surcos. Paulo habría preferido no gastarse el dinero, y no por avaricia, no, sino porque no estaba dispuesto a dar credibilidad a los rumores sobre sus riquezas ocultas. Tras la inquietante conversación con Fidubio y Vibio en la batida de caza, le perturbaban más las historias sobre la fortuna que algunos afirmaban que había traído de Corinto.

Paulo cogió el corquete que llevaba colgado de la esteva, se agachó y, no sin trabajo, cortó la dura raíz. Se vio obligado a detenerse un par de veces a causa de un acceso de tos. Las fiebres lo habían atacado poco después de la batida. No duraron más que cuatro días, pero le habían dejado una tos convulsa y persistente. Finalmente terminó la tarea, y supo que el esfuerzo había merecido la pena. Era preferible deslomarse un poco que sesgar la raíz con el arado y arriesgarse a partir la reja o a estresar a los bueyes.

Devolvió el corquete a su lugar, se incorporó y estiró la dolorida espalda. Un fuerte viento rebasaba la cresta, descendía por los abruptos acantilados, atravesaba los olivos y las viñas, y asolaba las vastas tierras de labrantío. Era lo suficientemente frío como para fustigar a los bueyes. Paulo se frotó las manos. La capa y el cinturón de la espada no habrían sido más que una molestia, así que los había dejado junto con la pitanza en el abrevadero que había en una de las zonas inferiores del campo. Con aquel tiempo lo mejor era no dejar de moverse. Recogió el látigo y las riendas, y volvió a arrear a las bestias.

Paulo proyectaba una sombra solitaria mientras arrastraba los pies detrás de la yunta, cruzando y repasando la colina barrida por el viento. Pastor había bajado el ganado de los altos de La Sila de cara al invierno, y Paulo había dejado a Eutiquio con el ovejero para que guardaran las ovejas en sus establos. Paulo prefería estar solo. El ritmo eterno del arado y los intensos aromas arcillosos de la tierra removida lo ayudaban a pensar.

Quizá había sido la insistente enfermedad lo que había hecho que estuviera más irritable de lo normal cuando quedó con Minado la noche anterior. Pero tenía demasiadas cosas en la cabeza. Cuatro o cinco noches antes había entrado un intruso en la granja. Paulo había sido el último en salir del granero y el primero en entrar por la mañana, y en cuanto puso un pie dentro se percató de que algunas de las herramientas no estaban exactamente donde las había dejado. No habían robado nada, pero no le cabía duda de que alguien había estado allí. Lo primero que hizo fue preguntar a Eutiquio y Pastor, pero ellos afirmaron haber pasado la noche en las dependencias de los esclavos. No tenía motivos para no creerlos. Un extraño se había colado en la granja. Lo desconcertó que *Niger* no hubiera ladrado, pero el sabueso se estaba haciendo mayor y se pasaba todo el día durmiendo.

Dos días después, por la mañana, el amuleto en forma de zeta desapareció de su cinturón. Lo había colgado con el resto de la armadura junto al hogar. Su madre había acusado a la nueva sirvienta, pero la muchacha lo había negado. Era un abalorio de cobre, apenas tenía valor. Era posible que se le hubiera caído el día anterior, en algún lugar de los campos, pero Paulo estaba convencido de que se habría dado cuenta cuando se quitó el cinto. Desde entonces, todas las noches había cerrado la puerta de la granja con llave.

La noche anterior habían regresado las Benévolas. No habían aparecido desde lo que pasó en el templo del héroe. Paulo había osado creer que salvar a Minado había sido una especie de redención, pero ese frágil optimismo se hizo añicos cuando lo despertaron los resuellos entrecortados y el hedor de sus repugnantes cuerpos. Las tres hermanas lo observaban desde los pies de la cama. No hablaban con él, sino que cuchicheaban entre ellas. Las palabras eran inaudibles, pero se comportaban como un jurado deliberando sobre su veredicto.

—El pasado no puede deshacerse —les había dicho Paulo—. Lo que pasó en Corinto no fue culpa mía. Yo no quería que sucediera. No merezco esta maldición.

Lo escrutaron, pensativas, pero no respondieron. Y acto seguido desaparecieron.

Paulo detuvo a los bueyes y limpió la reja con una rasqueta.

A veces se preguntaba si no serían más que figuraciones suyas, si lo que había hecho en aquella última casa de Corinto le había desestabilizado algún delicado mecanismo que le alteraba la percepción. No sería el primer hombre enloquecido por la culpa. Hércules se había encerrado en una sala oscura para perder todo contacto con la humanidad tras arrojar a sus hijos al fuego; Alejandro Magno había intentado morir por inanición después de matar a un amigo durante una borrachera.

Paulo comprobó que los bueyes estuvieran bien sujetos; de esa forma, mantenían las cabezas en alto y se evitaba que los cuellos se les irritaran.

El ejército macedonio le había implorado a Alejandro que comiera y bebiera algo, que no los abandonara. Hércules conoció su camino de redención de boca del oráculo de Delfos. No había deidad ni ejército que fuera a ayudar a Paulo. La liberación dependía únicamente de él.

La yunta se acercaba a la plantación. Pronto tocaría

segar el trigo que crecía entre las hileras de olivos. Paulo colocó sendos bozales de esparto suave a las bestias para evitar que mordisquearan las hojas.

La liberación dependía únicamente de que admitiera lo que había hecho.

Paulo hizo sonar el látigo por encima de las cabezas de los bueyes, y la enorme fuerza de las bestias soportó la tensión del arado. En cuanto el instrumento empezó a moverse, tuvo un acceso de tos.

Y eso fue lo que le salvó la vida.

La flecha cortó el aire donde un segundo antes tenía el cuello. Pasó lo bastante cerca como para que notara la ráfaga de viento a su paso. Paulo, por inercia, se tiró hacia la derecha, rodó sobre sí mismo y se puso rápidamente en pie, asegurándose de que la yunta quedara entre él y el atacante.

Completamente paralizado, se apoyó sobre uno de los anchos hombros del buey que tenía más cerca. Alguien intentaba matarlo, y no en Corinto, sino en sus propias tierras. No se trataba de un forastero, sino de uno de sus conciudadanos. Alguien a quien conocía quería matarlo. No era capaz de creérselo.

«Piensa, imbécil. Piensa o estás muerto.»

Paulo se arriesgó a echar un vistazo por encima de la cabeza de la bestia. La flecha venía de algún punto indeterminado colina abajo, cerca de donde había dejado sus pertenencias. Vio que algo se movía detrás del muro de piedra seca que delimitaba los campos.

«Si te quedas quieto, el arquero cambiará de posición.» No le costaría rodear el borde del campo hasta tener un tiro limpio y derribarlo. La plantación se encontraba a poco más de treinta pasos colina arriba.

Paulo echó a correr lo más rápido que pudo, procurando mantener a los bueyes entre él y el arquero.

Veinte pasos hasta la seguridad de los olivos y las viñas.

Otra flecha. Esta vez le llegó de frente, de algún lugar hacia la izquierda. Le dio la impresión de que aceleraba a medida que se aproximaba. Paulo se tiró al suelo. Las rocas le rasguñaron los brazos y el rostro se le cubrió de barro.

Antes de que su mente pudiera aceptar que el proyectil había errado, se puso en pie y viró hacia la derecha, lo que lo alejó de la protección que le brindaban los bueyes. Los dos arqueros lo tenían a tiro. Paulo avanzaba dando bandazos y pasos a un lado y otro. A la izquierda, a la derecha, otra vez a la derecha... Lo que fuera con tal de dificultarles el tiro, de evitar cualquier tipo de patrón predecible.

La siguiente flecha no la vio, pero sí la oyó. Pasó silbando por su espalda. Otra más voló a poca distancia de su rostro.

Diez pasos hasta los árboles. Los pies se le hundieron en la tierra húmeda y las botas le pesaban más y más. Paulo tuvo el presentimiento de que la suerte estaba a punto de acabársele. Se lanzó hacia delante, cayó pesadamente al suelo, giró sobre sí mismo y reptó como un animal a cuatro patas hasta la plantación.

Los olivos estaban dispuestos en hileras bien distanciadas y los emparrados de las vides ocupaban el espacio entre los troncos, lo que dificultaba observar qué pasaba colina arriba, pero al mirar hacia los lados no vio más que franjas de tierra desnuda entre las hileras de árboles, esperando a que alguien las arara. Paulo cayó con estrépito en la primera hilera de vides, partió los tutores más delgados y machacó las plantas más jóvenes. Atravesó a gran velocidad el espacio abierto y llegó a la siguiente hilera. Podían seguir perfectamente su rastro si aguzaban el oído, pero lo más importante era adentrarse en el bosque.

Tras siete u ocho ringleras, se atrevió a girar y a correr por una de las avenidas que separaban los olivos. Siguió trotando durante unos cuarenta pasos, hasta abrirse paso en silencio por unos emparrados, colina arriba, y esconderse resollando tras el tronco plateado de un olivo centenario.

Se volvió y echó un vistazo entre el follaje de las tierras labradas. Los bueyes esperaban tranquilos, sin prestar atención a aquella actividad humana que no significaba nada para ellos. Un segundo más tarde, Paulo captó lo que esperaba. El primer arquero estaba cruzando el campo, una silueta esbelta ataviada con una túnica oscura, las extremidades ennegrecidas y el rostro cubierto por la máscara de un lobo. Examinaba la plantación arco en mano y con una flecha preparada, pero se movía con determinación, sin prisa. Algo en sus andares le resultaba familiar, pero no era momento de perder el tiempo con algo así.

El otro arquero debía de rondar por algún lugar hacia la derecha de Paulo. Seguramente estaría acechando entre los árboles, tratando de terminar lo que habían empezado. Con los dos atacantes separados, era el momento de que Paulo tomara la iniciativa; debía engañar al de la plantación y convertir al cazador en cazado. Se acercaría para impedirle que usara el arco y acabaría con él. No era necesario que lo hiciera en silencio. Una vez muerto,

Paulo se haría con el arco. Si la figura esbelta que rondaba por los campos no huía, podría abatirlo desde la distancia.

El problema era que Paulo no tenía armas, ni siquiera un cuchillo. Lo llevaba todo en el cinturón de la espada. ¡El corquete! Por Hades, ¿cómo había podido ser tan necio? Se había olvidado del corquete, que seguía colgado de la esteva del arado.

Si no podía combatir, debía esconderse.

La situación pintaba mal. En los bosques podría haberse ocultado sin problema, pero en los caminos ordenados de aquella plantación eso era harina de otro costal. Lo único que tenía que hacer el segundo arquero era ascender por la colina, comprobar cuidadosamente todas las avenidas y, más pronto que tarde, aniquilar a su presa. Era imposible esconderse entre los olivos, y al otro lado no había más que acantilados salpicados de enebros silvestres y zarzas que no ofrecían refugio alguno. Debía aceptarlo, aunque fuera en la más absoluta desesperación: no había escapatoria posible.

¡Las zarzas! Por supuesto, las zarzas en la roca viva que ocultaban su escondite de la infancia. Lo único que debía hacer era alcanzar la diminuta cueva sin que lo vieran. Nadie más la conocía.

Paulo decidió avanzar con más cautela. Para llegar a la cueva debía subir por la ladera y girar a la derecha. Gracias a los dioses, esa ruta lo alejaba del arquero que examinaba la plantación. Paulo se escabulló por las avenidas hasta llegar a un hueco entre las vides por el que podría arrastrarse sin hacer ruido. El ascenso fue sigiloso, pero insoportablemente lento. Una sensación creciente de pánico lo urgía a apresurarse. En cualquier momento, la punta de una flecha podía clavársele en la espalda, indefensa. Reprimió el miedo y prosiguió su silencioso avance.

Finalmente —después de lo que se le antojaron siglos— alcanzó la última línea de árboles. Había llegado justo a donde pretendía; allí, a menos de veinte pasos, estaban los arbustos que ocultaban la entrada a la cueva. La pendiente que conducía hasta allí no era demasiado empinada, pero estaba completamente al descubierto. Y, por si fuera poco, había piedras sueltas. Paulo vaciló con una agónica indecisión. ¿Debía cruzar rápidamente por encima de los guijarros y arriesgarse a que lo oyeran, o avanzar poco a poco y exponerse?

En ese momento oyó una rama rompiéndose a sus espaldas. Paulo echó a correr sin dejar de vigilar dónde ponía los pies.

No hubo ningún grito de alerta.

El espacio entre los arbustos y la roca era mucho más estrecho de lo que recordaba. O bien estos habían crecido, o bien él era más grande. Fue apartando las ramas más ásperas con un brazo, ignorando las púas que le rasgaban la piel. Se obligó a avanzar de lado, cubriéndose el rostro con el otro brazo. Y por fin llegó a la entrada, una obertura que debía de ser la mitad de ancha que sus hombros, y se escurrió hacia la oscuridad.

El suelo de la cueva era poco más que una pendiente que se adentraba como mucho ocho pasos en la montaña. No había espacio para darse la vuelta. Paulo se introdujo todo lo que pudo y levantó las piernas.

Lo único que podía hacer era esperar, puesto que rezar no tenía ningún sentido. Los dioses no escuchaban las plegarias de hombres como él. Las probabilidades de que un granjero de la zona acudiera a un lugar tan remoto eran ínfimas.

Cuando los ojos se acostumbraron a la penumbra, a pesar de estar bloqueando la mayor parte de la luz con el cuerpo, observó atónito las pequeñas reliquias de su infancia. Su nombre grabado en la pared, cuyas letras eran más claras que el resto de la roca. Un soldadito de juguete toscamente tallado por él mismo, la imagen del hombre en que siempre había deseado convertirse. Lo había conseguido, y sus hazañas le habían reportado grandes riquezas, pero eso había sido lo único bueno. En aquel momento, había tenido que volver a esconderse en la oscuridad, como el crío que una vez fue. Salvo que ahora huía de algo infinitamente peor que la desaprobación de su padre o los latigazos de su cinturón. No tenía escapatoria. Si daban con él, lo arrastrarían por los pies y lo desmembrarían.

Paulo oyó piedrecitas deslizándose por debajo de unas botas. Cada paso que daban producía una pequeña cascada. Se estaban acercando. ¿Lo habrían visto escabullirse hasta la cueva?

Las pisadas cada vez eran más fuertes, y hasta el tintineo y los chirridos de los guijarros eran audibles.

Paulo contuvo la respiración.

Las pisadas se detuvieron delante de los arbustos.

A Paulo comenzaron a escocerle los arañazos de los brazos. Dioses del panteón, ¿habría dejado sangre en las zarzas? ¿Se habrían dado cuenta?

Muy lentamente, Paulo giró el cuello y echó un vistazo por encima del enredo que era su cuerpo. Vio un par de botas recortadas bajo los rayos del sol al otro lado de los arbustos. Uno de los atacantes estaba justo delante de él. El calzado era resistente y adecuado para trabajar: eran las botas propias de un hombre del campo. Paulo tenía al tipo tan cerca que incluso podía olerlo: el hedor bestial del pellejo de lobo, el sudor humano y algo dulce, quizá canela o nardo.

De repente, Paulo sintió un picor en la garganta y la desesperada necesidad de toser. Intentó tragar saliva, pero no hizo sino agravar la sensación. Hundió el rostro en el brazo y siguió respirando con calma por la nariz. En cualquier momento podría perder aquel combate desigual.

Unos instantes después, casi como si de un milagro se tratara, las botas desaparecieron. Olvidada ya la urgencia de toser, Paulo permaneció en su guarida sin dejar de escuchar el sonido decreciente de las pisadas sobre los guijarros.

No tardaron en marcharse, pero, aun así, lo único que cabía hacer era esperar.

# 24

# *MILITIA*

UN AÑO ANTES
608 *AB URBE CONDITA* (146 A. C.)

La venganza era un designio sagrado. Debía anunciarse y promulgarse en público. Roma jamás eludiría su deber de tomar represalias. Cualquier muestra de compasión podría interpretarse como una debilidad, algo que alentaría a los enemigos y amenazaría la seguridad del imperio. Los castigos severos no finalizaban con el sangriento saqueo y la quema de Corinto.

—Dis Pater, Vejovis, manes o cualquiera de los nombres a los que respondas, te pedimos hoy que inundes la ciudad de Corinto de pavor. Que las gentes que habitan este lugar, sus campos y comarcas no vuelvan a ver la luz de los cielos.

Paulo observaba al cónsul Mumio pronunciar la maldición sobre los prisioneros de la toma de Corinto. Los supervivientes se habían agrupado a las afueras de la ciudad, entre las largas murallas que conducían al puerto de Lequeo. A pesar de la matanza, se contaban por miles, y provenían de todo el Peloponeso; por algo había sido Corinto la capital de Liga Aquea. Los cautivos estaban rodeados de soldados, a los que sin ningún tipo de exhibición se habían unido legionarios adicionales, aunque tampoco habían pasado desapercibidos. Los prisioneros —hombres, mujeres y niños— se aferraban aterrorizados los unos a los otros.

—Te pedimos que juzgues esta ciudad y sus tierras, así como las vidas de sus ciudadanos, malditas y execradas bajo las leyes por las que durante milenios se ha maldecido a los enemigos.

Aquellos que aguardaban la muerte emitieron un suave lamento.

—Yo os convoco, Madre Tierra, y a ti, Júpiter, como testigos.

Cuando Mumio mencionó a la Madre Tierra, tocó el suelo con las manos; cuando llegó el turno de Júpiter, alzó las manos al cielo, y cuando pronunció el juramento, se tocó el pecho con las manos.

Una vez completado el ritual, Mumio se dirigió a los presentes sin emoción alguna.

—Por las leyes marciales, yo os condeno a muerte. Pero la clemencia de Roma es infinita. Tan solo los verdaderamente culpables sufrirán.

Los quejidos se acallaron.

—Hace medio siglo, un general romano, Tito Quincio Flaminino, se presentó ante vosotros y proclamó la libertad de Grecia. Vosotros y vuestros padres se lo pagasteis con intrigas y engaños. Quebrantasteis vuestras promesas y declarasteis una guerra injusta a Esparta, nuestra aliada. A pesar de vuestros pecados, me reafirmo en lo que proclamó Flaminino. ¡Podéis marchar libres!

Un silencio aturdido invadió a la multitud. Antes de que alguien pudiera romperlo, Mumio prosiguió:

—Salvo aquellos esclavos a los que se liberó por error y se armó para que combatieran a Roma. Todos ellos volverán a sentir las cadenas. Y tampoco habrá libertad para aquellos cuya maligna enajenación descarrió al resto. Los líderes de la Liga Aquea serán ejecutados. La ciudad de Corinto fue la raíz del mal. Todos sus ciudadanos y sus familias serán vendidos como esclavos.

Se produjo un grito ahogado colectivo cuando las esperanzas de miles se hicieron añicos.

—Aquellos de vosotros que hayáis sido perdonados podéis demostrar vuestro arrepentimiento señalando a los malhechores y entregándolos a las tropas.

Se desataron altercados cuando aquellos que habían recibido el perdón se apresuraron a demostrar su nueva lealtad a Roma.

Eso, pensó Paulo, era una forma de separar el trigo de las ahechaduras.

—¡Oh, una y mil veces dichosos los dánaos que perecieron entonces!

El niño que recitó a pleno pulmón un verso de la *Odisea* era sujetado por un hombre rudo que agarraba a la madre del muchacho con la otra mano.

Mumio esbozó una sonrisa.

—Los romanos no somos bárbaros. Homero fue el poeta de poetas. Soltad a ese crío y a su familia.

Tales eran los caprichos de un conquistador.

Todos los refugiados se habían dispersado hacia los confines del Peloponeso. Los corintios y sus familias, a excepción del niño que conocía la *Odisea* y sus seres queridos, habían sido vendidos como esclavos. Allí donde hubiera un ejército —vencedor, claro— habría esclavistas, como pulgas en un perro callejero. Se habían puesto a la venta tantísimos hombres, mujeres y niños que los precios se habían desplomado. Podrías haberte quedado con una familia entera por un puñado de monedas, y por un poco más escoger a algún muchacho o muchacha hermosos que llevarte al lecho.

Corinto estaba desierta e indefensa. Había costado sudor y lágrimas echar abajo las murallas, y aunque no todas se habían demolido, largas extensiones yacían en ruinas. Acto seguido, llegó el turno de los edificios y lo que contenían. Las estatuas y cuadros demasiado pesados y voluminosos como para que alguien se los hubiera llevado durante el frenesí del saqueo se guardaron en cajas como botín. Las obras de arte menores se reservaron para el rey de Pérgamo, aliado de Roma. Las más significativas iban destinadas al cónsul, pero Mumio era un hombre modesto y virtuoso, así que ninguna se expondría en su propio hogar; en su lugar, se consagrarían en los templos o se enviarían a las comunidades itálicas y griegas que lo merecieran. Sí, Mumio era una persona modesta y virtuosa, pero también de grandes ambiciones. Un extravagante gesto de piedad mejoraba la reputación de cualquier político, y los regalos que generaran clientes en ciudades repartidas por todo el imperio eran de un valor inestimable para cualquier mecenas. Era improbable que la renuncia personal a tales obras maestras le hubiera pesado al cónsul. Se decía que, en los contratos con los transportistas, Mumio insistía en que se añadieran cláusulas para que, si llegaban a dañarse o perderse obras de los grandes maestros, siempre se reemplazaran.

Paulo no tenía claro si los rumores sobre el cónsul eran ciertos. Con la ayuda de un polispasto, habían acabado de cargar la última de las estatuas del templo de Apolo en un carro. Paulo les había echado una mano a sus nuevos compañeros de tienda. Trabajaban codo con codo, sí, pero no se sentía parte de su reservada hermandad. Sus antiguos camaradas habían muerto. Nevio lo había asignado a una tienda que había perdido a uno de sus soldados. Los miembros del nuevo escuadrón lo respetaban, pero mantenían las distancias. En parte se debía a la impresión de estar ante un hombre que había recibido la corona cívica. Pero, en el fondo, el problema era que los legionarios que habían perdido a sus antiguos compañeros se consideraban portadores de la mala suerte. Y eso sin contar con la desaparición de Alcimo y Tatio. Tres hombres partieron a saquear la ciudad, pero solo uno regresó de las calles calcinadas. Y habían visto a Paulo cargar con dos sacos.

Al menos lo estaban atendiendo bien. Oniro, el sirviente del campamento brucio, se había responsabilizado de su cuidado. Cuando el resto de los miembros de la tienda sugirieron que debería echar una mano al sirviente que todos compartían, el esbelto brucio se había negado en redondo. Si a alguno le concedieran también la corona cívica, quizá se plantearía cocinarle y arreglarle el equipo.

A pesar de la cercanía, Paulo y Oniro no habían estrechado lazos. Paulo había tenido la consideración de compartir con el brucio una generosa porción del botín. Oniro se lo agradecía y llevaba a cabo sus tareas con diligencia. Aun así, el fantasma del inexplicable destino de

Alcimo y Tatio estaba siempre presente e impedía cualquier tipo de intimidad.

La guerra había terminado y la conciliación con Grecia estaba en marcha. Así era como lo llamaba Mumio: la «conciliación». Quizá los griegos se habrían referido a lo que estaba pasando de una forma menos anodina. El territorio de Corinto se había entregado a la ciudad próxima de Sición, pero distaba mucho de ser un regalo; la zona había sido declarada propiedad de Roma y, por tanto, las gentes de Sición pagarían un arrendamiento. Tebas y Calcis, las dos ciudades que no pertenecían al Peloponeso y que habían apoyado a los aqueos, también vieron cómo se demolían sus murallas. Para prevenir otros posibles actos de rebelión, o cualquier intento de rechazar la benigna vigilancia de Roma, se privó de armas a todas las ciudades griegas, y las ligas helenas se disolvieron. Al igual que con los aqueos, se abolieron las confederaciones ancestrales de los focenses y los beocios, y se modificaron las constituciones de numerosas ciudades. Roma nunca había confiado en las democracias. Era demasiado fácil que un demagogo cualquiera arengara a los pobres, un grupo demasiado volátil y sin previsión alguna. Las ciudades gobernadas por oligarquías de ciudadanos pudientes eran harina de otro costal. Los terratenientes y propietarios solían mostrar más prudencia. Aquellos que tuvieran mucho que perder seguramente respetarían la voluntad de Roma, sobre todo si el imperio les otorgaba el poder. Eran precisamente esos hombres ricos y cultos los que mejor entendían las cuestiones del imperio. Si respetaban el mandato de Roma, Roma se aseguraría de que continuara su dominio sobre sus estimados conciudadanos.

La causa justa que provocó la guerra no se olvidó. Nadie podía pensar que Roma había combatido por ansias de riquezas o conquista. Los aqueos se vieron obligados a pagar un castigo de doscientos talentos a Esparta, aliada de Roma. El hecho de que los aqueos precisaran de varias vidas para reunir tal cantidad de dinero era intrascendente. Para evitar posibles accesos de arrogancia por parte de los espartanos, o que pudieran llegar a seducirles estúpidos sueños de glorias pasadas, se rechazó su petición de que sus vecinos de Mesene reconstruyeran el templo de Diana y las tierras colindantes. A partir de ese momento, Grecia pasaría a manos del gobernador romano de Macedonia, y Esparta, así como el resto de las ciudades griegas, debían aceptar su estatus como páramos provincianos.

No hubo nada que no se tramitara mediante los procesos legales de Roma. Mumio contó con el consejo de una comisión formada por diez senadores. Como no podía ser de otra forma, uno de los comisionados era su propio padre.

—Bien —dijo Nevio—, encargaos ahora de la estatua de aquella casa.

Pasaron por delante de la estoa en la que había estado el arsenal aqueo, pero ya habían retirado todos los estantes de armas y armaduras. Nada quedaba de los materiales de guerra aqueos, salvo las enormes pirámides de piedras de la artillería, consideradas demasiado pesadas y de poco valor.

Aquel barrio de Corinto había escapado a la destrucción de las llamas. La casa estaba exactamente igual que un año antes; la arcada sin puertas, desde donde podía verse el atrio, no había cambiado. Paulo recordaba a la turba apiñándose en la entrada, la embajada protegida por el muro de escudos en uno de los extremos, el anciano degollado a los pies de la estatua, los sesos del niño que habían estrellado contra el muro.

La estatua seguía descansando sobre el plinto del centro del atrio. La imagen marmórea de Filopemén no había recibido daños. El viejo general aqueo avanzaba hacia la entrada con una postura marcial.

—Un momento.

Un joven tribuno militar los había seguido. Acababan de rodear la estatua con cuerdas y parecía que estuvieran a punto de lincharla.

—El cónsul ha ordenado que no se muevan las estatuas de Filopemén.

—Hemos recibido órdenes de retirarlas, señor —contestó Nevio.

—Las órdenes han cambiado.

—¿Por qué?

—No es de tu incumbencia. —Tras aquella brusca réplica, el muchacho recordó las buenas maneras de las que habían hecho gala generaciones y generaciones de senadores—. Polibio, el historiador aqueo, ha convencido al cónsul. Filopemén es conocido como «el último de los griegos», y Polibio es el confidente de Mumio y Escipión Emiliano, el conquistador de Cartago.

—¿Adónde debemos dirigirnos ahora, señor?

—Informad a Lucio Aurelio Orestes en el campamento. El legado ha requerido a este manípulo para una misión especial.

—La venganza es un deber —dijo Orestes—, y Dieo sigue vivo. Huyó del istmo y no lo hemos encontrado entre los muertos ni entre los cautivos de Corinto.

—La mayor parte de la ciudad fue pasto de las llamas, señor —matizó Nevio—. Todavía no sabemos quién puede quedar bajo los edificios derruidos.

—La última vez que lo vieron fue en el Acrocorinto, y las llamas no llegaron hasta allí. Su hogar está en Megalópolis, en Arcadia. Tu manípulo actuará como mi escolta.

—Las zonas rurales todavía no son seguras, señor.

—Un manípulo nos debería bastar y sobrar para defendernos. Llevarnos a más hombres podría significar que nos preocupa nuestra seguridad.

Orestes parecía meditabundo, como si creyera necesario justificarse.

—Dieo fue uno de los instigadores de la revuelta. Es imprescindible dar caza a los enemigos de Roma. Hay que capturar al general aqueo. Es indispensable que pasee encadenado por las calles de Roma detrás del carro de Mumio, durante el cortejo triunfal. Después pagará por sus crímenes.

—¿Cuándo partimos, señor?

—Por la mañana.

La marcha se alargó cinco días. Tras dejar Corinto, llegaron a un paisaje de pálidas colinas grisáceas y marrones. En el horizonte se dibujaban crestas y crestas de montañas azules. Atravesaron Nemea y, el segundo día, alcanzaron las verdes llanuras de Argos. Acamparon junto al mar en un lugar llamado Lerna. A la mañana siguiente, ascendieron en dirección oeste por un valle fluvial encajado entre altos acantilados. Más adelante, la ruta zigzagueaba e iba ganando altura, hasta abrirse en un lugar con vistas sobre el mar y las montañas más allá del golfo de Argos. Llegaron a una llanura elevada y a la ciudad de Tegea. Después de identificar la cabecera del Helisonte en la siguiente cadena de montañas, el sendero bordeaba el río hasta llegar a Megalópolis.

Nemea, Argos, Tegea... Paulo las conocía todas de sus días de escuela, de leer a Heródoto y a Tucídides. En realidad, tenían un aspecto más bien decadente y desagradable, como si Corinto hubiera absorbido las riquezas del resto del Peloponeso.

Las etapas habían sido largas, y la ruta, agotadora, pero la campaña había endurecido a los legionarios. Los habitantes se mostraban recelosos, pero no abiertamente hostiles. Al ver acercarse a los romanos, los campesinos se llevaban los rebaños y los ocultaban en las montañas; de hecho, cualquier campesino con sentido común, fuera de donde fuera, habría hecho lo mismo al ver soldados aproximándose por la calzada. Las autoridades de las ciudades, herederas de los orgullosos argivos y tegeos que habían hecho historia, se apresuraban a ofrecerles provisiones y alojamiento, y se afanaban por execrar a los líderes de la Liga Aquea. Jamás llegaron a aprobar las calamitosas políticas de Critolao o Dieo. Algunos aun afirmaron haber visto a Dieo como alma que llevaba Hades atravesando su ciudad. El silencio de los demás socavaba de algún modo sus profesiones de regocijo ante el nuevo orden romano.

El río Helisonte dividía en dos la ciudad de Megalópolis. Los edificios públicos se situaban en el margen norte. Los consejeros habían abandonado sus despachos y los esperaban en el mercado. Todos saludaron a Orestes con efusividad, y el legado escuchó pacientemente los interminables discursos, sin llegar a mostrar en ningún momento si dudaba o no de la sinceridad de sus sentimientos. Las oraciones se formularon en el griego ático de tiempos pasados, el idioma de Demóstenes y Plauto que el maestro de Temesa le había enseñado a Paulo a golpes. Era algo reservado a los más educados. Paulo se preguntó quiénes entre el populacho que deambulaba por el mercado podrían entenderlos. Al poco rato, dejó de escuchar las elaboradas figuras de aquella retórica.

Finalmente, Orestes respondió, usando también el antiguo dialecto de la filosofía. Los aqueos habían sucumbido a las fiebres o a la locura. Sus pies habían hollado una senda aciaga, como guiados por espíritus malignos. Tan solo los culpables debían tener miedo. ¿Dónde estaba Dieo?

Todos se olvidaron de las pompas cuando llegó el momento de delatar a su conciudadano. Todo el mundo parloteaba al mismo tiempo. Una o dos personas, dominadas por el entusiasmo, incluso recurrieron a la lengua común de las calles, a un lenguaje malsonante y a palabras obscenas. El traidor había regresado. Toda Megalópolis había rehuido a Dieo. Nadie estaba dispuesto a dirigirle la palabra al hombre que había traído la tragedia a los hogares de los griegos. Dieo se había refugiado en su finca campestre. No estaba demasiado lejos; no tenían más que dirigirse hacia el suroeste por la calzada que llevaba a Mesene. Era imposible no ver la casa; era la única de la zona, una construcción cercana al templo de los manes y el túmulo de Orestes, el funesto tocayo del legado. Les ofrecieron toda la información de que disponían sobre su ubicación, e incluso les propusieron hacerles de guías, pero el cónsul rechazó educadamente la invitación. Uno de los consejeros podía indicarles el camino.

Los legionarios apenas tuvieron tiempo de dar un sorbo de vino y comerse un trozo de pan y queso antes de partir.

La casa estaba, en efecto, a poco más de una milla de la ciudad. Era una construcción cuadrada y sólida, con una fachada blanca. Solo tenía dos puertas, y ambas cerradas. Las ventanas estaban tapiadas y alejadas del suelo. No había signos de vida. Orestes ordenó a los legionarios que rodearan la vivienda.

No procedía a la dignidad de un legado de Roma ocuparse de llamar a la puerta de nadie, así que aquella tarea se le encomendó a Nevio.

—¡Abrid la puerta, en nombre de Roma!

El centurión aprovechó el pomo de la espada para golpear la madera. No hubo respuesta. El calor del sol vespertino era insoportable bajo la armadura. En el cielo, bandadas de golondrinas se inclinaban y giraban. Las cigarras se llamaban las unas a las otras entre los arbustos que rodeaban la calzada. La brisa traía consigo un ligero aroma a madera quemada.

—¡Abrid la puerta o la echaremos abajo!

A la hora de la verdad, derribar la puerta no sería tan sencillo, puesto que se trataba de un portón descomunal reforzado con hierro y no había nada en las proximidades que se pudiera usar como ariete.

Cerca de la casa, en el lado izquierdo del camino, se encontraba el templo de los manes. Justo detrás se alzaba un túmulo coronado por un dedo de piedra. «Manes» era otra forma de referirse a las Furias, o las Benévolas, que fueron quienes persiguieron a Orestes hasta aquel lugar tras asesinar a su madre. Allí, víctima de su locura, se había arrancado un dedo de un mordisco. El dolor apenas le había servido para recuperar la razón, pero las ancianas ya no se le volvieron a aparecer con los negros ropajes propios del inframundo, sino con los atavíos blancos de los dioses olímpicos. Un mísero trueque a cambio del dolor y la pérdida de un dedo.

—Tendremos que enviar un destacamento a buscar un ariete, señor. Salvo que arranquemos una de las vigas del templo.

—No me parece sensato, centurión, y mucho menos teniendo en cuenta mi apellido.

—¡Mirad!

Dieo apareció en la superficie plana del tejado con una mujer hecha un ovillo que daba la impresión de que, si se relajaba, acabaría desplomándose. Iba vestido con las mismas ropas con las que se había enfrentado a la embajada romana en Corinto, hacía ya un año: una capa y una túnica griegas inmaculadas. De nuevo, su postura era la de alguien sereno, con el brazo cruzado sobre el pecho y la mano oculta entre los pliegues de la tela. Sin embargo, parecía moverse con dificultad, como si sus articulaciones no lo obedecieran del todo.

—¡Ríndete! —le ordenó Orestes.

Dieo se enderezó.

—¿Para que me paseéis encadenado y el pueblucho de Roma me abuchee? ¿Para que alguien me estrangule a oscuras?

—Entrégate, Dieo —gritó el guía—. Piensa en tus conciudadanos. No traigas la ira de Roma a Megalópolis.

Dieo hizo un gesto de desdén.

—Cada vez tengo más claro que Filopemén fue, efectivamente, el último de los griegos. Ni siquiera él pudo unirnos. Las ciudades griegas no hacen más que mirarse el ombligo y aprovechar ventajas y protecciones temporales. Ha sido esa fragilidad la que ha terminado con nosotros. Nos condujo al dominio de Macedonia y, ahora, al sometimiento a Roma.

—El Senado decidirá tu destino —sentenció Orestes.

—¿Los mismos hombres que ordenaron la destrucción de Corinto, de Cartago y de cientos de otros lugares? A Rómulo lo amamantó una loba. Su sangre corre por vuestras venas. No sois mejores que una manada de bestias voraces. Vuestra codicia os ha llevado a violar al mundo entero. Nadie, por pobre que sea, puede escapar a vuestra avaricia. No hay aldea aislada ni valle montañoso remoto que pueda salvarse de vuestra lujuria.

—Los dioses saben —empezó Orestes— que Roma solo combate para defenderse a sí misma o a sus aliados. La victoria no es más que una prueba de la justicia de nuestras guerras.

—Los dioses están muy lejos y no se preocupan por la humanidad —replicó Dieo—. Los nombras en vano para ocultar tu villanía. Esparta te es indiferente. Llegaste a un acuerdo con ellos para tener la excusa de aplastar Acaya. Nuestra libertad era una afrenta para tu orgullo, y las riquezas de Corinto, un estímulo para tus deseos. Fuiste tú, un romano con un nombre maldito, quien nos exigió unas condiciones que sabías que no seríamos capaces de cumplir. Nos obligaste a declararos la guerra.

—Señor —murmuró Paulo. Había hilos de humo asomando por las juntas de la puerta—. La casa está en llamas.

—Dieo, esto es una necedad —exclamó Orestes—. ¿Acaso permitirás que tu esposa muera calcinada?

—Mejor eso que ser profanada por tus soldados y vendida como esclava.

—Te juro solemnemente que no recibirá daño alguno.

—Tu palabra no vale nada.

Las chimeneas de la casa, y hasta el mismo techo, vomitaban humo, que se alzaba al cielo en espirales.

—Por todos los dioses, deja que se vaya —gritó Orestes.

Dieo lo ignoró, y se dirigió al resto de los presentes.

—Vosotros, legionarios, sois una panda de necios. Los botines de todos los continentes fluyen hacia Roma. ¿Qué porción habéis visto? Las riquezas acaban en las arcas de los senadores y de sus amigos de alta alcurnia. Marcháis y morís para enriquecer a los senadores. Mientras jugáis a la guerra, vuestras granjas se echan a perder, expulsan a vuestras familias y os arrebatan vuestras tierras. Son precisamente vuestros comandantes los que os las roban. Estáis luchando solo para perderlo todo.

Se oyó un crujido seguido de un rugido, y algo dentro de la casa se vino abajo. Ya podían verse las primeras llamas por encima del parapeto.

—Aún estás a tiempo —dijo Orestes.

—Hace mucho que perdí el tiempo que me quedaba. He tomado cicuta cuando he visto que os aproximabais.

Dieo se volvió hacia su esposa. La mujer ni se inmutó; esperaba con la misma docilidad que un ternero en un altar. Dieo la abrazó y le dio un beso en la frente. En un abrir y cerrar de ojos, sacó un cuchillo y la apuñaló. Su mujer se desplomó aferrándose a él, y juntos se acercaron renqueando a las llamas.

Ensangrentado y derrotado, Dieo se volvió hacia la comitiva una última vez.

—Bien lo conoce mi inteligencia y lo presiente mi corazón: día vendrá en que perezca la sagrada Ilión.

Había cierta dignidad en aquel rostro mofletudo y en aquel cráneo rapado mientras recitaba las palabras de Homero.

—Yo os maldigo a todos y cada uno de vosotros, hijos de Roma. Que la tierra os sea leve para que los perros puedan desenterraros.

Tras pronunciar la última palabra, se volvió y se adentró en las llamas, y no volvió a vérsele más.

# 25

# *Patria*

609 *ab urbe condita* (145 a. C.)

Después de que las pisadas desaparecieron, lo único que cabía hacer era esperar. La cueva era diminuta. Paulo tenía los músculos agarrotados, y el frío le había calado hasta los huesos. Tiritaba, se rodeaba con los brazos y se mordía los nudillos para evitar que le castañearan los dientes. Algunas veces no podía evitar toser, y después de cada acceso ahogado lo invadía el miedo. ¿Seguirían cerca? ¿Lo habrían oído? ¿Lo sacarían a rastras en cualquier momento como a una rata de su madriguera y lo descuartizarían? Prestó atención tratando de oír hasta el más mínimo sonido. Lo único que rompía el silencio era el viento que silbaba a través de los olivos y, más allá, los mugidos de los bueyes al expresar su angustia. Seguían atados al arado y con las cestas en los morros, así que probablemente estaban sedientos y hambrientos.

Paulo se imaginó el cuchillo a escasa distancia de su rostro y la agonía mientras le atravesaba el delicado globo ocular. Primero uno, después el otro, y la inaguantable oscuridad posterior. Alguien le abriría a la fuerza la mandíbula, unos dedos ásperos le agarrarían la lengua, la hoja dentada la cortaría. Su propia sangre en la garganta, ahogándolo. Las mismas manos bajando hasta su hombría, y la hoja lista para su repugnante tarea.

¿Lo mutilarían antes de matarlo? Había visto con sus propios ojos lo que habían hecho a Hircio y Junio. Habían disfrutado de todas y cada una de las torturas. Pero él era un veterano, estaba entrenado para el combate. Sería una amenaza para ellos mientras estuviera vivo, aun desarmado y superado en número, aunque lo hirieran y lo ataran, jamás permitiría que lo sujetaran. Sabrían que tenía sangre en las manos y que no se andaría con chiquitas si debía volver a matar. Sabrían lo que había pasado con los bandidos de La Sila, y que un hombre no consigue la corona cívica sin derramar sangre. Actuarían con cautela y no se arriesgarían a regodearse en sus sádicos placeres. Le brindarían una muerte rápida.

Se trataba de dos individuos que disfrutaban con lo que hacían. Paulo jamás llegó a creerse que las muertes fueran obra del héroe de Temesa. Él sabía lo que significaba estar maldito, y eso se lo debía a las Benévolas. Los asesinatos no eran culpa de ningún demonio, sino de hombres. En un primer momento, después de ver los restos profanados de Junio, pensó que podía tratarse de un bandido, un lobo solitario enloquecido por la soledad y el rechazo en busca de una forma retorcida de vengarse del mundo. Pero algo no cuadraba: en las tierras salvajes, los bandidos vivían en lo que ellos consideraban una comunidad. Los que capturaron en la Roca de la Sangre no tenían constancia de ningún cuerpo mutilado. Y los culpables eran dos. Fueron necesarios dos hombres para lanzar a Hircio al caldero de brea.

Fueron dos las figuras que vio escabullirse del templo de Polites, dos hombres que, ahora, lo buscaban a él. Dos individuos que lo tenían todo en contra, con un deseo primario de infligir sufrimiento y muerte, solos en una ciudad pequeña como Temesa. Los lunáticos no trabajaban bien en equipo, como una yunta de dóciles bueyes. Los locos no llegaban a pactos que, luego, pudieran ejecutar.

Las dos víctimas eran romanos. Los brucios tenían razones más que de sobra para vengarse de sus conquistadores. Estos habían violado y asesinado a sus abuelos, además de haberlos vendido como esclavos. Les habían arrebatado sus mejores tierras y, ahora, no les quedaba otra que verlos habitar sus granjas ancestrales. Eran parias en su propio hogar. Razones tenían a montones. Pero se habían presentado en el templo para matar a la muchacha, y Minado era brucia. Así pues, descartados los brucios. Sin embargo, Paulo estaba convencido de que las muertes tenían algún sentido; quienquiera que fuera trataba de propagar el miedo. Las causas debían buscarse en las raíces de la fracturada comunidad de Temesa, una villa claustrofóbica en la que los pobres odiaban a los ricos y los ricos detestaban a los pobres, y donde hasta las rivalidades más baladíes acababan engendrando inquinas. Paulo tenía ciertas sospechas, pero ninguna prueba.

Por fin, la luz del día empezó a decaer. Paulo debía marcharse, pero necesitó toda la fuerza de voluntad de la que disponía para obligarse a moverse. De repente, aquella reducida hendidura en la roca le pareció un refugio. Como si de un tímido animal se tratara, se sentía seguro en aquel agujero.

«Compórtate como un hombre.» No estaba seguro de si había mascullado la orden en voz alta. Las interminables horas de recelos y molestias le habían pasado factura.

Con los pies por delante, y gimiendo con cada movimiento, salió de su escondite. Sin detenerse, se forzó a atravesar las zarzas y se arrastró montaña abajo hasta llegar al bosque.

De nuevo a salvo, apoyó la espalda en la corteza de un olivo. Había caído la noche y la luna estaba en cuarto menguante, pero la tapaban continuamente las negras nubes que llegaban del invisible mar. Volvió a aguzar el oído y percibió los sonidos nocturnos y los crujidos de criaturas furtivas que buscaban alimento o a su próxima presa. Un búho ululó y recibió una lejana respuesta. De cuando en cuando, uno de los bueyes mugía miserablemente, sin apenas esperanzas de que lo socorrieran. Ningún sonido rompía la paz de la noche.

Paulo estaba dolorido de pies a cabeza. Con cuidado, estiró las extremidades, espalda y cuello. No había movimiento con el que no sufriera. Estaba mareado por el hambre y la ansiedad. ¿Le quedarían fuerzas para luchar? No conseguiría nada allí parado. Debía enfrentarse a lo que merodeara por las sombras.

Fue pasando rápidamente de un árbol a árbol, deteniéndose bajo las oscuras ramas y agudizando los sentidos en mitad de la negrura de la noche. ¿Qué fue lo que les dijo el líder de los bandidos en la Roca de la Sangre? Todas las noches debían de ser idénticas para el rey esclavo de Nemi, siempre patrullando, siempre esperando al próximo esclavo fugado que lo acechara, que intentara matarlo para quedarse con su puesto. Todas las noches debían de parecerle un espanto.

Paulo alcanzó la plantación y la atravesó a lo largo del muro de piedra seca que bordeaba el arroyo. Su primer impulso fue ir directamente a por el cinturón de la espada que había dejado junto al bebedero. A medida que se acercaba, se daba cuenta del peligro que corría. El arquero más esbelto le había disparado a poca distancia, y debía de haber visto sus cosas abandonadas. La luz que quedaba era suficiente para apuntar a alguien. Si a Paulo le habían tendido una emboscada, sin duda sería allí. Igual que un cazador en un abrevadero, lo lógico era esperar en el lugar al que sabías que acudiría tu presa.

Cuando le faltaban poco más de treinta pasos, Paulo se lanzó al suelo. Por mucho que se esforzara, no era capaz de detectar la presencia de nadie que lo acechara: ni ruidos, ni señales, ni olores. Habían pasado horas desde el ataque. Quizá sus atacantes se habían marchado y habían abandonado su intento de asesinarle o, al menos, lo habían pospuesto. En una ciudad pequeña como Temesa, todo el mundo se conocía. No podías ausentarte de donde los demás esperaran encontrarte durante la mayor parte del día sin que tus vecinos hablaran.

Pensó en su hogar. Probablemente esperaban que regresara antes de que anocheciera. ¿Cuánto hacía de la caída de la noche? Debía dar de comer y beber a los bueyes, proporcionarles un lugar donde dormir. ¿Y si Eutiquio o Pastor estaban cruzando el río e iniciando la larga ascensión hacia las montañas? ¿Podría ser que ellos también estuvieran cayendo de pleno en las fauces de los lobos?

Aquella idea lo animó a ponerse en marcha. Recorrió la distancia que le quedaba, cogió el cinturón de la espada y se agazapó en un pequeño hueco a un puñado de pasos de allí. No hubo ninguna flecha silbando por el aire de la noche, ni enemigos surgiendo de entre las tinieblas.

Uno de los bueyes lo llamó con tristeza. Era una crueldad dejarlos allí a su suerte, pero estaban en mitad de las tierras de labranza y Paulo no había podido explorar los extremos orientales del campo. Echó un vistazo a las nubes, a la densa sábana de la noche. Tan solo era necesario un tiro preciso para derribarlo. Un extraño fatalismo lo asoló. Nevio le había contado que era algo habitual entre soldados que hubieran entrado demasiadas veces en combate. Se despreocupaban de su propia seguridad.

A la mierda, y Nevio también.

Paulo se puso en pie, se abrochó el cinturón y echó a andar por las zanjas.

A pesar del fatalismo, Paulo había escapado de allí con la cabeza agachada y el torso protegido tras los anchos hombros de las bestias. Una cosa era aceptar la voluntad de los dioses, y otra muy distinta ponerse voluntariamente en peligro.

El halo de la luz de la lámpara le había delatado la presencia de Pastor, quien trotaba por el sendero que subía desde el Sabutus. Como de costumbre, el viejo ovejero viajaba armado, algo que fue todo un alivio. Paulo no contó nada hasta llegar a la seguridad de la granja, estabular a los bueyes y reunir a la familia al completo alrededor del hogar. Durante el resto de la noche, Pastor y Eutiquio se habían turnado para vigilar la sala principal de la granja. Probablemente era una precaución innecesaria, pero ayudó a Paulo a dormir como un lirón.

Al día siguiente, Paulo bajó a Temesa y explicó a los magistrados y al concilio lo que había pasado. Como cabía esperar, la consternación fue palpable. Lo que Paulo no había previsto fue el trasfondo de animosidad. A pesar de ser la víctima de un ataque no provocado, parecía existir una sensación no verbalizada de que él era el culpable, como si, por alguna misteriosa razón, fuera responsable del retorno de un mal que nadie quería volver a ver.

Fuera lo que fuera que acechaba en las montañas, era noviembre y había que labrar los campos y sembrar el trigo. Solo disponían de nueve horas y media de luz diurna. Por tanto, a la mañana siguiente Paulo volvió al campo superior. Esta vez fue Eutiquio quien se encargó de arar, mientras él vigilaba apoyado en el bebedero con la espada —así como un arco largo de caza y un carcaj hasta los topes de flechas— a mano.

El abrevadero era un viejo sarcófago que llenaban con agua del arroyo, una reliquia vetusta sin inscripciones. Los huesos de quien fuera que hubiera reposado allí se habían convertido tiempo ha en polvo, y su nombre había sido olvidado. Temesa se había construido sobre los restos de los muertos, o eso decía Kaido. Cuando alguien le pedía que se explicara, la bruja brucia se limitaba a repetir lo mismo: construida sobre los restos de los muertos.

Pese a estar a plena luz del día y a que era improbable cualquier intento de acabar con su vida, Paulo permanecía alerta, así que oyó a los visitantes antes de que emergieran de la espesura. Había cinco en total: Solino y dos jóvenes parientes —que habían estado presentes en la caza del jabalí de Fidubio y Vibio—, acompañados por dos esclavos. Todos portaban armas, y era evidente que tenían los nervios a flor de piel.

—Ha habido otro asesinato. —Solino le comunicó las nuevas sin preámbulos—. Los magistrados quieren que vayas.

—¿Adónde?

—A una de las granjas de la cuenca alta del Sabutus. —Solino parecía sorprendido por la pregunta—. Marcelo está muerto.

—Me quedaría más tranquilo si uno de tus sirvientes pudiera echarle un ojo a mi labrador.

Solino se encogió de hombros, pero accedió.

Volvieron sobre sus pasos, superaron la cresta y tomaron el sendero que bordeaba el banco norte del río. Paulo caminaba junto a Solino, los demás los seguían de cerca. No mediaron palabra, y Paulo tuvo la impresión de que lo observaban. Desde que le habían otorgado la corona cívica, se había acostumbrado a las miradas de los demás. A veces era algo agradable, sobre todo cuando los más prepotentes debían ponerse en pie al verlo. En aquel momento, sencillamente lo irritaba.

La granja de Marcelo estaba orientada hacia el sur en la cima de una de las colinas que dominaban el Sabutus, bien situada para recibir las posibles brisas en verano y, al mismo tiempo, resguardada por altos olmos en invierno. La estructura de la vivienda era impresionante: dos alas sobresalían del edificio principal para formar un patio a cielo abierto. En un nivel inferior, se extendía un recinto amurallado con los edificios de la granja y las habitaciones de los esclavos. La finca se ubicaba en un terreno de muchas *iugera* que trabajaban media docena de esclavos domésticos. A pesar de todo, el lugar tenía un aspecto destartalado y descuidado. El yeso estaba desconchado tras años de humedades bajo canalones atorados, y las dos alas de la casa estaban tapiadas y en desuso.

Marcelo, aunque descendía de uno de los colonos originales de Temesa con estatus de équite y se había beneficiado de una gran parte de las herencias familiares, no había tenido una vida demasiado afortunada. Se había casado tarde y con una mujer más bien gruñona. Habían tenido un solo hijo, como tantas otras parejas, con la intención de entregar todas sus posesiones a un mismo heredero. La apuesta había fallado. Tanto la madre como el hijo murieron de fiebre. Marcelo no había vuelto a casarse, y dado que nunca había sido el más gregario de los hombres, no tardó en recluirse en un duelo solitario. Paulo recordaba que, en la escuela, Lolio había comparado al viudo con Timón de Atenas, un misántropo que había rechazado toda compañía y había llegado a aborrecer a la humanidad. La comparación no distaba mucho de la realidad, aunque se hiciera con la crueldad propia de los jóvenes. Marcelo raramente visitaba la ciudad, jamás asistía a los festivales y no tenía amigos ni familia cercana. Aunque rico en posesiones, era un avaro y, tal y como Fidubio lo había descrito en la batida, no le importaba a nadie. Marcelo jamás había designado a un heredero, y se rumoreaba que nunca había llegado a rehacer el testamento en el que lo legaba todo a su hijo muerto.

No había nadie a la vista y el patio estaba vacío, salvo por algunas gallinas que picoteaban esporádicamente el duro suelo. Cacarearon y se dispersaron cuando los hombres cruzaron el umbral de la granja. La puerta estaba entreabierta. Paulo se percató de que no habían reventado la cerradura ni las bisagras. Marcelo conocía a sus asesinos y, aunque de mala gana, los había dejado entrar. Solido acompañó a Paulo al interior. Los demás lo seguían de cerca.

La sala principal de la planta baja era un espacio amplio en el que ya estaba reunida la flor y nata de la colonia: los magistrados, los grandes terratenientes, Vibio y Fidubio —ensombrecidos por la imponente figura de Crotón—, Urso, el sacerdote, e incluso Roscio el tabernero y su esmirriado catamita, Zenón. Todos traspiraban solemnidad, como si estuvieran asistiendo a un ritual religioso que no acabaran de aprobar y cuyas consecuencias les parecieran dudosas.

Los reunidos saludaron a Paulo con una formalidad afectada. Ni siquiera Lolio le dio un abrazo; su amigo tenía la vista apagada, inexpresiva, como las ventanas vacías de una habitación a oscuras.

La frialdad no debía de sorprender a nadie, teniendo en cuenta el motivo de la reunión.

Lo que quedaba de Marcelo se había dispuesto delante del hogar. Los asesinos no habían escatimado en nada. Y se habían tomado su tiempo. Dos copas descansaban sobre la repisa de la chimenea junto a una jarra de vino y un plato con restos de queso y un cuscurro de pan. No había sido un ataque fruto de la histeria. Habían apartado una mesa a fin de tener espacio para operar, y sobre ella aún reposaba un jarrón. No habían apartado la mesa de un golpe, sino que la habían transportado con cuidado. Para eso habrían hecho falta dos hombres. Debían de haber dejado inconsciente a Marcelo primero, puesto que no había signos de lucha. No había objetos rotos ni muebles volcados, y, salvo la mesa, nada parecía estar fuera de lugar.

El orden doméstico de la sala provocaba que el objeto sobre las baldosas resultara aún más repugnante.

Habían despojado al cadáver de todas las extremidades —pene, manos, pies, nariz y orejas—, le habían cortado la lengua y arrancado los ojos. Le habían insertado el pene en la boca, pero esta vez el resto de las partes del cuerpo se habían atado con una cuerda que rodeaba el cuello y se habían acumulado bajo las axilas. Había sido imprescindible una gran habilidad para extraer los ojos con la cantidad exacta de nervio óptico que permitiera anudarlos a la cuerda.

Los asesinos habían dedicado todos los esfuerzos posibles a asegurarse de que la sombra de Marcelo no pudiera perseguirlos: sin ojos para ver, sin orejas para oír, sin nariz para oler, sin pies para andar, sin manos para agarrar, sin lengua para denunciar y sin pene para vengarse en un ataque de ira. La preparación superaba la de cualquier historia del folklore. Paulo se acordó del destino de Apsirto en las *Argonáuticas*, de Apolonio de Rodas. Al menos uno de los asesinos era un hombre relativamente cultivado. Quizá, como Jasón, se había arrodillado tres veces a lamer la sangre de la víctima para luego escupirla. Era imposible saberlo. La sangre lo cubría todo, y unas moscas somnolientas se daban un festín con los oscuros charcos del suelo.

Y aquello no era lo peor. Entre la sangre de las extremidades cortadas podían percibirse marcas de cuerdas. Marcelo estaba vivo, al menos al principio, cuando los asesinos se habían dispuesto a torturar sin prisa, metódicamente, al anciano indefenso. Paulo se acordó del pavor que había sentido en la cueva unas noches atrás, y sintió una terrible empatía. Quizá el objetivo del dolor infligido había sido sonsacarle información sobre la riqueza que acumulaba, pero Paulo creía que la razón no era otra que una crueldad sin sentido. Se los imaginó en mitad de aquella barbaridad tomándose unos instantes para beber y comer algo.

Nadie había abierto la boca desde que Paulo había entrado en la habitación.

—¿Dónde estaban los esclavos? —Fue él quien rompió el silencio.

—En los campos —respondió Urso—. Todo el mundo sabe que Marcelo solo permitía que entraran en su casa cuando era la hora de comer.

—¿Cuándo fue la última vez que estuviste aquí? —le espetó Fidubio.

La pregunta cogió por sorpresa a Paulo.

—Llevo años sin venir. Marcelo no era amigo de las visitas. Probablemente antes de que muriera su hijo; yo era pequeño.

—¿Reconoces esto? —Vibio le mostró un pequeño abalorio de cobre con la forma de la letra griega zeta.

—Sí, es mío.

—¿Y cómo explicas que haya aparecido en esta habitación?

Paulo sintió cómo le daba un vuelco el corazón.

—Alguien lo ha dejado para incriminarme.

—O lo perdiste en la pelea.

Vibio, como siempre, hablaba con una educación que rayaba en el desinterés.

—No hubo ninguna pelea.

—¿Y cómo lo sabes? —exclamó Fidubio, triunfal.

—Porque la sala está como debería estar.

—Eres un veterano. Un anciano como Marcelo apenas debió de resistirse.

—¿Por qué iba yo a querer matarlo?

Incluso Paulo se dio cuenta de que su tono era de súplica, desesperado.

—Conocías al resto de las víctimas —añadió Vibio—. Junio era tu vecino, y se rumoreaba que estabas pensando en casarte con la hija de Hircio.

—Y no han sido ni una ni dos las personas que han observado lo mucho que has cambiado desde que volviste de Corinto.

El pozo de odio que se ocultaba tras las palabras de Fidubio era infinito: «Tú volviste de las guerras; Alcimo, mi hijo, no tuvo tanta suerte».

—Pero es que hay dos asesinos.

—Eso es lo que tú afirmas —contestó Fidubio.

No, estuvo a punto de exclamar Paulo; Minado también los vio escabullirse del templo. Incluso *in extremis*, lo más sensato era mantener la discreción. No estaba dispuesto a meter a la muchacha en aquel asunto. Para ellos no era más que una repugnante brucia. Jamás la creerían.

—O bien cuentas con un cómplice.

Vibio parecía muy tranquilo.

—¿Quién?

—Hemos retenido a tus esclavos. Pronto interrogaremos a Eutiquio y a Pastor.

Fidubio parecía regocijarse con la idea.

—Son inocentes, y mayores. No podéis torturarlos.

—Sabes que es la ley —sentenció Urso.

—La única forma de que los siervos digan la verdad —añadió Vibio.

Paulo miró a todos sus conciudadanos. A la mayoría los conocía desde que tenía uso de razón. Ahora, todos aquellos pares de ojos carecían de compasión, y no eran más que cuencas vacías y oscuras, como las ventanas de una casa abandonada.

Fidubio le dio un codazo a uno de los magistrados.

—Cayo Furio Paulo, quedas arrestado por asesinato.

# 26

## *Patria et militia*

608-609 *ab urbe condita* (146-145 a. C.)

Los primeros colonos de Temesa eran buenos romanos. Habían intentado crear una miniatura de Roma en la remota Calabria, y para conseguirlo habían cuidado hasta el más mínimo detalle, incluso en lo que respectaba a la prisión.

El Tullianum de Roma se encontraba a los pies de la colina Capitolina, oculto tras el senado. Era una cámara circular subterránea, de unos siete pies de ancho y doce de alto. La celda estaba rodeada por sólidos muros y tenía una cúpula de piedra. Solo se podía acceder a través de una escalera que bajaba desde un orificio en el techo. Un manantial de agua desaguaba en la estancia, cuya humedad se añadía al repugnante aire de abandono, a la oscuridad y al hedor. No estaba pensada para acoger a nadie durante largos períodos de tiempo, sino simplemente como un lugar de detención para los condenados por crímenes capitales o traición, o bien para los enemigos extranjeros de Roma a los que se hubiera capturado. Todos los presos aguardaban su ejecución, normalmente por estrangulación. Los únicos que salían vivos de allí acababan siendo despeñados desde la Roca Tarpeya.

Los colonos de Temesa habían excavado una caverna de dimensiones similares tras la basílica del foro, donde se reunía el consejo de la ciudad. Justo encima se erigía una caseta de vigilancia en la que esclavos públicos se encargaban de impedir cualquier intento de fuga. La prisión raramente estaba ocupada. A los arrestados por las autoridades, ya fuera por deudas o crímenes más atroces, solían confinarlos en el hogar de algún miembro respetable de la comunidad. A menudo el reo tenía algún parentesco con el propietario de la casa, quien le servía también como garante. Si se arrestaba a una gran cantidad de sospechosos a la vez, o si había un deudor por quien ningún ciudadano respetable quisiera responder, se los encerraba en unos barracones de esclavos cercanos con grilletes, portones y barrotes de hierro en las ventanas. Allí era donde habían retenido a los bandidos de la Roca de la Sangre. Sin embargo, al hombre acusado de haber asesinado y mutilado a tres ciudadanos había que recluirlo en la mazmorra más profunda. El hecho de que Paulo no hubiera sido procesado, ni mucho menos condenado, era irrelevante.

Paulo descendió por la escalera. No tenía ningún sentido resistirse. Estaba completamente rodeado, no hubieran tenido más que cogerlo, acercarlo al borde y lanzarlo por el agujero. La caída le habría supuesto varios huesos rotos, o incluso la muerte, algo que, para algunos, habría resultado conveniente.

Allí no había manantial, pero la humedad de la cámara era insoportable. El río estaba cerca, y la prisión no debía de hallarse a demasiada distancia de la capa freática. No era precisamente lo mejor para su tos persistente. Habían dejado un colchón mugriento y mohoso, un vaso y una jarra de agua, y un cubo para que se aliviara. Aprovechando la poca luz que había, Paulo se sentó en el colchón. Los hombres retiraron la escalera, cerraron con violencia la trampilla y corrieron los cerrojos. La oscuridad era impenetrable.

Casi de inmediato oyó unos resuellos y percibió el hedor rancio a sarcófago. Aunque no pudiera verlas, sabía que las Benévolas estaban cerca. Murmuraban entre ellas, de la misma forma que debían de hacerlo los muertos en los oscuros salones del Hades. Poco después, una de ellas —quizá Alecto, o bien otra de las hermanas, Tisífone o Megera— habló: «Recuerda Corinto. Recuerda la última casa».

La calle estaba cubierta por una nube de humo. El hollín, como nieve negra, se arremolinaba con cada deflagración que provocaban los incendios.

—Una casa más —exclamó Tatio.

—Ya es suficiente.

Alcimo tosió. Cada vez costaba más respirar.

—Alcimo tiene razón —coincidió Paulo—. Las llamas nos van a cortar el paso.

—No, una casa más —repitió Tatio, y los ojos le brillaron con un resplandor extraño y perturbado.

Acabaron rindiéndose ante la determinación del amigo.

La cancela de la última casa estaba entreabierta, pero el patio se encontraba vacío. Tatio tomó la iniciativa y los demás lo siguieron. Había signos de una huida frenética: sacos abultados, cajas a medio llenar, posesiones preciadas tiradas en el suelo. Haría falta un pequeño ejército para llevárselo todo.

Empezaron a rebuscar entre el equipaje.

El rugir del fuego podía oírse con claridad. Cada vez estaba más cerca, quizá a una calle..., ¿o puede que a menos? Corría una brisa que arrastraría ascuas candentes. Los incendios podían desatarse en cualquier lugar.

—Debemos irnos —dijo Paulo—, se nos acaba el tiempo. Nos vamos a quedar atrapados de un momento a otro. No hay riquezas por las que valga la pena morir.

—Sin riesgo, no hay fortuna —sentenció Tatio.

Alcimo dio un silbido sutil. Había encontrado un enfriador de vino en una de las cajas, una pieza enorme y pesada, con bellos grabados, hecha completamente de oro.

—¡Viene alguien!

Cuando Paulo acabó de hablar, los tres soltaron lo que tenían en las manos y desenvainaron las armas.

Dos griegos irrumpieron en la sala desde alguna de las zonas interiores de la casa. Se detuvieron, paralizados por la presencia de los soldados. Iban desarmados, pero, por un instante, Paulo creyó que la ira los iba a impeler a no abandonar sus posesiones sin luchar.

Acto seguido, los dos se volvieron y echaron a correr, y Alcimo se dispuso a perseguirlos.

—¡Déjalos en paz! —Paulo agarró a Alcimo del cinturón y tiró de él.

Tatio estaba examinando el enfriador de vino.

—Eso es mío —exclamó Alcimo—. Yo he sido quien ha encontrado los enseres para las libaciones.

—Pues ahora es mío.

Tatio reseguía los grabados con los dedos. Parecía hechizado.

Alcimo se acercó a recuperar el preciado objeto y los dos empezaron a forcejear, como niños en la calle. Alcimo, con la espada aún en la mano, iba perdiendo.

Paulo se dispuso a separarlos, pero estaba demasiado lejos y en ningún caso habría llegado a tiempo. Tatio lanzó una estocada y, un segundo después, la punta de la espada se adentró en las entrañas de Alcimo.

Paulo se paró en seco, petrificado. A pesar del calor y del humo, estaba frío como un témpano.

Tatio sacó la espada y empujó a Alcimo. Este se tambaleó, presionándose el estómago con las manos, mientras la sangre se deslizaba entre los dedos. La hoja había atravesado las anillas de la cota de malla. Su rostro, inocente y redondo, estaba lívido por la incomprensión. Poco después, se retorció y cayó al suelo. Nadie sobrevivía a una herida en el estómago.

—¿Qué has hecho? —mascculló Paulo.

Tatio se giró y dejó cuidadosamente el tesoro en la mesa.

—Le he dicho que era mío. Los dos me habéis oído.

—Lo has matado.

—¿Es que no me escuchaste? —Los rasgos finos y delicados de Tatio se llenaron de tristeza—. ¿Cuántas veces te he dicho que nada ni nadie iba a impedirme volver como un hombre rico?

—Lo has matado.

—Y ahora voy a matarte a ti.

—¿Qué?

Tatio gimoteaba como una niña malhumorada.

—Conoces el castigo por matar a un compañero: ser

atado a la cruz y flagelado lentamente hasta la muerte; el antiguo método de ejecución, a la severa manera de nuestros ancestros. ¿Tú te crees que voy a dejar que te vayas y se lo cuentes a tu nuevo amiguito, el centurión Nevio?

Paulo dio un paso atrás y desenvainó la espada.

Tatio dio un paso al frente.

Espesas nubes de humo habían comenzado a colarse por el resquicio de la puerta.

—Si no nos marchamos ahora —insistió Paulo—, vamos a acabar los dos muertos.

—No, solo uno de los dos.

Tatio avanzaba en posición de combate, de lado y con la espada cerca de su oreja derecha.

Oyeron el estruendo de un techo al derrumbarse.

Tatio se había colocado entre Paulo y la puerta.

—Si lo piensas, esto es culpa vuestra. —Tatio sacudió la cabeza, pero en ningún momento dejó de mirar a Paulo—. Los dos tenéis granjas a las que volver, pero yo no. Te he dicho mil veces que necesitaba lo suficiente para comprarme una finca.

Tatio le asestó una estocada en la cara. Paulo se encogió, pero se las apañó para no bajar la guardia. Como sospechaba, no era más que un amago. Tatio lo embistió en el estómago, pero Paulo desvió el golpe con el filo de su espada. El ímpetu del embate los había dejado muy cerca. Tatio tenía la mirada de un loco. Paulo trató de pisotearle el empeine, pero falló, y Tatio lo apartó de un empujón.

El techo estaba cubierto de humo. Paulo sabía que debía salir de allí lo antes posible. Pronto sería imposible respirar; se ahogaría o acabaría calcinado. Hizo ademán de propinarle un revés con la única intención de apartarlo de la puerta. Ya se encargarían Nevio y el ejército de darle caza y hacerle pagar por su crimen.

Tatio no se hizo a un lado, sino que retrocedió. Seguía bloqueando la única vía de escape, y había llegado el momento de la ofensiva. Los largos años que había pasado entre águilas le habían enseñado a luchar. Tatio desató una combinación de golpes a la cabeza, hombros y torso, tajos y estocadas, variando el punto de ataque. La herida que había recibido poco antes en el hombro no parecía ser un impedimento, y la experiencia estaba de su parte. Paulo se vio obligado a retirarse, paso a paso, parando los golpes con tenacidad, tratando, únicamente, de sobrevivir. Uno de los impactos superó las defensas. Paulo dio un traspié cuando la espada resonó y rebotó contra la cota de malla del hombro.

Al instante, se dio cuenta de que estaba pisando la sangre de Alcimo, que formaba un gran charco en el suelo. Tenía el cuerpo de su amigo prácticamente a los pies, inmóvil, pero no sabía si ya estaba muerto.

Tatio había enloquecido, como una bestia acorralada, indiferente a las palabras o al dolor. Lo único que podía detenerlo era una herida grave. Había que dejarlo fuera de combate. Paulo no sabía si tendría la fuerza necesaria, pero Tatio solamente llevaba un protector de pecho. ¿Tendría la habilidad necesaria para encontrar una extremidad desprotegida?

Paulo chocó contra la mesa. No tenía escapatoria. Tatio esbozó una sonrisa, consciente de la ventaja.

—Ya va siendo hora de que te unas a tu amigo —balbuceó, y descargó un poderoso golpe de derecha a izquierda. Paulo, sin saber bien cómo, llegó a tiempo de colocar la espada en la trayectoria de la estocada. El acero resonó contra el acero, justo delante de su rostro. De nuevo chocó contra la mesa y la embestida lo obligó a retroceder hasta la mitad de su superficie. Algo pesado resbaló y cayó al suelo de madera. Tatio desvió la mirada hacia los destellos del oro. Suficiente. Paulo le rompió la guardia y arremetió directamente contra la boca de su contrincante, pero Tatio dio un salto hacia atrás en el último momento y sus botas resbalaron con la sangre. Paulo volvió a golpearlo. Tatio perdió el equilibrio y cayó al suelo. Tenía a Paulo justo encima, tratando de atravesarlo con la espada, pero rodó a un lado y le dio una patada en la pierna izquierda.

La ventaja momentánea había desaparecido. Paulo se dio de bruces contra el suelo y gruñó de dolor. Los dos comenzaron a forcejear, agarrándose con fuerza la muñeca de la mano que sostenía la espada. Lucharon bañados en sangre, revolviéndose, tratando de aprovechar toda la fuerza bruta de que disponían para hundir el afilado acero en el pecho del otro.

Paulo sintió que la espada de Tatio se le clavaba en las anillas de la cota de malla que le protegía las costillas. Una de las anillas se partió, poco después otra. El acero se iba abriendo paso a través del relleno de cuero bajo la armadura. Pronto se introduciría en los músculos y huesos de la caja torácica.

Con una última tirada de los dados, Paulo dejó de forcejear. Tatio, sorprendido, dejó de agarrarlo con la misma fuerza, y Paulo aprovechó para modificar el ángulo del arma: ya no apuntaba al pecho, sino a la axila. Con un último esfuerzo titánico, puso todo el peso sobre la estocada.

Tatio bramó de incredulidad y dolor.

—La pobreza me ha arruinado la vida. —Tatio hablaba con un tono casi amargo—. Si hubiera podido permitirme una cota de malla...

Paulo hundió y retorció la espada en la herida.

Tatio soltó su arma y se aferró inútilmente a la hoja de Paulo.

Paulo enterró la punta aún más.

Los talones de las botas de Tatio tamborilearon contra el suelo, y los ojos se le cerraron mientras aún sacudía el cuerpo.

Se quedó inmóvil, y Paulo creyó que estaba muerto.

Sin embargo, en ese instante, Tatio abrió los ojos y miró a través de él con una expresión de horror, como si hubiera visto lo que lo esperaba en el más allá. Acto seguido, clavó la mirada en Paulo y sus labios se movieron. Paulo tuvo que agacharse para entender lo que murmuraba.

—Hades, escucha mi plegaria: que las Furias lo persigan hasta los confines del mundo.

Después de aquella última maldición, Tatio cayó muerto, y Paulo se puso en pie.

El humo caía pesadamente desde el techo; apenas quedaban unos pasos de aire limpio cerca del suelo, y por la puerta seguían entrando remolinos y remolinos de humo.

Paulo se aproximó a Alcimo, se agachó y le tocó el cuello. No tenía pulso. Echó un vistazo a los dos cuerpos; el fuego no tardaría en consumirlos.

Habían llegado a considerarse hermanos. Habían sido inseparables. Nevio los había apodado las Tres Gracias. Y, en aquel momento, dos de ellos habían muerto a manos de uno de sus hermanos. Y Paulo sabía que nada en el mundo volvería a ser igual.

# 27

## PATRIA

609 *AB URBE CONDITA* (145 A. C.)

La rutina de la prisión era siempre la misma. La trampilla se abría dos veces al día, pero jamás se bajaba la escalera y, por tanto, no había oportunidad de escapar. En su lugar, con la ayuda de una cuerda, iban descolgando por turnos un cuenco de comida, una jarra de agua y un cubo limpio. El prisionero debía atar a la soga las asas de lo que había utilizado para que se lo llevaran. La trampilla se había abierto tres veces. Era la noche del segundo día.

Paulo no envidiaba la situación de los esclavos públicos. Era evidente que se les había ordenado que no charlaran con el prisionero. Por otro lado, Paulo era tanto un terrateniente de la zona como el poseedor de una corona cívica. Era *vox populi* que había tenido patrones en las altas esferas de Roma. Con un giro del destino, su fortuna podría cambiar. Si lo declararan inocente y lo liberaran, la situación se complicaría enormemente.

Los esclavos apenas abrían la boca, pero al menos respondían a las preguntas. No cabía duda de que normalmente no había nadie comprobando si cumplían o no con su deber. En caso contrario, los guardias habrían permanecido en silencio. Sus respuestas habían sido, por lo general, negativas. No, no lo había visitado nadie. No, no se permitían visitas. Eutiquio y Pastor estaban retenidos en casa de Urso. No, todavía no los habían torturado. El sacerdote se había negado a liberarlos hasta que se celebrara un juicio formal. No, no había fecha decidida para el proceso.

Terminada aquella conversación reticente, volvían a cerrar la trampilla y Paulo se veía forzado a comer a oscuras. Las raciones siempre consistían en pan y queso.

Todos los ciudadanos romanos acusados de un crimen de sangre tenían derecho a un juicio público ante un magistrado y un jurado de Roma. Era una de las piedras angulares de la República. Sin ese derecho, no existiría la libertad, y era precisamente la *libertas* lo que hacía de Roma la envidia del mundo. Si se acusaba a alguien de traición o de ayudar al enemigo, lo mantenían bajo arresto. En caso contrario, incluso si el juicio era por asesinato, se aceptaba que tuviera la opción de exiliarse.

Paulo sabía que no habría ningún juicio en Roma. No había pruebas contra él, salvo el abalorio con forma de zeta, y era imposible demostrar que lo había perdido en casa de Marcelo. De hecho, su propia familia —tanto su madre como sus esclavos— podía testificar que lo habían perdido o que alguien lo había robado días antes del asesinato. Paulo no tenía móvil y no podían argumentarse ganancias personales derivadas de ninguna de las muertes. Eutiquio era testigo de que su señor se había pasado la mañana en sus campos el día que Marcelo murió. Era innegable que la mayoría de los esclavos confesaban lo que creían que querían oír sus inquisidores so amenaza de latigazo, pero, a pesar de su hosquedad, Eutiquio no era solo leal, sino también duro. No habría ninguna condena posible, no si lo defendían senadores con rango de cónsul como sus antiguos comandantes, Lucio Aurelio Orestes y Lucio Mumio, el conquistador de Corinto. Como la mayor parte de los asuntos en Roma, la *libertas* también podía adaptarse a la influencia de los más poderosos.

A Paulo no lo llevarían a juicio en Roma. Los verdaderos asesinos no podían permitírselo, y tenían que asegurarse de que Paulo no saldría de aquella celda con vida.

Mientras charlaba con los guardias en los efímeros momentos de luz, Paulo había aprovechado para echar un vistazo alrededor de la cámara subterránea, en busca de cualquier cosa que pudiera servirle como arma, pero no había nada más que muros de roca desnuda y húmeda. Si alguien bajaba a matarlo, él no se quedaría de brazos cruzados. Lucharía con puños y botas, con dientes y uñas. Si alguien bajaba a matarlo, tendrían que matar también a los guardias. Podrían llegar a sobornarlos, pero no podrían dejarlos vivos si conocían la verdad.

Tampoco tendría demasiado sentido explicar a los guardias los peligros que entrañaba su situación. Aunque lograra convencerlos, no se atreverían a soltarlo. Si Paulo huía, el incumplimiento de su deber les merecería torturas y la ejecución. Tenían a la vista el remolino de Caribdis, pero la monstruosa Escila seguía oculta en su caverna.

Paulo había pensado en la posibilidad de que lo envenenaran, pero no había dejado de comerse las raciones de la cárcel. No habría sido tarea sencilla ocultar toxinas en pan, queso o agua. El veneno no era un método infalible y, además, solía dejar rastro, como un color oscuro en la piel. El prefecto de los brucios llegaría el mes siguiente y abriría una investigación.

No dejaba de ser irónico, por terrible que pareciera. Las visitas del prefecto eran tan regulares como las estaciones. Noviembre: treinta días, el sol en el signo de escorpio; siembra del trigo y la cebada; el prefecto atendía ruegos y preguntas en la ciudad de Cosentia. Diciembre: treinta y un días; el sol en sagitario, se cosechan las olivas y se plantan las judías; el prefecto atiende a los ciudadanos de Temesa. El prefecto, por supuesto, era Orestes, el viejo comandante de Paulo. Con él, a cargo de los soldados que conformaban su escolta, estaría Nevio, su antiguo centurión. Era noviembre, lo que significaba que estaban en Cosentia. Tan cerca y, a la vez, tan lejos. Lo mismo habría dado que estuvieran de vuelta en el otro lado del Adriático, en Acaya. Era finales de mes, lo que implicaba que pronto tomarían la calzada de Temesa. Sin embargo, la inminente llegada de su patrón y amigo no era en sí misma una promesa de salvación. De hecho, precipitaría su muerte. Los asesinos jamás permitirían que Paulo hablara con el prefecto. Debían asegurarse de matarlo antes de que Orestes llegara a Temesa.

Paulo estaba sentado a oscuras con una asquerosa manta vieja cubriéndole los hombros. Si hubiera habido luz y alguien se hubiera topado con él, lo habría tomado por un mendigo. Sufría accesos de tos recurrentes, y la humedad no había hecho sino empeorarlos. Los pensamientos de Paulo atravesaron los muros de piedra hasta llegar a Minado: la forma en que los rizos le cubrían la nuca, el óvalo perfecto de su rostro y cómo levantaba la barbilla sin un solo ápice de vanidad. Cuando estaba con ella sentía una paz y una compañía que jamás había sentido con otra muchacha. No era más que una cruel tragedia que hubiera encontrado a la mujer con la que deseaba casarse y que, poco después, estuviera a punto de morir en aquella fría y húmeda celda. De todas formas, nunca habría podido desposarse con ella. Era una brucia. Podría haberla mantenido como concubina, pero sus hijos no habrían sido ciudadanos romanos. Despojados de la herencia de sus tierras y riquezas, habrían tenido que conformarse con una deplorable vida en la colonia de Temesa, atrapados para siempre entre los oprimidos.

Los cerrojos chirriaron. Hacía poco que había terminado de comer. El corazón le dio un vuelco. ¿Tan pronto? No pensaba que los asesinos pudieran presentarse tan rápido, no durante la segunda noche. Se puso en pie y apoyó la espalda en la pared.

«¡Muere como un hombre!» Era su única opción.

Las bisagras de la trampilla rechinaron cuando alguien la abrió. Paulo trató de ocultarse aún más del rayo de luz. Alguien daría la voz de alarma y Orestes se encargaría de investigarlo, pero ya sería demasiado tarde. Paulo estaría muerto, y tanto su testimonio como las posibles pruebas habrían desaparecido.

Descendieron por la escalera y Paulo se puso tenso. Aquella sería su única oportunidad. Debía acabar con el primero mientras bajaba los travesaños, agarrarlo por las piernas, lanzarlo al suelo y aplastarle la cabeza contra las losas. Ni siquiera así podría escapar. Los demás lo matarían: le dispararían desde arriba o bien lo lapidarían. En la celda no había dónde ocultarse. Fuera como fuera, al menos se llevaría a uno a la tumba. Por alguna razón, estaba convencido de quién iba a ser el primero al que enviarían a bajar la escalera.

Oyó cómo un pie tocaba el suelo con un ruido seco, pero no vio aparecer bota alguna.

Paulo esperó, casi impaciente por que todo terminara.

—Chist.

Era el mismo sonido que se utilizaría para llamar a un perro de caza.

—Chist.

De nuevo el mismo sonido, sutil pero urgente. Paulo permaneció en silencio. Si creían que podían hacerlo salir, ya podían esperar sentados.

—Paulo, por el amor de los dioses. —Una enorme cabeza redonda asomó por la obertura—. Que no tenemos toda la noche.

Paulo ascendió por la escalera como impulsado por las botas aladas de Hermes. La esbelta figura de Oniro asomaba por detrás de Dekis. Los dos guardias yacían desplomados en una esquina.

—¿Los habéis matado?

—Están dormidos —respondió el viejo cazador.

—Con la ayuda de una de las pociones de Kaido —añadió Oniro.

—Faltan dos horas para el cambio de guardia —informó Dekis—. Más nos vale estar bien lejos de aquí.

Fuera, la ciudad dormía. Corría un viento frío proveniente del puerto. Se escabulleron por detrás de la casa del consejo y, acto seguido, Dekis los guio por una calle que los alejaba del foro.

Todo fue como la seda durante dos bloques, pero entonces oyeron el alboroto de un grupo de borrachos. Todas las casas estaban cerradas por la noche, pero ellos se encontraban cerca del templete de Hércules. Las puertas estaban también trancadas, pero las columnas que flanqueaban la entrada en la parte superior de la escalera ofrecían un escondite aceptable.

Un flautista encabezaba el dionisíaco cortejo. Los toques del instrumento sonaban más y más altos, casi ahogados por los gritos y las risotadas de los borrachos.

Paulo, agachado y tapándose la blancura de su rostro con un brazo, echó un vistazo por la base de la columna.

Un flautista y un muchacho con una antorcha guiaban a cuatro hombres jóvenes. Los bebedores iban bien vestidos, pero llevaban las coronas de pétalos de rosa completamente torcidas sobre la frente. Lolio parecía mantener bien el equilibrio, pero Solino y los demás iban tambaleándose. La luz parpadeante de la antorcha proyectaba grotescas sombras sobre el pavimento.

Estaban a punto de pasar de largo cuando Solino se detuvo y se aproximó al templo.

Paulo se preguntó cómo era posible que no oyeran los latidos de su corazón. Le daba la impresión de que estaba intentando atravesarle las costillas. Seis contra tres. Estaban borrachos y desarmados —los dos brucios portaban espadas—, pero el tumulto despertaría a toda la calle. Los gritos de alarma serían casi instantáneos y tendrían que enfrentarse a una persecución.

Solino se levantó la túnica y rebuscó algo en su ropa interior. Con un largo suspiro, comenzó a miccionar en los escalones. La orina hedía a vino, salpicaba y se deslizaba hacia la alcantarilla.

No habría necesitado más que girar la cabeza. Por muy ebrio que estuviera, los habría visto.

—Date vida —gritó Lolio—. Tenemos que despertar a Roscio. No sé tú, pero yo me muero por tirarme a esa siria suya, la de la mirada ardiente y el culamen.

—Tú y todos —farfulló Solino—. Le haremos un favor.

—El viejo Roscio agradecerá la compañía. —Lolio soltó una carcajada—. Ahora que el catamita está con Crotón, se siente algo solo.

Solino se sacudió el pene y unas cuantas gotas le mancharon los ropajes.

Paulo sintió la urgencia de toser subiéndole por el pecho. Se mordió el brazo y contuvo la respiración.

Solino tardó una eternidad en arreglarse. Finalmente, siguió a los demás entre bamboleos.

El ruido se fue alejando. Paulo respiró profundamente; la necesidad de toser había desaparecido.

Permanecieron en las sombras hasta que dejaron de oír a los borrachos.

—Por el culo peludo de Hércules, por qué poco —masculló Dekis.

—Una metáfora de la vida —dijo Oniro—. Los romanos meándose encima de nosotros. —Se volvió hacia Paulo—. Sin ánimo de ofender.

—Para nada.

—Te hemos conseguido un caballo —le susurró Dekis—, y de los buenos. Está atado en la arboleda que hay justo al cruzar la muralla oriental. Fidubio tiene tantísimos que no creo que lo eche de menos.

—Las puertas estarán cerradas —objetó Paulo.

—Hay una puerta secreta, la que utilizan los contrabandistas brucios. —Oniro sonrió—. Los romanos no tenéis ni idea de lo que pasa en esta ciudad.

—¿Por qué me ayudáis?

—¿Y a mí qué me cuentas? —dijo Dekis—. Mi hija, que puede llegar a ser muy persuasiva.

—Cuidaste de mí en el campamento, y me recompensaste con parte del botín de Corinto —contestó Oniro—. Además, hay quien ha intentado culpar a los brucios de los asesinatos, y somos igual de responsables que tú.

—Hay que ponerse en marcha —urgió Dekis.

—Necesito que me hagáis un favor —dijo Paulo—. Me iré a una aldea desierta cerca de la Roca de la Sangre. Dekis, mañana al mediodía, no antes, busca a Lolio y dile que te he dejado un mensaje en el que te informo de dónde me escondo.

—¿Estás seguro? Lolio...

—Completamente. —Paulo se volvió hacia Oniro—. Y a ti te voy a pedir otra cosa. Necesitarás el caballo. Yo puedo apañarme con mis mulas y recoger todo lo que necesite de mi granja. Eso sí, no me iría nada mal algo de comida, sobre todo carne cruda.

—¿Cómo puedes tener hambre en un momento así? —preguntó Oniro.

—No es por hambre, no exactamente. ¿Os queda algo de la pócima de Kaido?

—Sí —respondió Dekis—. ¿Qué planeas?

Y Paulo se lo contó.

# 28

# *Patria*

609 *ab urbe condita* (145 a. C.)

La luna creciente pendía de un cielo azul pálido. Sus rayos salpicaban el suelo a través de las ramas desnudas de hayas y robles. Cuando había salido de la calzada, Paulo había dado un suave silbido. En aquel momento, volvió a silbar para que el sabueso pudiera encontrarlo.

*Niger* apareció trotando entre los árboles, colmado de alegría y entusiasmo. Empezó a pasar por debajo de las piernas de su amo con los pelos del cuello erizados y los dientes al descubierto en señal de bienvenida. Paulo respondió como se merecía, acariciándole las orejas y transmitiéndole palabras dulces y sin sentido.

No tenía tiempo que perder. Cuando dieran la voz de alarma en la prisión, su granja sería donde mirarían primero. Le indicó a *Niger* que lo siguiera en silencio, atravesó la hilera de árboles y se adentró en el patio.

Asegúrate de contar siempre con una vía de retirada. Eso se lo había enseñado el ejército. Los aqueos habían pagado un alto precio en el istmo por ignorar dicha lección. Paulo fue directamente a los establos. El interior estaba completamente a oscuras, pero los conocía como la palma de su mano. Recogió dos sillas de montar. Las mulas estaban adormiladas y se mostraron dóciles, aunque, para no faltar a su reputación, una respiró profundamente mientras Paulo le ataba las cinchas, así que le dio una patada en el estómago, no demasiado fuerte, pero sí lo suficiente como para que exhalara. Aseguró las correas y colgó de las sillas varios pies de cuerda, así como las provisiones que le había proporcionado Oniro. Comprobó que la bolsa que contenía la poción preparada por Kaido no tocara las de los alimentos. Cuando tenías algo así entre manos, nunca se era demasiado precavido.

Dejó las mulas ensilladas en el establo y fue hasta el granero del heno. Con la ayuda de la horca, apartó varios montones y, a continuación, cogió una pala y empezó a cavar. No tardó demasiado en desenterrar dos espadas que había envuelto en telas engrasadas con aceite y que no parecían haberse oxidado demasiado. También recogió un puñado de las monedas que había ocultado. Era una absoluta extravagancia no volver a enterrar el resto, pero no tenía tiempo. De todas formas, si su plan fallaba, no le haría falta más que una moneda: la que llevaría entre los dientes para pagar al barquero y cruzar el Estigia.

Paulo cogió su antigua *dolabra* del cobertizo de las herramientas y salió de la granja con las mulas lo más silenciosamente que pudo. Si su madre o la sirvienta percibían algún ruido, el silencio de *Niger* las tranquilizaría. Se quedó quieto unos instantes, vacilando sobre qué ruta tomar. En la calzada estaría más expuesto, pero por el sendero que partía de la parte trasera de la granja iría más lento. Se montó en la primera mula y la dirigió hacia la línea de árboles y la calzada que había al otro lado.

Paulo le ordenó a *Niger* que se quedara allí. Al echar la vista atrás, vio al perro negro observando su partida.

Fidubio vivía en aquella época en su casa de Temesa, cerca del edificio del consejo y de los baños, comodidades adicionales de la vida civilizada y extremadamente adecuadas para un anciano pudiente. Sus fincas rurales ocupaban gran parte del valle del Sabutus, con algunas granjas periféricas al norte, en dirección a Clampetia, y al sur, hacia Terina, así como rediles y pasturas más allá, hacia el este, en los altos de La Sila. Sin embargo, su villa principal se encontraba a varias millas río arriba, cerca del puente de Ad Fluvium Sabutum. Esta había sido el hogar de la infancia de Alcimo, y Paulo la conocía a fondo.

La villa consistía en un edificio central con varias alas anexas. La disposición era idéntica a la del difunto Marcelo, aunque a una escala mucho mayor. Los sirvientes domésticos, todos nacidos allí, vivían en la casa principal para poder mantenerla siempre lista por si Fidubio llegaba sin avisar. El domicilio del propietario estaba separado de los edificios de la granja y de las dependencias de los esclavos agrícolas por un murete, y toda la finca estaba rodeada por un muro perimetral algo más alto. La residencia del guardián se situaba entre la granja y la villa, desde donde podía vigilar ambas, encajada en una esquina entre los muros exterior e interior, y dos muros adicionales destinados a separar aquel pequeño recinto interior.

Paulo se aproximó por el oeste, a través de los olivares que se extendían prácticamente hasta las lindes. Iban atrasados con las tareas del otoño; aún no habían cavado todas las zanjas alrededor de los árboles. A unos cien pasos del lugar, y después de recoger lo que necesitaba de las alforjas, ató las mulas y les dejó suficiente cuerda para que pacieran.

Al borde de los árboles, se detuvo a escuchar. No oyó ni un solo ruido. Echó un vistazo a la luna creciente y estimó que debía de ser poco después de medianoche. Todo el mundo estaría durmiendo. Se cargó los rollos de cuerda a los hombros y colgó una de las espadas, la *dolabra* y el saco de la carne en el cinturón.

Se sintió absolutamente expuesto al abandonar las sombras y saberse iluminado por la azulada luz de la luna, pero a aquellas alturas de la noche estaba bastante convencido de que no habría nadie que pudiera descubrirlo. A lo lejos vio un postigo, pero probablemente estaría trancado desde dentro.

A los pies del muro exterior, volvió a detenerse y aguzó el oído en busca de algún sonido sospechoso. De nuevo, silencio. El muro debía de medir unos ocho pasos de alto y estaba diseñado para mantener a los lobos de los bosques fuera, no a un hombre que había tomado una decisión. La parte superior era llana y no habían colocado fragmentos de vidrio. Había que ser un ladrón muy osado para atreverse a robar en la villa campestre de Fidubio. Paulo se agarró con firmeza a las rocas de la albardilla y se aupó.

Al llegar a la cima, se tumbó y examinó con detenimiento el hogar del guardián y el patio. Nada se movía bajo la fría luz de la luna. Los centinelas no estaban a la vista. Paulo soltó un suave berreo, como el de un ciervo en celo; no era en absoluto la temporada, pero el guardián probablemente dormía y, de todas formas, era hombre de ciudad.

Los sabuesos rodearon la casa, dos gigantescos mastines negros con collares de púas alrededor del cuello. No era necesario hacer otros sonidos; habían captado su presencia. Se acercaron velozmente a Paulo con los pelos erizados y las zarpas y los ojos blanquísimos en la penumbra, acechando en silencio a la presa que sonaba como un ciervo y olía como un hombre. Si llegara a invadir su territorio, se abalanzarían sobre él y lo harían pedazos, clamando venganza. Despertarían a la granja al completo.

Paulo les lanzó los dos primeros pedazos de carne bajo las patas. A aquel tipo de bestias siempre las mantenían hambrientas para agudizar su ferocidad natural. Ninguno de los dos vaciló, y engulleron la comida de uno o dos bocados. Paulo tiró el resto de la carne y los canes saltaron encima.

Los mastines descansaban sobre sus patas traseras, pero no habían bajado la guardia. No existía regalo ni alimento con que convencerlos del todo. Seguían dispuestos a desmembrar al intruso extremidad a extremidad. Tan solo esperaban a que se atreviera a poner un pie en sus dominios.

Un humano podía llegar a tener más paciencia que un perro. Paulo, reprimiendo constantemente el deseo de toser, permanecía muy quieto y observaba la casa. Era justo que un guardián tuviera una residencia propia; era la forma de ganarse su lealtad. Paulo recordaba a Fidubio en su infancia, repasando los deberes de cualquier guardián. Debía ser el primero en salir de la cama y el último en acostarse, comprobar que la granja estaba bien cerrada, que todo el mundo dormía donde tocaba y que el ganado estaba en el establo que le correspondía y disponía de suficiente forraje. Debía ser abstemio, honrado y trabajador. Debía alejar sus manos de los bienes de los demás, y dar la espalda a los actos malvados. Al guardián se le debía proporcionar una esclava como compañera para que lo apoyara y para que se sintiera más ligado a la granja. La letanía de aspiraciones había continuado un buen rato. En teoría su intención había sido educar a Alcimo, pero Fidubio no había predicado con el ejemplo.

Uno de los mastines emitió un gemido quejumbroso y grave. Se levantó, dio una vuelta completa y se hizo un ovillo, disgustado. El otro lo observaba atento, con las orejas levantadas. Ya fuera por empatía o por haber sentido su debilidad, se levantó también y comenzó a olfatear a su compañero. Acto seguido, perdió el equilibrio y se desplomó, como derribado por una honda. Los dos sabuesos se habían quedado inmóviles.

Paulo se dejó caer del muro, desenvainó la espada y se acercó a los animales desfallecidos. No se movían. Con cuidado, les dio un golpecito con la hoja de la espada. Se les movían los costados, pero no reaccionaron. No sabía lo que llevaba la pócima de Kaido, así que no tenía ni idea de la potencia de las drogas que había puesto en la carne. Quizá fuera suficiente para matarlos, pero también cabía la posibilidad de que recuperaran la conciencia antes de que se hubiera marchado. No era más que perros guardianes que cumplían con su deber, pero no era momento de sentimentalismos. Los legionarios también morían cumpliendo su deber. Así era la vida. Paulo los degolló a los dos.

Tanto la puerta trasera como la delantera estarían cerradas y trancadas. La ventana de la cocina sería su vía de entrada; tenía contraventanas, pero no contaba con barrotes ni cristal. Paulo volvió a deslizar la espada por el cinturón y sacó la *dolabra*.

Insertó la punta en la junta de los tablones de madera y se detuvo a repasar el recorrido previsto por la casa: cruzaría la cocina y el salón principal, subiría la escalera y llegaría a la puerta que daba al dormitorio, justo a la derecha del descansillo. Cuando era pequeño, Alcimo y él jugaban por toda la casa con los hijos del guardián de entonces. La disposición no habría cambiado. Desde que forzara las contraventanas hasta que llegara a la habitación apenas pasarían unos instantes. Con suerte, lo justo para que un hombre dormido no se despertara y comprendiera lo que estaba pasando.

No tenía sentido esperar. Paulo apoyó todo el peso del cuerpo en la herramienta. Las contraventanas crujieron —un ruido demasiado escandaloso en mitad del silencio de la noche— y se abrieron de par en par. Con la *dolabra* en la mano, Paulo saltó por encima del alféizar, tropezó con un taburete que no había visto, lo apartó de una patada y echó a correr.

Oyó algo mientras subía la escalera. Al llegar al descansillo, abrió de un tirón la puerta del dormitorio. La estancia estaba iluminada por una lámpara diminuta y olía a sexo y perfume: nardo y canela. Crotón estaba fuera de la cama, descalzo y poniéndose apresuradamente una túnica. Dioses del inframundo, había otra figura en la cama.

Para ser un hombre tan robusto, Crotón era sorprendentemente rápido. El guardián agarró una espada —una conciencia atormentada siempre duerme con un arma a mano— y lo embistió. Paulo detuvo el golpe con la *dolabra*. El hombretón aprovechó su peso para aplastar a Paulo contra la pared, y este no tuvo ninguna posibilidad de desenvainar su espada. Crotón lo cogió por la garganta con la mano izquierda, pero Paulo se las apañó para sujetar la mano con que el esclavo sostenía la espada.

La mano de Crotón era como un torno. Cerró los dedos y fue comprimiendo más y más la tráquea de Paulo. Sin poder respirar apenas, este trató de darle un rodillazo en la entrepierna, pero el gigante lo esquivó.

—Mira que cuesta matarte, cabronazo.

Crotón le echó un aliento cálido y con olor a vino rancio. Apretó aún más los dedos y Paulo se sintió que le invadía el pánico, como una marea de bilis.

—Se acabó lo que se daba.

Paulo notó cómo se le nublaba la vista y empezaba a ver destellos de luz, y sintió cómo iba perdiendo la fuerza en la mano que agarraba el brazo de su oponente. A punto de caer inconsciente, hizo un último esfuerzo desesperado.

Paulo dio un pisotón con la bota y el tacón cayó sobre los dedos desprotegidos de Crotón. El esclavo rugió de dolor y aflojó los dedos con los que le oprimía la garganta a Paulo, quien aprovechó para escabullirse y retirarse a una esquina de la habitación.

Crotón trató de seguirlo, pero al notar que cojeaba se detuvo.

—Zenón, apuñálalo en la espalda.

Así que esa era la figura de la cama. Paulo debería habérselo imaginado.

—¡Como te muevas, te mato a ti también! —El grito de Paulo sonó casi como un quejido. No apartó la vista de Crotón mientras se pasaba la *dolabra* a la mano izquierda y desenvainaba la espada con la derecha.

—¿A él también? —se mofó Crotón—. Estás acabado, soldadito, por mucha corona cívica que lleves.

No eran más que bravatas. Paulo era un espadachín entrenado; Crotón, un aficionado. Pero lo necesitaba vivo.

Antes de que decidiera qué hacer, Crotón se abalanzó sobre él. Paulo detuvo el golpe con la hoja. El hombretón dejó caer el hombro a fin de aplastar de nuevo a Paulo contra la pared, pero esta vez no lo pilló desprevenido. Paulo dio un paso a un lado, y la fuerza del ataque provocó que Crotón pasara de largo y perdiera el equilibrio. Paulo le puso la zancadilla y su contrincante tropezó. Se trataba de un antiguo movimiento de pugilato que había aprendido en su juventud. Mientras Crotón caía al suelo, Paulo le dio un porrazo en la cabeza con la *dolabra,* pero no fue un golpe limpio. Crotón había acabado apoyándose en las manos y las rodillas, pero seguía moviéndose e intentaba levantarse. Paulo le propinó otro trastazo en la nuca, lo que produjo un ruido sordo tremendo. Esta vez, Crotón no se movió.

Paulo se volvió hacia Zenón. El muchacho se ocultaba entre las sábanas, aferrado a las telas, como si le ofrecieran algún tipo de protección.

—Gírate, boca abajo, y extiende las piernas y los brazos —le ordenó Paulo.

El joven obedeció. Tenía unas nalgas blanquísimas,

suaves y redondas, como las de una muchacha o la estatua de un hermafrodita.

—No me hagas daño, por favor.

—No te muevas.

Paulo cogió la lámpara y se agachó junto a Crotón. Le sangraba la cabeza y se le había empezado a empapar el pelo. En la nuca ya le asomaba un bulto. Paulo le colocó los dedos detrás de la oreja. Tenía pulso. Un animal como Crotón probablemente contaba con un grueso cráneo.

Se colgó la espada y la *dolabra* en el cinturón, y cogió la soga que llevaba sobre los hombros antes de tratar de darle la vuelta a Crotón. El esclavo pesaba una tonelada. Una vez girado, le ató ambas manos.

Paulo quería a Crotón con vida, pero en aquel momento estaba inconsciente.

—Zenón, ven y ayúdame a levantarlo.

—¿Puedo vestirme?

—Me trae sin cuidado tu pudor.

Lo agarraron por ambas axilas y lo arrastraron escaleras abajo. El esfuerzo era casi inhumano. No existía la más mínima posibilidad de que pudieran sacar un peso muerto así por la ventana de la cocina.

—¿Dónde guarda las llaves?

—Junto a la cama.

Estaba perdiendo demasiado tiempo. Paulo subió atropelladamente la escalera con Zenón, recogió las llaves y volvió a bajar. Tras abrir la puerta trasera de la casa, cargaron con Crotón hasta el postigo del muro exterior. Los cerrojos chirriaron con estrépito. Gracias a los dioses, la casa del guardián estaba lejos de las demás. Aun así, Paulo apremió a Zenón hasta llevar al cautivo al olivar donde aguardaban las mulas.

Cargar a Crotón boca abajo sobre la segunda mula fue la maniobra más complicada de todas. Cuando por fin lo consiguieron, Paulo amarró las manos inertes y los pies del guardián por debajo de la panza del animal.

A pesar del esfuerzo, Zenón estaba tiritando. No era una noche excesivamente fría para ser noviembre, pero sí lo suficiente.

¿Qué iba a hacer con el muchacho? Si daba la voz de alarma, Paulo tendría que enfrentarse a sus perseguidores al cabo de menos de una hora. Zenón era inocente de todo, excepto quizá de la debilidad que lo había convertido en víctima de hombres como Roscio y, ahora, Crotón. Paulo no quería verse obligado a matarlo. Llevarlo consigo no haría sino estorbarlo. Solo tenía dos mulas, y los retrasaría. Le quedaba algo de la poción de Kaido. El problema era que si le daba una dosis demasiado pequeña Zenón podría recuperar la conciencia casi al instante; si se pasaba, podría matarlo. Y no quería verse obligado a matarlo.

# 29

## *Patria*

609 *ab urbe condita* (145 a. C.)

—Te encontrarán y te matarán.

Había atado a Crotón a un pilar roto en el centro de un mercado en ruinas. Estaba sentado con los brazos hacia atrás y maniatado por detrás de la columna, sin afeitar y lleno de mugre, justo encima de sus propios desechos. Tenía una hinchazón del tamaño de un huevo de ganso en la cabeza y los cabellos compactos por la sangre reseca. Pero estaba vivo. No cabía duda de que Crotón tenía un grueso cráneo.

—No son estúpidos. Puede que no vengan hoy, pero acabarán dándote caza. Nunca volverás a sentirte a salvo.

Paulo no respondió, sino que se limitó a comprobar las ataduras y a echar un vistazo alrededor de lo que había sido el mercado de aquella remota aldea brucia, abandonada hacía tiempo. Los edificios se habían derrumbado muchos años atrás. A los cuatro lados de la plaza se alzaban montañas de mampostería destruida. Bajo los brillantes rayos del sol hibernal, allí donde no habían agarrado todavía los hierbajos, losas dentadas y rampas en ruinas resplandecían con destellos blancos. Aquí y allá, los materiales caídos habían formado cavidades, como oscuras y precarias cavernas, que cualquiera podría aprovechar para esconderse. Había un espacio por donde antiguamente había pasado la calzada; era la única vía de entrada y de salida. Por eso Paulo había escogido aquel lugar.

Quizá Crotón tenía razón y no se iban a presentar aquel día, pero Paulo creía que sí. Crotón sabía algo que ellos desconocían.

Se oyó el relincho de un caballo en la distancia, y una de las mulas cercanas respondió.

—Matarán a tu familia y a la puta brucia.

—Hablas demasiado.

Paulo se sentó; estaba exhausto. Habían sido una noche y un día eternos.

Había dejado a Zenón atado a un árbol. La noche había sido fría y el muchacho estaba desnudo. Seguro que había sufrido, pero no habría muerto. Los jornaleros lo habrían encontrado poco después de rayar el alba, cuando se hubieran dispuesto a continuar con la excavación de las zanjas que rodeaban a los olivos. A menos, claro, que antes de dirigirse a los campos los trabajadores de la granja se hubieran percatado de la ausencia de Crotón y hubieran visto los signos de violencia de la casa. Aun así, habrían empezado a buscarlo y no habrían tardado en toparse con Zenón. En cualquier caso, habrían liberado al muchacho.

Después de dejar a Zenón, Paulo había cruzado el río en Ad Fluvium Sabutum y seguido la calzada hacia el norte, en dirección a Cosentia. De madrugada no había visto a nadie en el puente ni a ningún viajero por el camino. Paulo había arreado a las mulas y se había montado sobre la primera mientras controlaba a la otra con las riendas. Crotón, inconsciente, colgaba de la segunda como un saco de grano, con la cabeza y los pies inertes. Cuando detectó el vuelo del cuervo, probablemente no había recorrido más de cinco millas desde el puente hasta el cruce hacia la Roca de la Sangre y el paso de Labula. Cuando llegó al punto en que la calzada se desviaba, quizá habría caminado unas diez.

Después de llegar sin incidentes al cruce, Paulo se dirigió hacia el este. Los altos de La Sila se cerraban sobre él, oscuras lomas llenas de frescos y robles y, más arriba, pinos y abetos. El ruido de los cascos se perdía en la soledad de los bosques. Asustaron a una manada de corzos que echaron a brincar sin esfuerzo, con las colas blancas asomando entre los árboles. En un momento determinado, las mulas se habían echado a un lado de la calzada, habían desviado la mirada y habían comenzado a temblar de miedo. Bajo la luz de la luna, Paulo había visto un rostro blanco, una larga lengua y unos pálidos hombros leonados. Un viejo lobo, enorme y quizá hambriento, los había observado pasar.

Era noviembre. Hacía un mes que los pastores se habían llevado a las últimas ovejas a los pastos inferiores. La Sila en invierno era un yermo, pero Paulo sabía que debía abandonar la calzada antes del amanecer. Siempre corrías el peligro de encontrarte con carboneros o cuadrillas de extractores de brea cuyo deseo de obtener beneficios habría pospuesto el descenso.

A las pocas millas, Crotón había empezado a recuperar el conocimiento y a gruñir. Paulo había desmontado, había tenido la consideración de darle algo de beber y le había dicho que, si volvía a emitir algún otro sonido, le cortaría la verga y se la introduciría en la garganta.

Habían llegado al vetusto asentamiento con las primeras luces del día. Paulo había amarrado a Crotón al pilar, apeado las mulas y construido una hoguera con ramas de enebro y pino. Acto seguido, había desensillado las mulas y les había proporcionado alimento y agua. A Crotón lo había abandonado a su suerte. Un hombre podía vivir tres días sin agua, y muchos más sin comida. El esclavo era un hombre fuerte, y tampoco vendría mal que estuviera debilitado.

Paulo se había pasado la mayor parte de la mañana sentado junto al humo acre y fragrante de la hoguera. De vez en cuando se echaba a la boca alguna de las provisiones que Oniro le había proporcionado, y ocasionalmente se alejaba y comprobaba los accesos a la aldea.

—Aún estás a tiempo. —Crotón cambió de estrategia—. Podrías escaparte si quisieras. Vete al Adriático, toma un barco a Siria o Egipto. Los reyes de allí siempre necesitan mercenarios, y tú ganaste la corona cívica.

Paulo clavó la mirada en aquella figura desaliñada.

—Vamos a ahorrarnos tanta estupidez... Es demasiado tarde para los dos, y sobre todo para ti.

—Esto no tiene por qué acabar así.

—Ahí te equivocas —contestó Paulo—. Pero acabará en silencio.

Paulo cortó un pequeño trozo de cuerda y se acercó a amordazar a Crotón. El esclavo se resistió, apretando la mandíbula y sacudiendo la cabeza de un lado a otro. Paulo desenvainó la espada y usó el pomo para golpear a Crotón en el chichón de la cabeza, apenas un golpecito, pero probablemente lo suficiente para provocarle un dolor agonizante. Paulo introdujo la soga entre los dientes de Crotón y la anudó con fuerza.

Había caído la tarde cuando Paulo repasó de nuevo sus estimaciones sobre distancias, tiempos y hombres montados en caballos al galope: desde Temesa a Cosentia, desde allí hasta la Roca de la Sangre, desde Temesa hasta la Roca de la Sangre. Sus primeros cálculos eran acertados; si no se equivocaba tampoco con los últimos, llegarían cuando las sombras comenzaran a alargarse.

Paulo descansó la espalda contra uno de los restos de la mampostería. Crotón lo atravesaba con la mirada por encima de la mordaza. En el silencio en que se había sumido la tarde, Paulo supo que alguien lo observaba, y no solo alguien con ojos mortales. «Acuérdate de Corinto —le susurraban al oído—. Acuérdate de la última casa.» No estaba dispuesto a recordar nada; no en ese momento, aún no. Si todo salía según lo planeado, quizá llegaría a tener la oportunidad de contárselo a la persona que más necesitaba saberlo.

Paulo pensó en Minado. Al infierno con Roma. Si ella le correspondía, Paulo viviría con ella como si fuera su esposa. Si es que sobrevivía. En cuanto a sus hijos, el futuro era incierto. «Carpe diem.» Sí: aprovecharía el momento. Si es que sobrevivía.

Un búho ululó a plena luz del día.

Había llegado la hora.

Paulo se puso en pie. Habían llegado antes de lo previsto. Sus monturas debían de estar a punto de desfallecer. Paulo se estiró y echó un vistazo alrededor para asegurarse de que todo estaba como debía estar.

Lolio entró en los restos del mercado dando grandes

zancadas. Iba vestido de caza: sombrero de ala ancha, túnica de cuero grueso, botas pesadas y una espada en la cadera.

—Has venido —dijo Paulo.

—Pues claro que he venido, viejo amigo. En cuanto he recibido tu mensaje.

Lolio se acercó a Paulo y le dio un abrazo. Si mostraba algo de reticencia, quizá se debiera a que estaba abrazando a un hombre acusado de múltiples asesinatos.

Lolio lo soltó y dio unos pasos atrás.

—Entonces, ¿Crotón era el asesino?

Paulo no respondió.

—¿Qué lo ha delatado?

—El olor; un perfume de nardo y canela no se lo puede permitir cualquiera.

—Qué imbécil. —Lolio se alejó un poco más y dio una patada a varios guijarros—. ¿Esas son todas las pruebas que tienes?

—Confesará bajo tortura.

—Los esclavos vomitan todo tipo de mentiras ante los golpes de un látigo, o eso dice Urso, ¿y quiénes somos nosotros para poner en duda la palabra de un venerable sacerdote que conoce los caminos de los dioses?

Paulo permaneció en silencio.

Lolio inclinó la cabeza a un lado, pensativo.

—Pero puede que un jurado llegara a creerse las pruebas obtenidas bajo coacción, y con eso quedarías libre de culpa. —Se metió dos dedos en la boca y silbó—. Más nos vale dejarlo todo atado y bien atado.

Los demás entraron en el mercado. Fidubio y Vibio iban precedidos por Solino y los otros dos jóvenes parientes de la batida. Igual que Lolio, iban ataviados para la caza. Los tres más jóvenes también portaban lanzas para jabalíes.

Los recién llegados se dispersaron.

—Ya os habéis acercado suficiente.

Paulo desenvainó la espada y apretó la hoja contra la garganta de Crotón. Los demás se detuvieron en un torpe semicírculo enfrente de Paulo, a unos diez o doce pasos. Seis contra uno.

—Las Parcas son caprichosas —dijo Lolio.

—Sí, a menudo, pero no esta vez —replicó Paulo—. Ya sabía que eras el otro asesino.

—¿Cómo?

—Por tus andares. Tienes el contoneo arrogante del hombre que carece de confianza y coraje.

—¿De verdad?

—Y por el robo del amuleto de la zeta que tenía en casa. *Niger* jamás ladra a aquellos que considera amigos. Y a ti nunca te ha ladrado. Tengo un perro viejo e ingenuo.

Lolio esbozó una sonrisa.

—Un argumento que haría agua ante un jurado. Aunque tampoco tendrás la oportunidad de comprobarlo.

—Y la mutilación. Leíamos a Apolonio de Rodas juntos, en la escuela. Te entusiasmaba la historia de Jasón desmembrando a Apsirto. Siempre has sido un ser cruel. ¿Recuerdas aquel mercader al que casi matas de una paliza por puro placer al otro lado del monte Ixias, cerca de Terina?

—Qué bien me lo pasé.

Vibio intervino.

—La sangre no tendría por qué haber llegado al río. —Su dócil timbre era algo totalmente ajeno a aquel lugar desamparado y a la posibilidad de un asesinato—. Podrías haberte unido a nosotros. Te lo ofrecimos después de la batida.

—Craso error —respondió Paulo—. Hasta entonces os las habíais apañado bastante bien propagando el miedo y la duda. Desde el principio, muchos creyeron que el héroe había regresado. Lo irónico fue que contribuí a esa idea sin saberlo al acusar a los bandidos. Cuando quedó claro que ellos no eran los culpables, pocos dudaban de que los asesinatos fueran realmente obra de un demonio. Luego, después de lo del templo, cuando la espada y la flecha demostraron que los asesinos eran humanos, la cosa se complicó aún más. Los criminales debían de ser oriundos, y podría haber sido cualquiera, de hecho. El viejo Roscio, siempre tan supersticioso, habló de algún tipo de secta, vosotros acusasteis a los brucios, y Lolio, a los pobres. También podría haber sido obra de un lunático. No podías fiarte de nadie. Siempre había tenido mis sospechas, pero fue en la batida cuando comprendí el móvil. Me costó, lo admito. La razón se escondía a simple vista. Generasteis terror para que la gente prácticamente os regalara sus tierras. Una de las razones más mezquinas: pura codicia.

—El mismo móvil que le ha procurado a Roma un imperio —puntualizó Vibio.

—Hasta Roma busca una causa justa para sus guerras —replicó Paulo.

—Un pretexto trillado. Tú deberías saberlo mejor que nadie después de lo que pasó en Corinto.

—Roma solo mata si es necesario, y siempre atendiendo a las leyes marciales.

—También matamos por necesidad. —Vibio sonrió

con zalamería—. No hacemos más que seguir las leyes de la naturaleza: el pez grande se come al pequeño.

Lolio interrumpió la conversación:

—Una de las cosas que siempre me aburrieron de la escuela eran los interminables diálogos filosóficos: Sócrates dijo esto, el interlocutor respondió lo otro... —Lolio le hizo un gesto a Solino y a los otros dos para que se aproximaran—. Hasta siempre, Paulo, mi viejo amigo.

—Un paso más —exclamó Paulo— y Crotón es hombre muerto.

Los jóvenes se detuvieron y miraron a los ancianos. Vibio se encogió de hombros con elegancia.

—Pues un favor que nos haces. Fidubio le ha cogido cariño, pero sabe demasiado.

—¿Es que no lo veis? —Paulo se volvió hacia Solino y los lanceros—. Ninguno de vosotros participó en los crímenes, pero ahora estáis al tanto de todo. ¿Acaso creéis que tendrán algún recelo cuando os llegue la hora?

Vibio soltó una sonora risotada.

—Buen intento, mi querido Paulo, pero Crotón no es más que un esclavo prescindible. Ellos son sangre de nuestra sangre.

Vibio les indicó que avanzaran.

—¡Un momento!

La voz de Fidubio sonó urgente, como la de alguien acostumbrado a que lo obedecieran.

El sol iluminaba aquella escena en la que nadie se movía.

Fidubio vaciló, inseguro por primera vez de sus palabras.

—Si respondes a una sola pregunta, te prometemos una muerte rápida, sin mutilaciones, una moneda para el barquero y una tumba digna. Te doy mi palabra, por el amor que le profesé a mi hijo. Dime la verdad, ¿cómo murió Alcimo?

Y allí, ante los hombres y los dioses, Paulo contó con pelos y señales lo que había pasado en la última casa de Corinto, describiendo los hechos sin omisiones ni florituras. A medida que verbalizaba por primera vez la historia, Paulo sintió cómo las Benévolas se retiraban, y supo al instante que se había purificado de la culpa de sangre. Pasara lo que pasara aquel día, la maldición había desaparecido y no volvería a perseguirlo, ni en ese mundo ni en el siguiente.

—¿Juras que eso es cierto? —le preguntó Fidubio.

—Lo juro.

—Bueno, te lo agradezco. No fue culpa tuya. —Lágrimas de lástima y pesar corrían por el duro rostro de Fidubio—. Siento que tengas que morir.

Paulo no esperó ni un momento más, sino que se volvió y corriendo dio un brusco giro alrededor de las mulas. A sus espaldas, los lanceros, aún sorprendidos, tardaron en ir detrás de él. Las mulas se sobresaltaron, comenzaron a cocear y les bloquearon el paso. No tenían escapatoria, salvo la tambaleante montaña de escombros. Paulo se detuvo frente a la rampa.

Una figura polvorienta emergió del refugio que ofrecían un montón de piedras derribadas.

Paulo oyó exclamaciones de conmoción. Al verse de frente a aquella aparición, sus perseguidores frenaron en seco. ¿Quién había invocado a aquel soldado que había surgido de las entrañas de la tierra? ¿Acaso era un ser mortal? La Sila solía ser testigo de sucesos extraños. ¿Sería alguna suerte de guardián demoníaco del lugar, despertado de su letargo eterno?

Nevio lanzó un escudo ligero por los aires. Paulo recogió la rodela con una mano y, junto con el centurión, se dispuso a enfrentarse al enemigo.

Vibio fue el primero en recuperar la compostura.

—Son solo dos. ¡Matadlos!

Solino y los otros dos lanceros miraron a sus compañeros, tratando de reunir el coraje necesario y armándose de valor para atacar. En aquel hiato, Nevio sacó un cuerno de caza, se lo acercó a los labios e hizo sonar una larga nota.

—¡Ignoradlo! —gritó Vibio—. No es más que un farol. Están solos. ¡Id a por ellos! ¡Aniquiladlos! ¡Lolio, tú también!

Los cuatro atacantes se colocaron en formación de combate, cada par centrado en uno de sus solitarios contrincantes.

Solino y otro hombre se abalanzaron sobre Paulo con los cuerpos ladeados, los pies muy juntos, el izquierdo delante, la mano izquierda guiando la lanza; se aproximaban igual de tensos que un cazador al acechar el cubil de un jabalí rodeado de arbustos.

El alcance de las lanzas era muy superior al de la espada de Paulo. Trataban de clavárselas y tanteaban el terreno, a la espera de una oportunidad. Paulo cambiaba constantemente de postura, esquivando las puntas de las lanzas con la espada y el escudo. Poco después, Solino cargó con todas sus fuerzas. Paulo esquivó la embestida y descargó un golpe sobre el asta cuando la vio deslizarse entre sus piernas, con la esperanza de cortar la punta. La hoja rebotó contra el largo mango metálico de la lanza de caza. Solino recuperó el equilibrio y se reanudó la cautelosa danza.

Era igual que enfrentarse a la falange aquea. Si conseguía superar la barrera de lanzas, estarían indefensos.

Con un veloz sablazo, Paulo apartó hacia la derecha el arma de Solino, que entrechocó con la otra lanza. Paulo, con el hombro protegido por el escudo, cargó al frente. Se impulsó con todas las fuerzas que le quedaban en las piernas y se abalanzó sobre Solino. El escudo chocó sonoramente contra el pecho de su contrincante. Solino se tambaleó hacia atrás, cayó al suelo de bruces y se golpeó la cabeza con un adoquín.

Paulo dio una vuelta sobre sí mismo. Estaba cerca del otro asaltante, quien trataba a la desesperada de apuntarle con el arma, pero era demasiado larga, demasiado voluminosa. Paulo le propinó un golpe en el rostro. El hombre intentó echarse a un lado, pero fue inútil; el acero le atravesó la garganta. Paulo notó el calor de la sangre en el antebrazo. Su contrincante, herido de muerte, se desplomó.

Un instante después Paulo profirió un grito de dolor y le flaqueó la pierna izquierda. Soltó el escudo y la espada, y cayó al suelo agarrándose con las manos la parte trasera del muslo. Paulo se retorcía indefenso sobre las baldosas. Lolio, espada en mano, observaba a su amigo de la infancia desde las alturas.

—Siempre has sido ofensivamente virtuoso.

Lolio encorvó los hombros para poner todo su peso sobre la estocada descendente que ensartaría a Paulo. Sonreía, expectante.

Hubo una perturbación en el aire y un oscuro movimiento le tapó el sol. Un destello de acero. Lolio se estremeció como un árbol joven después de recibir un hachazo. Otro veloz movimiento y se derrumbó como un árbol talado. Nevio ocupó su lugar.

—Creo que estamos en paz —dijo. Su otro oponente yacía en el polvo detrás del centurión.

De repente, el mercado se había llenado de soldados, una docena o más. Habían rodeado a Vibio y Fidubio y los llevaban hasta donde esperaba impotente Crotón, aún atado al pilar en ruinas. Paulo se olvidó por un instante de la agonía y sintió un fiero júbilo. Había funcionado. Sus cálculos no habían errado. Oniro había cumplido su parte, había cabalgado durante toda la noche para avisar a Orestes, en Cosentia, y los había acompañado hasta allí durante la mañana. Los asesinos no se habían percatado de la presencia del guardaespaldas del prefecto agazapado en las afueras de la aldea abandonada. El ardid había sido todo un éxito.

Nevio se agachó y le inspeccionó la pierna a Paulo.

—Ya vale con tanto jaleo. La herida es fea, pero vivirás.

El centurión se puso en pie y se cuadró.

El prefecto de los brucios había entrado en las ruinas, protegido por otra cuadrilla de soldados.

—¿Han confesado? —preguntó Orestes a Nevio.

—Sí, señor. Absolutamente todo.

Orestes se volvió hacia Paulo.

—¿Estás malherido?

—Solo es una herida superficial, señor —respondió Nevio por él.

—Centurión, detén a los supervivientes. Se les acusará de asesinato. La ley seguirá su proceso natural, pero no habrá dudas sobre el veredicto.

—Sí, señor.

—Aquí acaba todo —anunció Orestes—. Los asesinatos se han resuelto. No hay ningún espíritu acechando por las montañas. El héroe de Temesa ha regresado a las profundidades del mar.

# Epílogo

## *Patria*

Tres años más tarde
612 *ab urbe condita* (142 a. C.)

*Ubi tu Gaius, ego Gaia*: el voto matrimonial era tan antiguo que nadie tenía muy claro qué significaba. Paulo le deslizó un anillo de hierro engastado en oro en el dedo de ella. Algunos doctores afirmaban que existía un delgado nervio que conectaba el anular con el corazón.

Minado iba cubierta por un velo. Tenía un aspecto distinto. Llevaba los cabellos recogidos en un elaborado peinado con seis trenzas de pelo artificial. Acto seguido, levantó la barbilla y volvió a ser la de siempre, y Paulo se sintió feliz.

—*Ubi tu Gaius, ego Gaia.*

En cuanto pronunció las palabras, se convirtieron en marido y mujer.

—¡Felicidades!

Los invitados les deseaban buena suerte mientras Paulo la acompañaba al sofá.

Jamás se había visto una boda así en Temesa, no una a la que honraran con su presencia dos senadores con rango de cónsul. El lugar de honor se asignó a Lucio Mumio, el conquistador de Corinto. Aquel año servía como uno de los dos censores, un cargo que se escogía cada cinco años. Durante los dieciocho meses que ocupaban el cargo, estos tenían el poder de revisar los registros de ciudadanos romanos, y de admitir o retirar hombres de la orden de los équites o del Senado. Una posición de inmenso poder y prestigio, el pináculo de la carrera política en Roma. Sentado a su lado, Lucio Aurelio Orestes podría haberse sentido eclipsado. La *dignitas* lo era todo para un senador. Sin embargo, eran íntimos amigos. Orestes había servido como legado de Mumio en el este, y estaban unidos por los lazos de la *amicitia*. Además, ambos habían sido patrones del novio.

—Gracias —le dijo Paulo a Mumio—. Sin tu ayuda...

Aquel gran hombre hizo un gesto como queriendo quitarle importancia al asunto.

—Su padre demostró la lealtad y el coraje de un ciudadano de Roma. Lo correcto era otorgarle a él y a su familia el estatus formal. Y lo mismo Oniro.

Orestes esbozó una sonrisa.

—Suerte tuvo Oniro de haber sido sirviente de campamento en el ejército. Y, aun así, los guardias vacilaron a la hora de permitirle la entrada a Cosentia. Si lo hubieran expulsado, las cosas habrían sido muy distintas.

Paulo reconocía la verdad de aquellas palabras, y Mumio propuso un brindis por la diosa Fortuna.

Tras unas cuantas copas, Mumio le preguntó a Paulo si no creía haber pujado demasiado por el derecho maderero y de extracción de brea en las montañas que rodeaban Drys, Labula y Sestión. Por mucho que estuvieran en una boda, nunca dejaba de pensar del todo en los negocios públicos, además, la subasta de dichos contratos formaba parte de los deberes de los censores.

—Yo diría que no, siempre que los dioses me sean favorables. La Sila es un lugar salvaje y peligroso. Es imprescindible que se encargue alguien que conozca hasta el último rincón. Pero es una buena forma de conseguir dinero sin caer en fraudes ni deshonores.

Mumio asintió con gravedad.

—Como he dicho, ahora llevas el anillo de oro de los équites, y en Roma hay oportunidades de hacer carrera política para aquellos que han obtenido la corona cívica. La gloria militar siempre otorga votos. A algunos de nosotros nos honraría ofrecerte nuestro apoyo.

—Gracias de nuevo, pero debo rechazar la oferta. Prefiero quedarme en casa y formar una familia.

—Cabe la posibilidad de que vuelvan a llamarte a filas.

—En tal caso, cumpliré con mi deber.

Los sirvientes trajeron el primer plato: caracoles y anchoas con ensalada, regados con un vino de Tarentum. Todo era de buena calidad, pero sin caer en la ostentación. El siguiente plato era cordero, seguido de manzanas y frutos secos.

Paulo echó un vistazo alrededor de la sala; estaba cubierta de plantas exuberantes y alfombras. Hasta hacía tres años había sido la residencia de Fidubio en la ciudad. Ahora era el hogar de Dekis, el excazador brucio.

El juicio había provocado un seísmo en la colonia de Temesa. Lolio, por supuesto, estaba muerto, así como dos de sus primos. El veredicto sobre su padre, que había sido cómplice de Vibio, estaba cantado. Las pruebas eran irrefutables. Algunas se las debían a Solino, quien se había ofrecido a colaborar a cambio de inmunidad. Otras fueron proporcionadas por Crotón después de que lo torturaron. Poco más tarde, lo crucificaron a las afueras de la puerta principal. Vibio y Fidubio se habían exiliado.

—¿Fidubio sigue en Massilia?

Los exiliados eran lo único que seguía preocupando a Paulo.

—Un anciano hundido en la apatía y la amargura —respondió Orestes—, que solo se levanta para empinar el codo y atiborrarse a marisco. Es un ser perseguido por sus crímenes, no se moverá de allí.

—¿Y Vibio?

—Por lo que sabemos, continúa en el este. No debes preocuparte. Se le ha negado el fuego y el agua; si pone un pie en Italia, perderá la vida.

A ambos los habían condenado a muerte en su ausencia, les habían confiscado sus bienes y, acorde a la ley, le habían concedido a Paulo una cuarta parte de estos. De esa recompensa, Paulo le había regalado aquella casa y sus tierras a Dekis, una propiedad más modesta a Oniro y una parcela dentro de sus extensos dominios a la vieja Kaido.

Llegó el momento del cordero, tierno y suculento, y un delicioso aroma inundó la habitación.

—¿Piensas en Corinto? —le preguntó Orestes.

—Alguna vez —contestó Paulo—. Intento no mortificarme con lo que pasó.

—Cumplimos con nuestro deber —añadió Mumio—. Seguíamos órdenes. Fue un acto terrible, pero quizá era el mal menor. Polibio, el aqueo, opina que les ahorró a los griegos la agonía de una dilatada conquista.

Apenas habían empezado con el postre cuando Urso, el sacerdote que oficiaba la ceremonia, se puso en pie y anunció que había llegado el momento.

Siguieron a los flautistas a la calle, donde los aguardaban cinco portadores de antorchas, a pesar de estar a plena luz del día. Los transeúntes transmitían sus mejores deseos a la comitiva mientras avanzaba hacia el nuevo hogar de Paulo, con vistas sobre el mar. Se oían bromas procaces y fragmentos de canciones. Nevio era quien encabezaba aquel tradicional libertinaje, puesto que, empinadas ya varias copas, el centurión no parecía enfadado, sino beatífico. A medida que se acercaban, grupos de niños lanzaban puñados de frutos secos que repiqueteaban contra los adoquines, un gesto que, según decían, simbolizaba la fertilidad y la felicidad.

Minado se había pasado el banquete en silencio, presa del recato, y la habían separado de Paulo en el cortejo. Iba precedida por un muchacho que llevaba una antorcha hecha con ramas de majuelo firmemente enrolladas, y la acompañaban otros dos jóvenes agarrados de la mano. Las damas de honor iban a la zaga, portando su huso y su rueca.

No habían tenido oportunidad de hablar.

Finalmente, ya en la puerta, el séquito se retiró.

Minado se alzó el velo y Paulo la besó. Olía a verbena y a mejorana dulce. La cogió en brazos, atravesaron el umbral y se perdieron de vista.

# Notas

## Calabria

Los orígenes de esta novela se remontan a una historia que leí hace muchos años en la obra *Bruto* (85-88), de Cicerón. Varias personas con cierto renombre fueron asesinadas en los bosques de La Sila. Algunos esclavos de los publicanos involucrados en la producción de brea, así como algunos miembros libres de la compañía, fueron procesados por los crímenes. Tras un juicio interminable, en el que participaron algunos de los oradores más brillantes de la época, se absolvió a los acusados. Cicerón no llega a confirmar si eran o no inocentes.

Calabria era un lugar remoto y salvaje en la Antigüedad. Los romanos conocían la zona como Brucio. El nombre moderno emigró de la península de Salento, en el sureste de Italia, en algún momento indeterminado tras la invasión de los lombardos en el 700 d. C. Para evitar confusiones, en esta novela se sigue el uso moderno del topónimo.

Calabria es un remanso de la erudición moderna. La obra más útil que he encontrado es la tesis doctoral de I.

Matkovic, *Roman Settlement of Northern Bruttium: 200 B.C.-A.D. 300* (McMaster University, 2001); se puede consultar un PDF online (Google: Matkovic Bruttium).

La colonia romana de Temesa (o Tempsa) fue un puerto ubicado en algún lugar de la cuenca baja del Sabutus (actualmente, Savuto). Su ubicación exacta es incierta (Matkovic, *op. cit.*, p. 39, n. 1).

Pueden encontrarse diferentes versiones de la historia de fantasmas sobre el héroe de Temesa en Pausanias (6.6.7-11), Estrabón (6.1.5) y Eliano (VH 8.18).

## Agricultura romana

Los textos traducidos por K. D. White en *Country Life in Classical Times* (Londres, 1977) suponen una forma muy agradable de introducirse en el tema. Una gran parte de esta novela parte de *Sobre la agricultura*, de Catón el Viejo, una obra contemporánea inestimable. Abrí los ojos a la vida rural y la agricultura de los campesinos más pobres gracias a las obras de R. MacMullen, *Roman Social Relations, 50 B.C to A.D. 284* (New Haven y Londres, 1974), pp. 1-27, y L. Foxhall, «Farming and Fighting in Ancient Greece», en J. Rich y G. Shipley (eds.), *War and Society in the Greek World* (Londres y Nueva York, 1993), pp. 134-145.

## Las crisis agrarias

Los estudiosos modernos suelen argüir que, durante los dos últimos siglos antes de Cristo, los campesinos romanos que fueron reclutados para servir en las legiones luchaban, en efecto, para perder sus posesiones, puesto que mientras servían en ultramar sus granjas caían en desgracia y los más ricos las acaparaban. La afirmación clásica sobre este asunto puede encontrarse en K. Hopkins, *Conquerors and Slaves* (Cambridge, 1978), 1-98. Recientemente, dicha visión ha recibido repetidas refutaciones. Un resumen de los argumentos, inclinándose por la visión tradicional, puede consultarse en H. Sidebottom, *Ancient Warfare: A Very Short Introduction* (Oxford, 2004), pp. 43-49.

### Imperialismo romano

Durante el siglo xix, Roma fue vista como un «imperio defensivo», obligado a expandirse a regañadientes en aras de su seguridad y la de sus aliados. Los análisis actuales tienden a centrar el foco en las «estructuras que favorecían la expansión», especialmente la necesidad de gloria militar de los senadores, así como los beneficios de las campañas bélicas de las que salían victoriosos. Dos resúmenes de la historiografía moderna son el de T. Cornell, «The End of Roman Imperial Expansion», en J. Rich y G. Shipley (eds.), *War and Society in the Roman World* (Londres y Nueva York, 1993), y el de H. Sidebottom, «Roman Imperialism: The Changed Outward Trajectory of the Roman Empire», *Historia*, 54.3 (2005), pp. 315-330.

## La campaña contra Corinto

Las referencias antiguas sobre la guerra aquea, conflicto que culminó con el saqueo de Corinto, son escasas y dispersas, y a menudo contradictorias: Polibio 38.9-18; Pausanias 7.14.1-16.6; Tito Livio, *Per.* 51-52; Justino 34.1-2; (Aurelio Víctor) *Vir. Ill.* 60.1-3; Orosio 5.3.1-7; Zonaras 9.31.

Los estudiosos modernos tienden a centrarse, o bien en los orígenes de la guerra, o bien en sus consecuencias. Entre los que han hablado de aquellos hechos, aunque solo haya sido de pasada, están A. Fuks, «The Bellum Achaicum and its Social Aspect», JHS 90 (1970), pp. 78-89; W. V. Harris, *War and Imperialism in Republican Rome 327-70 B.C.* (Oxford, 1979), pp. 240-244; E. S. Gruen, *The Hellenistic World and the Coming of Rome* (Berkeley, Los Ángeles y Londres, 1984), pp. 514-523; G. Shipley, *The Greek World After Alexander 323-30 B.C.* (2000), pp. 383-386; y P. Erdkamp, «The Andriscus Uprising and the Achaean War, 149-146 B.C.», en M. Whitby and H. Sidebottom (eds.), *The Encyclopedia of Ancient Battles*, volumen II (Chichester, 2017), pp. 842-844.

## El ejército romano

Puede encontrarse una excelente introducción a las legiones de mediados de la República en L. Keppie, *The Making of the Roman Army from Republic to Empire* (Londres, 1984), pp. 14-56. Existe un ensayo más completo en M. Dobson, *The Army of the Roman Republic: The Second Century B.C., Polybius and the Camps at Numantia, Spain* (Oxford, 2008), esp. pp. 47-66.

## Estrés postraumático en el mundo antiguo

Existe un intenso debate entre los estudiosos modernos sobre si el estrés postraumático tras las guerras existía en el mundo clásico. *Grosso modo*, hay dos enfoques: el «universalista» defiende que, igual que existe ahora, debía existir entonces. El punto de vista «especifista», en cambio, destaca la falta de pruebas contemporáneas que no sean ambiguas, y lo diferentes que eran las condiciones tanto físicas como culturales en aquel momento. Pueden consultarse algunas pinceladas sobre ambas posturas en la revista *Ancient Warfare* IX.4 (2013), pp. 70-74. Un ejemplo convincente de un estudio centrado en la cultura en J. Crowley, *The Psychology of the Athenian Hoplite* (Cambridge, 2012).

## Citas

La canción que los legionarios cantan en el capítulo 21 está extraída de Plauto, *Miles gloriosus* (traducción en castellano: *El militar fanfarrón*, Editorial Gredos, 1996).

Los diversos versos de Homero pertenecen a la traducción de Lluís Segalá y Estaella, *Obras completas de Homero* (Montaner y Simón Editores, 1927).

## Otras novelas

En todas mis novelas incluyo algún homenaje a otros escritores. Aquí he reelaborado algunas imágenes de *Cristo si è fermato a Eboli*, de Carlo Levi (traducción en castellano: *Cristo se paró en Éboli*, Editorial Gadir, 2005) y de *Across the River and Into the Trees*, de Ernest Hemingway (traducción en castellano: *Al otro lado del río y entre los árboles*, Debolsillo, 2007).

# Agradecimientos

En todas las novelas se suele dar las gracias a los mismos de siempre, pero la repetición nunca socava la sinceridad.

En primer lugar, a mi familia: a mi esposa Lisa, a mi madre Frances, a mi tía Terry y a mis hijos Tom y Jack.

A continuación, a los profesionales: James Gill, de United Agents; Kate Parkin, Clare Kelly, Francesca Russell, Stephen Dumughn y James Horobin (lamento su marcha), de Bonnier Zaffre; Maria Stamatopoulou y Bert Smith, del Lincoln College de Oxford.

Finalmente, a otros amigos: Peter y Rachel Cosgrove, Jeremy Tinton, Peter Hill, Sara Fox, Fiona Dunne, Mary y David Palmer, Sandra Haines y Jack Ringer. Esta novela está dedicada a los dos últimos.

*Estimado lector:*

*Espero que hayas disfrutado con la lectura de* El regreso del centurión. *La inspiración para esta novela surgió de una anécdota en el tratado* Bruto, *de Cicerón, sobre el asesinato de varios hombres en los bosques de La Sila, y el juicio que terminó con la absolución de los acusados. Cicerón discute las tácticas de los oradores encargados de la defensa, pero no llega a explicar si los acusados eran realmente inocentes.*

*Calabria era una región salvaje y peligrosa en la Antigüedad. Era habitual que la ley romana no alcanzara los lugares más recónditos de La Sila. Calabria era, en definitiva, un territorio extraño donde podía suceder cualquier cosa. También es el escenario de una de las historias de fantasmas más escalofriantes de la literatura clásica, la del héroe de Temesa, contada por Pausanias. Esa fue otra de las razones que me hicieron decidirme por esta magnífica y evocadora ubicación.*

*Los lectores de mis anteriores novelas sabrán que disfruto explorando temas importantes de la historia romana en mis ficciones, temas que eran importantes entonces y que lo siguen siendo hoy en día. Los romanos siempre son una fuente interesante a la que recurrir para reflexionar sobre el pasado y el presente.* El regreso del centurión *analiza el imperialismo romano, sus causas y consecuencias, así como las justificaciones y críticas del momento. Puede sorprendernos que, ya entonces, los romanos lanzaran severas invectivas sobre la expansión de su propio imperio y condenaran las consecuencias que tenía sobre ellos mismos.*

El regreso del centurión *marca algo así como una desviación en relación con el resto de mis novelas. A pesar de haber coqueteado antes con el género (en* The Wolves of the North*), esta es mi primera novela de misterio. Mi objetivo es viajar al pasado con los oscuros e inquietantes misterios de las mejores* *novelas negras escandinavas e italianas, siempre sin olvidarme de la acción militar de la novela histórica. Al lector se le plantean varias preguntas interrelacionadas. ¿Quién o qué hay detrás de los asesinatos? ¿Qué terrible suceso de la guerra fue lo que cambió a Paulo? ¿Qué pasó en la «última casa de Corinto»?*

*Jamás me había divertido tanto documentándome y escribiendo una novela como con* El regreso del centurión, *y espero de corazón que disfrutes de la historia. Por favor, háblales a tus amigos de la novela y coméntala por redes sociales. Por último, puedes contactar conmigo en Facebook o en mi página web, www.harrysidebottom.co.uk. Me hará muy feliz saber lo que opinas de* El regreso del centurión.

*Un abrazo,*

*Harry Sidebottom*

# Índice